friends 프렌즈 시리즈 32

프렌즈
곰

이미정 지음

GUAM

중앙books

Prologue
저자의 말

지금 생각해보면 참 까마득한 옛날입니다. 패션지 기자였던 시절, 여배우와의 첫 해외 화보 촬영지가 괌이었습니다. 그 뒤로 괌은 단골 출장지였습니다. 괌과 저의 개인적인 인연 말고도, 사실 괌은 한국인들에게는 매우 친숙한 여행지 중 하나입니다. 허니문은 물론이고 태교 여행이나 친구들끼리의 우정여행, 또는 어린아이가 있는 가족이나, 3대가 함께 하는 대가족 여행지 등 괌은 다양한 이들에게 선택받고 있습니다. 이유는 간단합니다. 한국에서 가장 가까운 미국령이기도 하고, 섬 전체가 면세구역이라 저렴한 쇼핑이 가능한 까닭이지요. 게다가 사시사철 휴양지로 적당한 날씨와 온도, 그리고 맑은 하늘은 괌이 선사하는 최고의 선물입니다.

제가 좋아하는 일본 작가가 했던 말이 기억납니다. 어느 곳이든 여행지에 가면 모든 것을 다 보고 즐기겠다는 생각 말고 70% 정도만 보고 오라는. 다음번 여행 때 나머지를 보러 오겠다는 마음으로 여유 있게 즐기라고. 적당히 보고, 즐기고, 놀면서 경험하기에 괌은 알맞은 곳입니다. 솔직히 고백하자면 너무 자주 갔던 여행지라 처음에는 괌 여행책 쓰는 것을 얕잡아 봤습니다. 아마 그때부터였던 것 같습니다. 민낯의 괌을 마주하면 마주할수록, 괌은 이전에 제가 알던 만만한 여행지가 아니었습니다. 곳곳의 숨은 맛집을 발견했을 때의 쾌감이나, 이전의 여행지에서는 경험하지 못했던 독특한 액티비티를 체험했을 때의 희열, 그리고 그 곁에서 늘 친절한 미소를 잃지 않던 괌 사람들. '아, 살 수만 있다면 이곳에 살고 싶다'는 생각을 수차례 했습니다. 지금도 그 마음은 변함이 없고요.

괌을 즐겁게 여행하는 팁을 몇 가지 드릴게요. 첫째, 여행 목적을 분명히 해주세요. 진정한 휴양을 원한다면 좋은 리조트를 예약하고, 느긋하게 수영장과 호텔 뷔페를 즐기세요. 괌에서만 즐길 수 있는 액티비티를 원한다면 마보 동굴 투어나 매주 토요일 9시, 차모로 빌리지에서 출발하는 부니 스톰퍼스를 만나세요. 진정한 정글 하이킹을 경험할 수 있습니다. 다양한 괌 사람들을 마주하고 싶다면 와자지껄한 차모로 빌리지 야시장이나 데데도 벼룩시장을 추천합니다. 둘째, 여행지에서는 김밥천국을 만날 수 없다는 걸 알아두세요. 다양한 메뉴가 있어 입맛대로 골라 먹을 수 있는 레스토랑은 찾기 힘들다는 뜻입니다. 맛은 지극히 개인적인 취향입니다. 제가 심사숙고해 추천한 맛집이어도 독자분들의 입맛을 만족시킬 수 없는 경우도 있을 것입니다. 다만 차모로 바비큐나 레드 라이스 같은 괌 전통 음식은 한국인들에게도 부담 없다고 생각됩니다. 꼭 한 번 괌의 맛을 느껴보세요. 셋째, 괌의 날씨에 맞게 스케줄을 짜세요. 괌은 고온다습한 기후를 가지고 있습니다. 특히 낮 시간에 거리를 걷다 보면 땀 범벅이 되어 여행인지, 수행인지 모를 정도입니다. 뜨거운 낮에는 되도록이면 도보를 삼가고, 쇼핑이나 수영, 드라이브 등을 즐겨보세요.

이미정 Mia Lee

잡지사에서 기자생활을 하다 출장 중 우연히 만난 남편과 현재 하와이에서 거주 중이며 호시탐탐 괌 이주를 고민하고 있다. 〈프렌즈 하와이〉, 〈런던 프리〉를 집필했으며 현재 하와이 와이키키에서 '하와이 슈팅 스타' 라는 스냅 1인 회사 (홈페이지 www.hawaiishootingstar.co.kr 인스타그램 @hawaii_shooting_star)를 운영하고 있다.

〈프렌즈 괌〉을 집필하겠다고 계약서에 사인한 순간부터 지금까지 많은 일이 있었습니다. 사랑하는 엄마를 하늘나라에 보내야 했고, 나의 소중한 딸 유나가 세상에 태어났고, 그 가운데 편집자가 여러 번 바뀌기도 했습니다. 오랜 시간이 걸려 탄생한 만큼 꼼꼼한 여행책을 만들려고 노력했고, 최대한 정확하고 자세한 정보를 실으려고 노력했습니다. 원고를 쓰던 어느 날은 괌 역사 관련 논문을 보다가 밤을 지샌 적도 있었습니다. 괌의 역사와 전통을 지키려고 노력한 차모로 인들의 수고를 쉽게 생각하면 안 되겠다고 스스로에게 되뇌면서 말입니다. 괌에 대한 저의 개인적인 감상은 뒤로하고 보다 정확한 정보를 실으려 했지만 시시각각 변하는 현지 실정에 가격이나 기타 작은 오차가 있다면 너그러운 이해를 부탁드립니다. 저에게 〈프렌즈 괌〉을 제안해 준 박근혜 씨, 그 바통을 이어받아 〈프렌즈 괌〉을 함께 완성해 준 강은주 씨와 김민경 씨에게 고개 숙여 감사의 인사를 전합니다. 저와 괌 여행을 함께 해준 백주희와 진리, 배지연과 김오철과 김서하, 괌 여행 중 만나 소중한 추억과 사진을 전해준 윤소미, 오랜만에 연락한 나에게 흔쾌히 괌 사진을 제공해준 홍태식 씨, 이 책을 쓰기 전, 나를 위해 미리 사전답사 해 준 문영애 선배, 아웃리거 괌 제니 씨, 샌드 캐슬 괌 매직 쇼와 더 비치 레스토랑 & 바, 타오 타오타씨 비치 디너 쇼 등을 홍보하는 비지투어즈의 주애니 과장님, 언더 워터 월드와 시 그릴 레스토랑을 홍보하는 Tumon Aquarium, LCC 이수현 과장님, 괌 여행 중 나의 S.O.S를 받아준 후배 박소현에게도 고마움을 전합니다.

에너지가 넘치는 아내와 엄마를 둔 덕분에 지난해 여름 휴가를 몽땅 반납하고 함께 괌 곳곳을 취재하며 나에게 위로가 되어준 남편 김종호와 나의 분신 김유나. 한국에서 알로하 하와이 식당을 운영하며 나를 응원하는 동생 이민경과 제부 김동언, 그리고 우리 조카 지유와 언제나 나에 대한 걱정과 사랑을 동시에 하는 나의 아빠 이재철에게 사랑의 메시지를 보냅니다. 하늘에서 나 못지않게 〈프렌즈 괌〉의 출간을 기뻐해 줄 나의 엄마 이광희에게도.

Foreword
일러두기

〈프렌즈 괌〉, 들어가기 전에

이 책은 괌으로 떠나는 여행자들이 자신의 목적에 맞는 일정을 설계할 수 있도록 추천 코스를 제안하고, 섬을 4개 지역으로 나눈 뒤 각 지역의 이름난 명소와 여행 정보를 망라해 알찬 여정을 즐길 수 있도록 구성했다. 괌의 풍광과 즐길 거리를 한눈에 살필 수 있는 테마&키워드 별 소개 페이지와 여행 계획&코스 제안, 지역별 여행 정보와 숙박 정보, 그리고 출국 과정을 상세하게 수록해 여행의 시작부터 끝까지 내내 휴대하며 참고할 수 있다.

문의 편집부 02-6416-3892 의견 및 변동사항 제보 redfox0812@naver.com

1. 주목해야 할 괌 여행 키워드
괌을 여행하는 모든 이들을 만족시키는 여행 정보를 키워드 별로 담아냈다. 액티비티, 해변, 드라이브 코스, 차모로 문화, 먹거리, 쇼 & 클럽, 아이를 위한 쇼핑 & 즐길 거리, 스파, 그리고 마트에서 반드시 사야 할 아이템까지 꼼꼼하게 소개한다.

2. 추천 여행 일정
베이비문, 태교 여행, 허니문, 가족 여행, 워크숍까지. 괌으로 떠나는 이들은 그 목적도 구성원도 제각기 다르다. 그에 맞춰, 이 책에서는 여행 기간과 여행 유형에 따라 다양한 추천 코스를 제안한다. 자신이 원하는 일정을 골라 따라가기만 하면 알찬 여정을 즐길 수 있다.

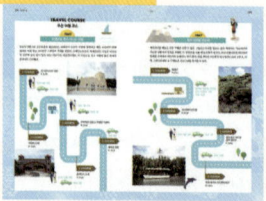

3. 인기 스폿을 망라한 지역별 여행 정보

이 책은 괌의 볼거리, 엔터테인먼트, 식당, 쇼핑 스폿을 투몬&타무닝, 북부, 중부(하갓냐), 남부의 총 4개 지역으로 나누어 수록했다. 각 스폿에 얽힌 이야기와 알아두면 좋을 상세 정보도 함께 소개해 여행을 더 풍성하게 만든다.

Special	특별한 여행 테마
close up	눈 여겨 봐야 할 정보
Mia's Advice	작가의 여행 노하우
CHECK!	흥미를 더하는 얘깃거리
Mini Box	부가적인 여행 정보
Tip	알찬 쇼핑팁

🔵	투몬&타무닝
🟢	북부
🟠	중부
🔵	남부
🟣	호텔
📷	볼거리
⭐	엔터테인먼트
🍴	식당
🛒	쇼핑

4. 휴양을 원하는 당신에게, 호텔&리조트 정보

최고의 휴식을 찾아 괌으로 떠난 이들인 만큼 숙소의 질은 무엇보다 중요하다. 취향 따라, 목적 따라 고를 수 있도록 가족친화형 리조트부터 럭셔리 호텔, 가성비 좋은 숙소와 장기 투숙자를 위한 호스텔까지 다채롭게 모아 소개한다.

지도에 사용한 기호

🔵 관광	🟠 식당	🔴 쇼핑	🟢 숙소	🟣 마사지	✈ 공항
🚩 학교	✉ 우체국	⚓ 항구	➕ 병원	✝ 교회	

하나, 이 책에 실린 정보는 2019년 10월까지 수집한 정보를 바탕으로 하고 있습니다. 현지 물가와 볼거리의 개관 시간, 입장료, 교통편(버스 노선 포함), 호텔과 레스토랑의 요금, 교통비 등은 수시로 변경되므로 현지에서 발생할 만약의 상황을 위해 출발 직전 정보를 재확인하는 것이 바람직합니다. 이 점을 감안해 여행 계획을 세워주세요.

둘, 이 책에 실린 글과 사진은 저작권법에 따라 보호 받는 저작물입니다. 비영리적인 온라인&모바일 공간이라도 일부 내용을 인용하는 경우 반드시 출처를 밝혀 주세요.

Contents
괌

저자의 말 2 | 일러두기 4

괌을 소개합니다
PROLOGUE 처음 만나는 괌 10
WHY WE LOVE GUAM 괌으로 떠나는 8가지 이유 20
ACTIVITY 괌에서 즐기는 액티비티의 모든 것 22
BEACH & DRIVE 해변으로 가요, 베스트 드라이브 코스 26
CULTURE : 하파 데이! 차모로 문화에 빠지다 30
EAT & DRINK 괌에서 먹고 마시는 법, 레스토랑 완전 정복 32
SHOW, SHOW, SHOW 매직쇼 VS 디너쇼, 당신의 선택은? 38
NIGHTLIFE 클럽부터 야시장까지, 24시간이 부족해 40
KIDS 육아용품부터 키즈클럽까지, 아이를 위한 괌 여행 42
SPA 여독을 이기는 스파 이용법 46
ITEMS 이건 사야 해, 마트에서 사야 할 필수 아이템 48

여행 계획 세우기
INFORMATION 괌 한눈에 미리보기 52
FAQ 괌 여행, 무엇이든 물어보세요 54
TRANSPORTATION 괌 대중교통 가이드 56
RENT-A-CAR 렌터카 똑똑하게 사용하는 법 70
CALENDAR 365일 괌 축제 캘린더 74
JOURNEY TO GUAM 괌 여행 코스 제안 76

지역별 여행 정보
MAP 괌 광역 지도 & 괌 전도 84

투몬&타무닝
들여다보기 88
지역 상세 지도 89
추천 여행 코스 92
여행에 유용한 정보 & 가는 방법 94
지역 교통 정보 94
투몬&타무닝의 볼거리 100
투몬&타무닝의 엔터테인먼트 110
투몬&타무닝의 식당 116
투몬&타무닝의 쇼핑 138

북부
들여다보기 152
지역 상세 지도 153
추천 여행 코스 154
여행에 유용한 정보 & 가는 방법 156
지역 교통 정보 158
북부의 볼거리 162
북부의 엔터테인먼트 170
북부의 식당 173
북부의 쇼핑 176

중부&하갓냐

들여다보기 180
지역 상세 지도 182
추천 여행 코스 186
여행에 유용한 정보 & 가는 방법 188
지역 교통 정보 190
중부&하갓냐의 볼거리 192
중부&하갓냐의 엔터테인먼트 201
중부&하갓냐의 식당 203
중부&하갓냐의 쇼핑 218

남부

들여다보기 222
지역 상세 지도 223
추천 여행 코스 224
여행에 유용한 정보 & 가는 방법 226
지역 교통 정보 228
남부의 볼거리 229
남부의 엔터테인먼트 243
남부의 식당 247

괌 숙박의 모든 것

호텔&리조트 예약 A-Z 250
럭셔리 호텔&리조트 베스트 6 252
모두가 만족스러운 가족친화형 리조트 258
실속파를 위한 중저가 호텔&리조트 266

여행 준비

서류/예약 270
보험/환전&카드 274
면세&수하물/출국 276
인덱스 278

Special

플레저 아일랜드 괌, DAY & NIGHT 완전 정복 104
휴양의 결정적 순간, 스파 112
LOCAL FLAVOR! 차모로의 맛 BEST 5 120
괌 프리미어 아웃렛 유명 맛집 144
유유자적, 중부의 해변 즐기기 198
현지인들의 단골집, 로컬 식당 BEST 4 206
가벼운 한 끼 식사, 괌에서 만나는 포케 210
남부 투어의 하이라이트, 우마탁 마을 234

close up

알아 두자, 괌 교통 정보 73
투몬 비치에서 즐길 수 있는 액티비티 & 시설 101
불맛 좋은 레스토랑, 브라질리언 VS. 자메이칸 123
이탈리안 레스토랑을 만나는 법 125
괌의 한인타운, 하몬! 129
괌 프리미어 아웃렛 쇼핑 지도 143
아델럽곶의 명물, 자유의 라테&보르달로 동상 197
쇼핑하다 지칠 때, 아가냐 쇼핑센터의 먹거리 217
푸른 바다와 마주하다, 괌 남부의 근사한 전망대 233
괌 최대의 프라이빗 비치, 코코스 아일랜드 237
포토제닉한 해변 BEST 3 241
돌고래와 일몰을 그리며, 낭만 크루즈 245
피티&아갓의 소박한 맛집을 찾아서 248

괌을 소개합니다
WELCOME TO GUAM

PROLOGUE 처음 만나는 괌
WHY WE LOVE GUAM 괌으로 떠나는 8가지 이유
BEST OF BEST 키워드로 보는 괌
액티비티 | 비치&드라이브 | 차모로 문화
먹거리&마실거리&레스토랑 | 매직쇼&디너쇼
나이트라이프 | 키즈 | 스파 | 쇼핑 아이템

처음 만나는 괌
PROLOGUE

투몬 Tumon
투몬 비치를 따라 약 2km가량 걸쳐 유명 리조트와 쇼핑센터가 밀집되어 있다.
괌을 찾는 여행객들이 가장 많이 모여 있는 곳으로 레스토랑과 쇼핑몰은 온종일 북적이며 활기를 띤다.

ⓒ괌정부관광청

하갓냐 Hagatna

괌의 주도이자 정부기관이 밀집한 행정 중심지. 성모 마리아 대성당을 비롯, 스페인 치하의 아픈 과거를 살필 수 있는 유적들이 모여 있다. 최근엔 근사한 레스토랑과 카페가 눈에 띄게 늘어났다.

ⓒ괌정부관광청

사랑의 절벽 Two Lovers Point
깎아지를 듯한 절벽 위에서 바라보는 푸른 바다는 가슴 깊은 곳까지 시원하게 만든다. 투몬에서 가장 가까운 랜드마크로, 연인이나 허니문 여행객이라면 열쇠를 거는 통과의례를 경험해 보길.

ⓒ관정부관광청

람람산 Lam Lam Mountauin
괌을 대표하는 영산. 해수면부터 측정하면 에베레스트보다 높다. 매 부활절엔 주민들이 십자가를 들고 산을 오르는 장엄한 광경이 펼쳐진다. 세티만 전망대 건너편을 기점으로 정상까지 등반하는 데 약 2~3시간 걸린다.

ⒸHong Tae Shik

우마탁 Umatac
1521년, 마젤란은 괌의 우마탁 마을에 첫발을 디뎠다. 이후 1565년부터 스페인령이 된 괌은 서구 세계에 천천히 이름을 알리기 시작했다. 당시 멕시코와 필리핀의 다리 역할을 하기도 했던 이 마을은 스페인 강점기 건축물과 괌의 자연이 뒤엉켜 이국적인 분위기를 자아낸다.

ⓒ괌정부관광청

코코스 아일랜드 Cocos Island
괌 남쪽에 위치한 사유섬. 아름다운 산호초에 둘러싸여 즐기는 스노클링으로 이름 높다. 그 밖에도 스쿠버다이빙, 패러 세일링 등 다양한 해양 액티비티 프로그램을 갖췄다.

차모로 문화 Chamorro Culture
여행의 로망, '현지인처럼 살기'를 실현하고 싶다면 수요일 18:00마다 열리는 차모로 빌리지 야시장으로 향할 것. 라이브 음악과 전통 바비큐 연회 속에서 차모로인들의 흥겨운 삶이 펼쳐진다.

괌으로 떠나는 8가지 이유

인천국제공항으로부터 4시간만 날아가면 태평양의 파라다이스, 괌을 만날 수 있다.
바다에서 즐기는 액티비티와 때묻지 않은 대자연, 유구한 역사 유적지와 화려한 쇼핑센터까지.
궁극의 휴양지 괌이 우리에게 웰컴 프러포즈를 보내왔다.

1 대가족이 즐기는 리조트 & 호텔 놀이

3대에 걸친 대가족이나 큰 규모의 그룹 여행을 준비 중이라면 역시 괌이 답이다. 괌의 리조트와 호텔엔 룸과 룸을 연결한 '커넥팅 룸' 타입의 객실, 주방 시설을 갖춘 객실이 많아 가족 단위 여행자들이 머물기 편리하다. 이를테면 롯데 호텔 괌의 패밀리 스위트 룸은 침실이 2개라 최대 성인 4명, 호텔 니코 괌의 트리플 룸은 성인 3명과 어린이 3명까지, 웨스틴 리조트 괌과 온워드 비치 리조트 괌은 엑스트라 베드를 두면 성인과 어린이 포함 최대 5명까지 수용할 수 있다.

2 모험가를 위한 액티비티 천국

괌은 '가족 여행의 본고장'인 동시에 오지 탐험가를 위한 매력적인 행선지이기도 하다. 드높은 산꼭대기에 우뚝 선 십자가가 장엄한 분위기를 풍기는 람람산(P.231), 일본의 트레일 마니아들에게 유명한 헤브리 힐은 승부욕마저 불러 일으킨다. 그뿐이 아니다. 타잔 폭포 입구에는 이미 이곳을 다녀간 이들이 신었던 운동화를 전유물처럼 전시하는데 그 모습이 또한 장관이다. 360guam.wordpress.com에 접속하면 괌의 숨은 트레일 코스를 더 자세히 만나볼 수 있다.

3 워터 스포츠, 마음껏 즐기기

괌의 메인 거리인 투몬은 리조트와 쇼핑 센터가 모여 있는데, 이중 절반은 서퍼 용품 전문점일 만큼 이곳은 워터 스포츠가 발달한 여행지다. 하지만 여행 일행 중 누군가가 물놀이를 좋아하지 않는다면? 노약자나 임산부와 동행해야 한다면? 고민스러운 상황이겠지만 답은 멀리 있지 않다. 다양한 액티비티 메뉴를 마련해 선택적으로 워터 스포츠를 즐길 수 있는 코코스 아일랜드, 알루팡 비치클럽으로 향하면 되니까.

4 나만의 해변에서 유유자적하기

프라이빗 비치, 그러니까 사유 해변이란 입장료를 지불하고 들어가 마음껏 백사장을 누비고 액티비티를 즐길 수 있는 공간이다. 괌은 프라이빗 비치가 많이 발달한 휴양지다. 정글투어로 유명한 스타 샌드 비치와 코코팜 가든 비치, 코코스 아일랜드에 이르는 명소들이 모두 프라이빗 비치다. '나만의 비치'를 '나만의 방식'으로 즐기려는 이들에게 추천.

5 동심 저격, 리조트 내 키즈 시설

갓 태어난 신생아부터 한창 뛰놀기 좋아하는 12세 어린이까지, 모두를 만족시키는 시설을 갖췄다. 1~5세 아이들을 위한 인펀트 전용풀 입장과 튜브 대여 등의 서비스를 무료로 이용할 수 있다. 온워드 비치 리조트나 퍼시픽 아일랜드 클럽(PIC) 내 풀장은 말할 것도 없고, 투몬에 자리한 리조트의 메인 풀엔 슬라이드 하나쯤 기본으로 마련돼 있다. 5세 이상 아동들을 위한 키즈 프로그램도 풍성하니 가족 여행자들에겐 이만한 휴양지 컨디션도 없다.

6 새로운 맛, 괌에서 즐기는 세계 미식 여행

괌에서라면 다채로운 식문화를 즐길 수 있다. 가장 먼저 만나게 되는 것은 리조트의 뷔페 레스토랑. 삼시 세 끼를 양식, 일식, 중식 코스별 뷔페로 즐길 수 있을 만큼 음식 종류가 다양하다. 괌 전통 음식인 차모로 바비큐는 한식만을 고집하는 여행자들도 반하는 맛. 버거도 놓칠 수 없다. 맛과 양 두 가지를 다 만족시키는 메스클라 도스 버거와 레스토랑별 시그니처 칵테일 역시 꼭 주문해 볼 만하다. 최근 오픈한 햄브로스의 아보카도 버거 역시 인기몰이 중.

7 쇼핑 천국, 면세점과 쇼핑몰을 공략하라

괌은 섬이다. 대부분의 물자를 수입하니, 이렇다 할 특산품이 거의 없다. 그럼에도 불구하고, 괌은 '쇼핑을 위한 섬'이다. 섬 전체가 면세구역이기 때문! T 갤러리아 by DFS에서의 명품 쇼핑, 괌 프리미어 아웃렛에서의 미국산 패션 브랜드 쇼핑은 특히 놓칠 수 없다. 온 가족 의류를 모두 구매할 수 있는 타미 힐피거, 여심을 자극하는 슈즈 숍 나인 웨스트 등이 주요 브랜드. 태교여행 중이라면 로스에서 신생아용 의류를, 시니어라면 비타민 월드에서 질 좋은 영양제를 공략할 것.

8 뚜벅이지만 괜찮아, 다채로운 교통수단

능숙한 운전자라 할지라도, 괌에서 첫 해외 운전을 시도하는 사람이라면 두려울 것이다. 게다가 언어가 자유롭지 못하다면 더더욱 부담스러울 터. 다행스러운 사실은, 괌이라면 굳이 '운전면허증'이 있다는 이유만으로 핸들을 잡지 않아도 된다는 것이다. 반나절이나 한나절 단위의 택시 투어도 할 수 있고, 수요일 밤에 열리는 차모로 야시장이나 토요일 새벽에 열리는 데데도 벼룩시장처럼 대표적인 관광지는 괌의 대표 교통수단인 트롤리로 닿을 수 있다. 또한 다른 여행지에서는 찾아볼 수 없는 여행 코스, '귀국 투어'도 있다. 반나절 이상 여행한 뒤 곧장 공항으로 데려다 주는 택시 투어 프로그램으로, 잘만 활용하면 마지막 날까지 야무지게 놀 수 있다.

Mia's Advice

괌은 매년 연말에서 연초 사이(11월~2월) 쇼핑 축제 〈숍 괌 e-페스티벌 Shop Guam e-Festival〉을 성대하게 연답니다. 만약 이 시기에 괌을 여행한다면 애플리케이션 'Shop Guam Festival'을 다운받으세요. 의류 숍, 식음료, 선택관광 등 다양한 할인 쿠폰이 있답니다.

ACTIVITY
괌에서 즐기는 액티비티의 모든 것

이곳에선 액티비티도 '멀티'로 즐길 수 있다. 장소를 옮기지 않고,
한 곳에서 여러 프로그램을 골라 시도해 볼 수 있기 때문.
호기심 많은 모험가라면 다음의 액티비티에 도전하자.

🎧 스노클링 & 스쿠버다이빙
수면에 떠오른 상태로 호흡을 도와주는 스노클을 이용해 바다생물을 관찰하는 워터 스포츠, 스노클링은 남녀노소 누구나 쉽게 즐길 수 있다. 좀 더 용기를 낸다면 스쿠버다이빙에 도전해도 좋다. 산소통을 지고 깊은 물속으로 내려가 수중을 유영하며 괌의 해양 생태계를 가까이 만날 수 있다. 피시 아이 마린 파크(P.201)와 알루팡 비치 클럽(P.198)에서 이들 프로그램을 체험해 볼 수 있다.

🎧 시트랙 & 시워커
수영을 못하더라도 문제 없다. 자유롭게 숨을 쉴 수 있는 헬멧을 착용하고 전문가의 도움을 받아 바닷속을 체험하는 시트랙 & 시워커가 있으니까! 투몬 중심에 위치한 아쿠아리움인 언더워터월드(P.104)에서는 시트랙을, 피시 아이 마린 파크(P.201)에서는 시워커를 체험할 수 있다. 시트랙과 시워커는 8세 이상이면 가능하다.

◐ 패러 세일링
망망대해를 누비는 갈매기의 기분을 만끽하고 싶다면, 패러세일링에 도전해도 좋다. 모터보트를 타고 바다 한가운데까지 빠르게 나아간 뒤, 낙하산에 생긴 공기압으로 붕 떠올라 공중 비행을 즐기는 짜릿한 스포츠다. 체험을 원한다면 코코스 아일랜드(P.237), 알루팡 비치 클럽(P.198)의 프로그램을 확인해 볼 것.

◐ 스카이다이빙 or 경비행기 조종
스카이다이빙은 전문가와 2인 1조를 이뤄 비행기가 일정 고도에 이르렀을 때 자유롭게 낙하하는 액티비티다. 스카이 다이브 괌(P.171)의 프로그램의 이용료는 최대 상승 고도에 따라 다른데, 고도가 높을수록 짜릿함은 배가 되기 때문이다. 한눈에 괌의 풍경을 담고 싶다면 스카이 괌(P.170)을 통해 경비행기 조종을 즐겨도 좋다.

◐ ATV
울퉁불퉁 오프로드를 신나게 달려볼 수 있는 절호의 찬스. ATV는 'All Terrain Vehicle'의 줄임말로 어떤 지형도 주행이 가능하다는 뜻을 내포한다. 그만큼 거친 승차감을 즐기는 게 이 액티비티의 매력. 괌 어드벤처(P.172)에서 전문 강사의 설명과 함께 시범을 지켜본 후 시승할 수 있다. 이곳에 가면 슈퍼카, 카트레이싱 등 다른 차종에도 도전해보자.

⟳ 집라인

원시림 속 타잔이 되어보자. 집라인이란 튼튼한 나무 틈바구니에 설치한 와이어를 따라 도르래로 빠른 속도감을 즐기며 하강하는 액티비티다. 스타 샌드 비치, 온워드 비치 리조트 괌이 마련한 프로그램에 도전해볼 수 있다. 특히 힐튼 괌 리조트 & 스파에는 리조트 집 괌 Zip Guam 이라는 업체가 입점해 있으니 참고할 것. 대부분 8세 이상부터 탑승할 수 있다.

⟳ 바비큐와 즐기는 액티비티

차모로 바비큐를 대표 메뉴로 선보이는 레스토랑은 많다. 하지만 직접 불판 위에서 구워 먹는 즐거움은 몇 배 더 크다. 스타 샌드 비치(P.168)의 힐링 바비큐 프로그램을 이용하면 프라이빗 비치에서 느긋하게 음식을 즐길 수 있어 편리하다. 오전에는 집라인과 ATV 탑승 프로그램도 이용할 수 있어 알찬 시간을 보내기 좋다.

⟳ 크루즈

괌에서는 여러 가지 형태의 크루즈를 체험할 수 있다. 낚시와 스노클링을 겸하거나, 해넘이를 보며 저녁 식사를 즐기거나, 커다란 나무 배를 타고 탈로포포 강과 우검 강 줄기를 지나며 차모로 문화를 만끽하는 등 다양한 프로그램이 나와 있으므로 여행자의 취향과 목적에 따라 선택할 수 있다. 모든 크루즈는 어린이도 탑승 가능하며, 운이 좋으면 돌고래 떼의 군무도 눈앞에서 볼 수 있다.

🔵 동굴 투어

장엄한 석회암 동굴 마보 케이브Marbo Cave와 마보 클리프사이드 Marbo Cliffside를 둘러보는 액티비티. 자유인이 된 것처럼 동굴 속에서 수영하는 특별한 체험도 해볼 수 있다. 개인적으로 이동하는 경우 사고가 잦기 때문에, 친절한 괌 현지 가이드가 동행하는 투어 여행사 트로피컬 투어 괌(P.167)을 추천한다.

🔵 골프

바닷바람을 맞으며 상쾌한 기분을 만끽할 수 있는 괌의 골프 코스. 잭 니클라우스와 아널드 파마가 설계한 레오 팰리스 리조트 컨트리 클럽, 태평양을 바라볼 수 있는 고지대에 위치해 아름다운 경관으로 널리 알려진 컨트리클럽 오브 더 퍼시픽은 각별히 추천할 만하다. 다만 무더위와 스콜을 대비해 모자와 선글라스, 자외선 차단제, 방수점퍼를 꼭 준비할 것.

Mini Box

연인, 가족, 사랑하는 이들과의 여행을 오래 기억하고 싶다면, 스냅 촬영을 시도해도 좋다. 스튜디오 헤바포우(www.skyflying.co.kr)는 선셋 촬영, 호텔 촬영 등 다양한 프로그램을 마련해 눈부신 자연을 무대로 순간을 근사하게 포착한다.

BEACH
괌, 해변으로 가요

물놀이 하기에 최고의 컨디션을 갖췄거나,
탄성이 쏟아지는 풍광을 선사하거나, 흥미로운 해양 생태계를 만나거나.
각기 다른 개성을 지닌 괌의 해변을 소개한다.

 리티디안 비치 Ritidian Beach
투명한 물빛과 백사장으로 이름 높은 해변. 비가 오거나 날씨가 흐리면 바로 '입장 불가' 표지판을 내거는 탓에 여행자들의 애를 끓게 만들기도 한다.

©Hong Tae Shik

 파이파이 파우더 샌드 비치 Faifai Powder Sand Beach
건 비치에서 절벽을 타고 들어가야 하는 비밀스러운 해변. 하지만 수고를 감내해도 좋을 만큼 곱고 아름다운 모래사장이 펼쳐진다. 사랑의 절벽에서 내려다보이는 곳이 바로 여기다.

 **투몬 비치** Tumon Beach
괌의 얼굴 같은 해변. '괌'하면 가장 먼저 소개되는 해변이다. 파도가 없이 잔잔해 아이들도 마음껏 물놀이를 즐길 수 있다. 해넘이는 한 폭의 그림 같다.

하갓냐만 비치 Hagatna Beach
물놀이를 즐기려는 가족 여행자에게 가장 이상적인 해변. 긴 모래사장, 산호초를 거느린 환경이 훌륭하다. 해변을 따라 식당과 카페가 모여 있어 간단하게 끼니를 때우기에도 최적의 장소.

타가창 비치 Tagachang Beach
혼자만의 시간을 갖거나, 남몰래 도망치고 싶을 땐 이 은밀한 낙원으로 향할 것. 여느 해변과 달리 바위 틈으로 밀려오는 잔잔한 바다를 마주할 수 있다. 수면이 얕아 수영을 즐기기에도 제격.

탕기슨 비치 Tanguisson Beach
자연의 아름다움을 마주하려거든 이곳으로. 암초가 많아 스노클링을 하기 좋고 해변가에선 하이킹도 즐길 수 있다. 바다를 마주보고 오른쪽으로 걷다보면 버섯 모양의 바위도 마주할 수 있다.

마타팡 비치 파크 Matapang Beach Park
늘 활기가 가득한 해변. 씩씩한 구호를 외치는 카누 주자들, 든든한 안전요원들이 지키고 있어 안심하고 물놀이를 즐길 수 있다. 곳곳의 바비큐 화덕에서 피어나는 연기가 식욕을 돋우기도.

THE BEST COAST DRIVES
해안도로 따라, 베스트 드라이브 코스

괌은 기본적인 안전수칙만 지킨다면 잘 뻗은 도로에서 편하게 주행할 수 있는 로드 트립 천국이다. 중부 서해안에서 남해안, 그리고 동해안을 따라 이동하는 해안도로 드라이브 코스를 추천한다.

중부 추천 코스

- 대추장 키푸하 상
- 파세오 공원
- 스키너 광장
- 스페인 광장
- 라테 스톤 공원
- 산타 아구에다 요새
- BESTVIEW 피시 아이 마린 파크
- BESTVIEW 아산만 전망대

아산 지역의 마린 코프스 드라이브

아산은 마이크로네시아 최대의 상업 항구인 아프라항이 자리한 곳이다. 아산의 랜드마크는 해중 전망대가 있는 피시 아이 마린 파크로 알려져 있지만 사실 이곳은 1944년 미국과 일본군이 치열한 전투를 벌인 곳(제2차 괌 전투)으로 역사적으로도 의미가 깊다. 무엇보다 마린 코프스 드라이브에서 보는 필리핀해의 경관은 그 자체로 감동을 안긴다.

세티만 전망대를 향하는 해안 2호선 도로

아갓 지역을 지나 해안 2호선 도로를 따라 남쪽으로 더 내려가다 보면 끝없는 오션뷰가 펼쳐진다. 그러다 한쪽에 차들이 주차한 모습이 보인다면 영락없이 세티만 전망대를 보기 위해 잠시 정차한 이들임을 짐작할 수 있다.

남부 추천 코스

- **BESTVIEW** 세티만 전망대
- 산 디오니시오 성당
- 우마탁 다리
- 마젤란 기념비
- 솔레다드 요새
- 메리조 부두
- 메리조 종탑
- 산 디마스 성당
- 이나라한 자연 풀
- **BESTVIEW** 이판 비치
- 파고만 전망대

탈로포포 지역의 해안 4호선 도로

해안 4호선 도로를 지나다 보면 이곳만의 웅장한 경관이 한 눈에 들어온다. 내륙의 정글로 향하면, 트레킹의 대표명소인 탈로포포 폭포를 만날 수 있다.

CULTURE
하파 데이! 차모로 문화에 빠지다

'알로하'가 하와이식 환대의 표현이라면, 괌에는 '하파 데이Hafa Adai'가 있다. 차모로어로 '안녕'을 뜻하는 이 말엔 역사와 전통을 이어온 차모로인들의 문화적 자부심이 깃들어 있다.

차모로, 미크로네시아의 빛나는 문명
괌은 미크로네시아의 마리아나제도에 속한 섬이다. 이곳은 파라오제도, 캐롤라인제도, 마셜제도, 길버트제도, 나우르섬 등으로 이뤄진 미크로네시아 연방에서 유일한 미국의 영토지만, 섬의 오랜 주인은 무려 4,000여 년간 이곳을 점유해 온 차모로족이다. 1521년 3월 6일, 이 섬에 탐험가 마젤란의 발길이 닿은 이후 333년 동안 괌은 스페인의 지배를 받으며 새로운 동식물과 생활 양식, 그리고 가톨릭을 받아들였다. 이로 인해 차모로 문화는 급격한 변화를 겪기도 했지만, 차모로족은 괌의 첫 정착자가 자신들임을 되새기며 고유의 역사와 전통을 굳건히 계승하고 있다.

라테 스톤부터 프로아까지, 차모로의 지혜
차모로족은 손재주가 뛰어나다. 이들은 라테 스톤이라는 돌기둥을 이용해 가옥을 만드는 기술을 가지고 있었다. 뿐만 아니라 가볍고 빠른 카누의 한 종류인 프로아를 통해 마리아나제도의 섬끼리 교역하며 항해술과 낚시 기법을 발전시켰다. 또한 차모로어는 인도네시아와 말레이시아 언어와 유사한 언어적 특성을 지니며, 민담과 전설 모두 입말을 통해 전해 내려왔다. 다만 차모로어를 표현하는 문자가 없었기 때문에 많은 부분이 지금까지도 신비로운 수수께끼로 남아 있다.

차모로의 정신 : 타오타오모나, 피에스타, 그리고 판당고

'타오타오모나'는 차모로 조상의 모든 영혼을 일컫는 말로, 차모로의 정신성을 함축한 단어이다. 그들은 자신의 주변에서 일어나는 모든 일들이 타오타오모나에 의한 것이라고 생각했다. 심지어 이 영혼을 가족의 구성원으로 생각하고 애칭으로 불렀을 정도다. 이 문화는 17세기 후반 스페인 선교사들을 통해 조금씩 바뀌어 갔다. 마을에 수호성인을 두고 그 축일에 피에스타 Fiesta라 불리는 제의를 여는 한편, 메스티자라고 불리는 여성들의 의상이나 남부지역의 독특한 건축양식, 결혼이나 장례식당에서 추는 판당고(안달루시아 지방의 춤) 춤 등을 통해 스페인 문화를 흡수하고, 이를 자신들의 문화로 한데 녹여 왔다.

Mia's Advice

위대한 차모로의 지도자, 가다오의 이야기를 들려 드릴게요. 남쪽 마을의 용맹한 추장이었던 가다오는 섬 전체의 지도자로 추대됐어요. 하지만 그 반대파는 헤엄을 쳐서 섬을 50바퀴 돌 것, 맨손으로 코코넛 열매를 딸 것, 람람산을 평평하게 할 것 등 무리한 조건을 내세우며 이를 저지했죠. 놀랍게도 가다오는 이를 7일 만에 해낸 뒤 훌륭한 수장이 되었답니다. 가다오가 움직였다고 전해지는 람람산의 바위는 피티 해안에서, 가다오 추장의 동상은 이나라한 마을에서 볼 수 있답니다.

CHECK! 알아두면 여행이 즐거워지는 차모로어 표현

- 안녕하세요(아침) Manana Si Yu'os [마나나 시 주스]
- 안녕하세요(점심) Ha'anen Maolek [하아넨 마오렉]
- 안녕하세요(저녁) Pue'ngen Maolek [푸엥겐 마오렉]
- 안녕(만났을 때) Hafa Adai [하파 데이]
- 안녕(헤어질 때) Adios [아디오스]
- 고맙습니다 Si Yu'os Ma'ase [시 유오스 마아세]
- 또 봐요 Asta agupa' [에스타 아구파]
- 네 Hunggan [훈간]
- 아니오 Ahe [아헤]
- 좋다 Maolek [마오렉]

EAT & DRINK
괌에서 먹고 마시는 법

괌을 맛보다
차모로 가정식부터 유명 레스토랑의 대표 메뉴까지.
놓쳐선 안 될 괌의 대표 음식 12선.

1
차모로 바비큐 & 피나데니
간장과 식초에 푹 재워 둔 돼지, 닭, 소고기 등 육류를 구워낸 것을 전통 양념 피나데니(간장에 레몬이나 식초, 다진 양념을 섞은 소스)에 찍어 먹는다.

2
레드 라이스
차모로 바비큐에 곁들이는 밥. 아초테라는 나무 열매즙으로 밥을 지어 붉은 빛을 띤다. 차진 식감, 고소한 맛을 즐길 수 있다.

3
켈라구엔
닭고기나 소고기, 해산물 등을 잘게 썬 뒤 레몬즙과 다진 코코넛, 매운 고추를 섞은 애피타이저. 테라스 로컬 컴포트 푸드(P.121)에서 맛볼 수 있다.

4
카돈피카
차모로어로 스튜라는 뜻의 카돈과 맵다는 뜻의 피카가 합쳐진 단어로, 닭 볶음탕에 가까운 음식. 더 카페테리아(P.121)에서 맛볼 수 있다.

5
아피기기
코코넛 찹쌀떡. 괌을 대표하는 디저트로, 아이스크림과 함께라면 금상첨화. 비치인 슈림프(P.119) 대표 디저트 메뉴다.

6
꼬치구이
차모로 빌리지의 야시장이나 데데도 벼룩시장에서 흔히 맛볼 수 있다. 닭, 돼지고기, 앵거스 소고기 등으로 이뤄지며, 하나에 $1.50~3다.

CHECK! **차모로 전통 식문화를 찾아서**

차모로인들은 쌀을 재배하고, 이를 주식으로 삼았다. 스페인 사람들이 이곳에 정착하면서부터는 나무 열매 즙으로 밥을 지어 붉은 붉은색의 밥, 레드라이스를 본격적으로 즐겨 먹기 시작했다. 그런가 하면 차모로인들에게 가장 사랑받아 온 식재료는 코코넛이다. '생명의 나무'라고도 불리는 코코넛은 주스, 기름, 우유, 그리고 코프라(열매의 핵을 건조해 야자유의 원료로 사용) 등으로 널리 쓰인다. 켈라구엔과 카돈피카는 코코넛 밀크를 사용한 대표적인 요리다. 매운 고추 양념과 섞어 먹는데, 부드러우면서 고소한 맛이 일품이다. 끝으로 차모로 음식 하면 빼놓을 수

7
크래킨 킹크랩
토마토 소스와 함께 볶은 게 요리를 테이블 위에 펼쳐 놓고 먹는다. 나나스 카페 & 세일즈 바비큐(P.122)에서 맛볼 수 있다.

8
팬케이크
괌 뿐 아니라, 본점인 하와이, 일본에서도 문전성시를 이루는 에그스 앤 띵스(P.126)의 스트로베리 팬 케이크, 놓치면 후회한다

9
회
참치, 연어회를 $5에 맛볼 수 있다? 피셔맨즈 코옵(P.210)에선 질 좋은 회를 저렴하게 포장 판매한다. 마켓에서 구입한 초고추장을 곁들이면 한국식으로도 즐길 수 있다.

10
수제버거
괌의 버거 최강자는 누구? 메스클라도스(P.127)의 새우 버거와 치즈 버거, 수메이 펍 & 그릴(P.248)의 매콤한 피카 치즈 버거, 그리고 남부 이판 비치 근처 제프스 파이러츠 코브(P.247)의 홈메이드 하프파운드 치즈 버거까지. 선택은 당신의 몫이다.

11
철판 요리
괌에는 고기, 해산물, 채소를 철판 위에서 즉석으로 구워 내는 일본식 철판 요리인 데판야키 식당이 많다. 투몬 샌즈 플라자 내 조이너스 레스토랑 케야키(P.124), 피에스타 리조트 괌의 사무라이 해산물 스테이크 & 와인 컴퍼니(P.124)가 대표적이다.

12
스테이크
론 스타 스테이크하우스(P.119)의 압도적인 텍사스풍 스테이크, 그리고 라이브 공연과 함께 옹골찬 씹는 맛을 즐길 수 있는 테이블 35(P.208)의 스테이크를 주목할 것.

없는 바비큐는 알고 보면 근자에 생겨난 식문화다. 흥미로운 사실 하나. 바비큐의 주재료인 소, 돼지, 닭은 17세기 스페인 지배 전까지 괌에 살지 않았다. 바비큐가 널리 보급된 건 제2차 세계대전 이후 군인들이 괌에 배치되면서부터다. 군 매점의 포장육을 잎사귀로 싸서 불 위에 구워 먹는 방식이 민간인들에게 널리 통용되면서 차모로식 바비큐가 정착됐다는 설이 있다.

EAT & DRINK
괌에서 먹고 마시는 법

괌을 마시다
괌의 시그니처 드링크 메뉴들.
여행을 오래도록 떠올리게 하는 청량한 맛과 향이다.

괌 1 맥주
괌을 대표하는 맥주. 보리, 맥아, 홉, 효모로 만든 5도의 골든 라거로, 풍미가 연한 것이 특징. 망고, 애플, 진저, 바나나 맛으로 변주한 상품을 선보여 이목을 끌기도 했다. 괌 국제공항 면세점, ABC스토어, K마트, 페이리스 슈퍼마켓 등에서 판매한다.

망고 주스
100% 망고를 갈아 만든 망고 주스는 달콤 시원한 맛으로 한여름에 즐기기 제격이다. 특히 사랑의 절벽(P.165)의 간이 음식점에서 한국인이 판매하는 망고 주스의 맛을 놓치지 말자.

코코넛 음료
괌에서는 코코넛 주스를 마시고 나면 반드시 '코코넛 회'를 맛봐야 한다. 주스를 마시고 비운 코코넛 껍데기를 반으로 가른 뒤, 거기 붙은 흰 속살을 잘게 썰어 간장과 매운 고추냉이 소스에 콕 찍어 먹는데, 씹는 맛이 회처럼 고소하고 달큰하다. 산타 아구에다 요새(P.200) 앞이나 차모로 빌리지 야시장(P.219), 데데도 벼룩 시장(P.176), 스페인 광장(P.195), 세티만 전망대(P.233)등 곳곳에서 판매된다. $5~6에 즐길 수 있다.

🎵 하파데이 딜라이트
언더 워터 월드의 수족관 안에서 저녁식사를 즐기는 이색 이벤트 '언더 더 시(P.104)'는 식사 전 시그니처 칵테일을 즐길 수 있는데, 그 중 하파데이 딜라이트는 스파이스드 럼, 피치 스냅스, 코코넛 럼, 파인애플 주스와 크랜베리 주스를 믹스한 음료로 달콤한 맛과 컬러풀한 만듦새를 자랑한다.

🎵 미나고프 맥주
차모로어로 '행복한', '즐거운'이라는 뜻을 지닌 미나고프 맥주. 알코올 도수에 따라 총 네 가지로 나뉘는데 그중 빨간색 페일 에일이 4.3도로 가장 도수가 낮다. 프로아(P.120)에서 만나 볼 수 있다.

🎵 모히토 샘플러
비치인 슈림프(P.119)에서는 세 종류의 알콜을 맛볼 수 있는 샘플러를 판매한다. 그 중 립 타이드 모히토 트리오는 인기 만점 음료.

🎵 프로즌 피치 빌리니
얼린 복숭아 과즙을 부드럽게 갈아서 샴페인과 보드카를 섞은 칵테일. 알코올 함량이 높은 쿨피스를 맛보는 기분이다. 나나스 카페 & 세일즈 바비큐(P.122)에서 즐겨보자.

EAT & DRINK
괌에서 먹고 마시는 법

괌 레스토랑 완전 정복

제대로 주문한 음식 한 접시가 때때론 이 여행의 질을 결정한다.
괌에서 제대로 맛보고 즐기는 법.

뷔페 레스토랑, 골라 먹는 재미

합리적인 금액으로 만족스러운 식사를 즐기고 싶다면, 뷔페만 한 선택지도 없다. 괌의 뷔페 레스토랑은 대개 일식, 이탈리아식, 중식, 태국식 등 종류가 정해져 있어서 기호에 따라 선택할 수 있는 것이 특징. 대부분 호텔 내 위치해 있으며 예약은 필수다.

[이탈리안] 알 덴테 Al Dente
@하얏트 리젠시 괌

화덕에서 구운 피자, 오늘의 수프와 생면 파스타, 그리고 싱그러운 샐러드가 나오는 점심 뷔페를 $26에 즐길 수 있다. 돼지고기나 양갈비, 연어나 치킨을 추가하면 $36다.

[일식] 니지 Niji
@하얏트 리젠시 괌

초밥부터 튀김, 샤부샤부, 스테이크에 이르는 메뉴 구성이 훌륭하다. 달걀찜, 달걀 초밥 등 아이들이 먹기 좋은 메뉴도 여럿. 평일 점심은 $32나, 일요일 점심은 $37로 가격이 급등한다.

[중식] 토리 Tohlee
@호텔 니코 괌

딤섬과 만두, 마파 두부 등이 맛깔스러운 중식 뷔페로 평일 점심을 $28에 이용할 수 있다(아이러니하게도 최고 인기 메뉴는 일본식 라면이다). 220도로 펼쳐지는 투몬만을 볼 수 있어 신혼부부나 연인들에게 인기가 좋다. 최근 금요일 저녁 뷔페($38)도 오픈했다.

[일식] 사가노 레스토랑
Sagano Restaurante
@온워드 비치 리조트

금요일 저녁, 단 90분간 주어지는 뷔페 타임. 가격이 $55로 비싼 만큼 꼬치, 초밥의 종류가 많고 $5를 추가 지불하면 아사히 생맥주를 무한정 즐길 수 있어 현지인 방문 비율이 높다.

**[해산물&스테이크]
테이스트** Taste
@웨스틴 리조트 괌

날마다 다양한 테마로 손님을 맞이하는 저녁 뷔페. 매주 화·목요일에는 랍스터를 무한정 즐길 수 있다. 하이네켄 맥주를 마음껏 마실 수 있다는 것도 이곳만의 장점(일요일 제외).

**[태국식]
반 타이** Ban Thai

볶음 국수 팟타이, 파파야 샐러드 쏨땀, 새콤달콤한 똠양꿍까지 이름난 태국 음식을 한자리에서 맛볼 수 있는 뷔페다(월~토 $13.95, 일요일 $18.95). 규모는 작지만 메뉴가 알차다. 뷔페는 점심에만 운영.

해피아워를 공략하라

주로 점심과 저녁 사이, 혹은 저녁 이후 한가로운 시간대에 칵테일이나 맥주, 간단한 핑거 푸드 등을 저렴한 가격에 판매하는 행사를 해피아워라 한다. 손님이 붐비지 않아서 좋고, 예약도 필요 없으니 식사량이 적은 날에는 해피아워 시간대를 이용해보자. 추라스코는 18:00~19:00에 맥주, 와인 칵테일을 $5~7의 가격으로 선보인다. 쇼군에서는 15:00~17:00 사이에 해피아워 이벤트로 디너 메뉴를 15% 할인하는가 하면, 패밀리 레스토랑 데니스에서는 매주 월~금 15:30~17:30 중 맥주 주문 시 애피타이저를 50% 할인된 가격으로 즐길 수 있다. 분위기 있는 레스토랑인 파파스(P.204)는 화~토 17:00~ 매장 마감 시까지 모든 알코올 음료를 $1 할인하는 해피아워를 진행 한다.

푸드코트, 서로의 취향을 존중하는 법

푸드코트는 입맛이 다른 일행과 공존할 수 있는 평화로운 해결책이다. 괌 프리미어 아웃렛과 마이크로네시아 몰 두 곳에서 모두 만날 수 있는 판다 익스프레스는 많은 한국인 여행자가 즐겨 찾는 푸드 코트다. 볶음밥과 오렌지 치킨, 허니 월넛 슈림프의 인기가 특히 높은 편. 여러 가지 다양한 메뉴를 선택할 수 있으니(메뉴에 따라 $8.30~$11.20), 합리적이다. K 마트의 푸드 코트는 다른 곳보다 규모는 작지만, 빅 사이즈의 피자를 한 판 $10에 판매하는 리틀 시저스를 거느리고 있으므로 반드시 들러볼 만하다. 쇼핑으로 칼로리를 소모한 후 맥주와 함께 즐긴다면 금상첨화다.

클럽 라운지, 내 집처럼 편하게 누리는 리조트

두짓 타니 괌 리조트, 아웃리거 괌 비치 리조트, 하얏트 리젠시 괌, PIC, 호텔 니코 괌, 힐튼 괌 리조트&스파 등 리조트에서 숙박을 예약할 때 호텔 내 클럽 라운지가 가능한 룸으로 업그레이드 하면 투숙 내내 무료로 라운지를 이용할 수 있다. 이 곳에서 간단하게 조식(대부분 메뉴가 많지 않음)을 해결하기도 하고, 해피아워 시간에는 맥주나 와인, 핑거 푸드도 무료로 즐길 수 있다. 리조트에서 머무르는 시간이 많다면 예약 시 클럽 라운지 이용이 가능한 룸으로 업그레이드 하자.

SHOW, SHOW, SHOW
매직쇼 Vs. 디너쇼, 당신의 선택은?

버라이어티한 매직쇼와 흥거운 전통 가무를 관람하는 디너쇼.
섬을 빛내는 화려한 쇼 타임에 흠뻑 빠져보자.

매직쇼 *magic show*

샌드 캐슬 괌 매직 쇼를 필두로 규모는 작지만 다채로운 무대가 섬 곳곳에 생겨났다. 저녁 식사를 제공하는 경우 스테이크와 랍스터로 이뤄지고, 호텔에서 픽업&드롭 서비스를 제공한다.

샌드 캐슬 괌 매직 쇼 Guam Sand Castle Magic Show
두 명의 매력적인 마술사가 웅장한 스케일의 매직 쇼를 선사한다. 라스베이거스의 오 쇼만큼 화려한 퍼포먼스가 압권. 관객을 무대에 불러 즉흥적으로 완성하는 쇼라 더 즐겁다. P.106

매직 록스 시어터 Magic Rocks Theater
명성 높은 코미디언 나빌 매디와 행크 라이스가 다양한 마술을 선보인다. 추가 금액을 내면 공연 전 웨스틴 리조트 괌 내 테이스티 뷔페 디너에서 식사를 할 수 있다. 즉흥적으로 완성하는 쇼라 더 즐겁다. P.256

앙코르 Encore
어린이 관객을 무대에 참여하도록 독려하는 쇼. 극장 규모가 작아 가족적인 분위기를 이룬다. 마술 쇼 중 유일하게 디너 없이 쇼만 진행하며, 피에스타 리조트 괌에 위치해 있다. P.264

디너쇼 *dinner show*

석양을 바라보며 차모로 원주민의 전통 가무를 만나는 시간. 디너쇼이므로 저녁 식사가 중요한데, 바비큐거나, 뷔페거나 둘 중 하나를 선택할 수 있다.

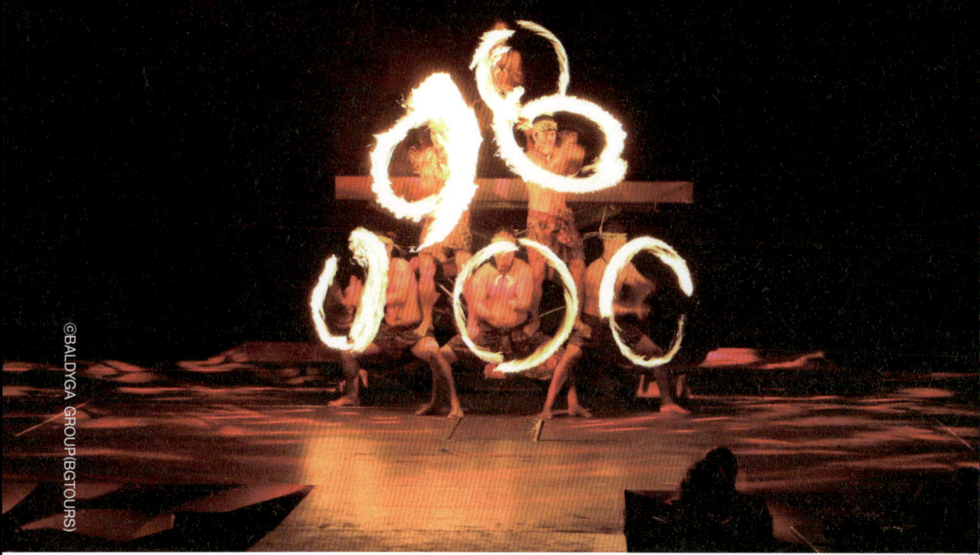

©BALDYGA GROUP(BGTOURS)

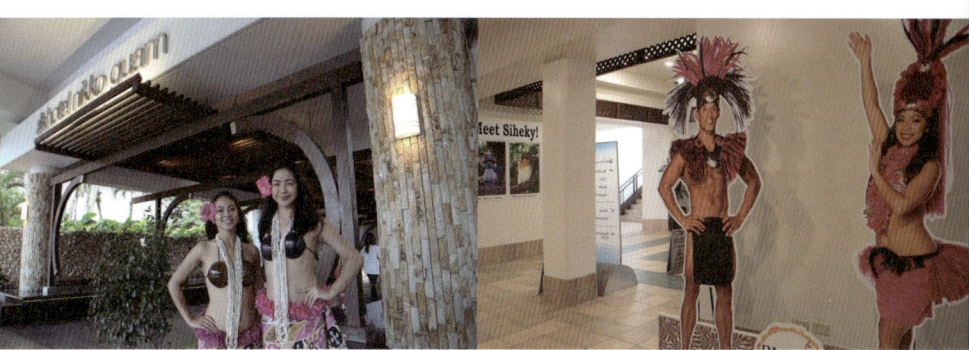

타오타오타씨 비치 디너쇼 Taotao Tasi Beach Dinner Show

건 비치 앞에서 펼쳐지는 웅장한 원주민 쇼. 폴리네시안 춤과 사모안 댄스, 엄청난 규모의 불쇼까지 단 한순간도 눈을 뗄 수 없다. 공연 전 셰프들이 직접 구운 바비큐 식사가 펼쳐진다. P.171

니코 선셋 비치 바비큐 Nikko Sunset Beach BBQ

호텔 니코 괌의 프라이빗 해변을 점유하는 쇼. 폴리네시안 퍼포먼스와 불쇼가 펼쳐진다. 손님이 직접 불에 굽는 비비큐 식사로 트로피컬, 파라다이스, 서프라이즈의 3가지 메뉴를 고를 수 있다. P.255

퍼시픽 판타지 디너쇼 Pacific Fastasies Dinner Show

PIC 골드카드로 객실을 예약하면 무료입장할 수 있다. 따라서 경쟁이 치열하니. 체크인 직후 예약하고, 쇼 20분 전부터 대기하는 게 좋다. 뷔페식이라 조금 부실하지만, 쇼는 훌륭하다. P.259

NIGHTLIFE
나이트라이프, 24시간이 부족해

친구나 직장 동료 등 또래 그룹과 여행 중이라면, 야시장부터 클럽까지 빈틈없이 공략하는 진짜배기 괌 나이트라이프 코스를 소개한다.

ⓒBaldyga Group (BGTours)

더 비치 레스토랑 & 바
The Beach Restaurant & Bar

건 비치에 위치한, 가장 인기 있는 선셋 포인트 중 하나다. 저녁 시간에는 라이브 공연이 펼쳐지고 로맨틱한 분위기가 물씬하다. 바 앞에 설치된 비치발리볼 코트는 누구나 이용할 수 있다.
P.173

글로브 Globe

괌을 대표하는 뉴욕 스타일 클럽. 총 4층 규모, 실력 있는 DJ들이 분위기를 압도한다. 호텔에서 픽업&드롭 서비스를 제공하고, 샌드 캐슬 괌 매직 쇼 관람 티켓이 있으면 무료입장이 가능하다.
P.107

블루 라군 플라자
Blue Lagoon Plaza

현지인들에게 사랑받는 곳. W, 루트 66 Route 66, 몰리스 Molly's, 브릭스 Brix 등 펍이 서로 연결되어 있어 취향에 맞는 곳에서 가볍게 한 잔 즐기기 좋다. 평일은 한가하나, 주말이 되면 춤과 음악을 즐기는 이들로 가득하다.
P.137

라이브하우스 괌
Livehouse Guam

작지만 알찬 홍대 클럽을 떠올리게 한다. 왁자한 분위기, 볼륨 높은 음악을 듣노라면 금세 흥겨워지는 공간. 괌에서 유명한 밴드들의 공연을 라이브로 감상할 수 있는 좋은 기회다. P.137

차모로 빌리지 야시장
Chamorro Village Night Market

매주 수요일 열리는 야시장. 로컬 연주자들의 라이브 무대, 독특하고 아름다운 공예품과 액세서리가 눈길을 끌고, 무엇보다 먹음직스러운 꼬치구이가 발길을 사로잡는다. P.219

캐스트 어웨이즈
Cast Aways

놀이기구 슬링 샷 옆에 위치한 공간. 흥에 겨운 비명, 푸른 어둠이 짙어질수록 남국의 분위기가 한층 물씬해진다. 다만 간혹 직원이 불친절하다는 평이 있어 호불호가 갈린다. P.136

Mia's Advice

시끌벅적한 댄스 음악 대신 소울이나 재즈, R&B처럼 감미로운 음악을 즐기고 싶다면 하얏트 리젠시 괌 (P.257)에 위치해 있는 켄토스 Kento's를 추천해요.

KIDS
아이를 위한 알짜배기 정보

임산부는 육아용품을, 아기 엄마는 한국보다 저렴한 미국 브랜드 의류를 쇼핑하기 좋은 곳. 워터파크 못지않은 리조트 풀과 알찬 키즈 캠프까지, 아이들을 위한 프로그램 또한 근사하다.

아이와 함께 하는 쇼핑

마이크로네시아 몰 Micronesia Mall

이곳의 메이시스 Macy's는 다른 곳에 비해 의류 정리가 잘 되어 있어서 한눈에 원하는 제품을 고를 수 있다는 장점이 있다. 메이시스의 타미 힐피거 Tommy Hilfiger 제품이 괌 프리미어 아웃렛의 타미 힐피거보다 질이 더 좋다는 현지인의 귀띔. 로스 Ross의 경우 폴로, 아디다스, DKNY, 타미 힐피거 등의 청바지와 원피스, 샌들과 운동화, 의류, 잡화 등을 제일 저렴하게 구입할 수 있는 곳이다. 매장 오픈 시간이나 (월~목 08:00, 금~일 07:30) 23:00 이후 방문하면 좀 더 편하게 고르고 계산할 수 있다.

MUST BUY 폴로 랄프 로렌 Polo Ralph Lauren, 타미 힐피거 Tommy Hilfiger, DKNY 등 미국 브랜드의 청바지와 원피스, 샌들과 운동화, 의류, 잡화

어린이 의류 쇼핑 코스

괌 프리미어 아웃렛 Guam Primier Outlet

단연코 타미 힐피거 의류를 구입하기 위해 들르는 곳. 치열하게 쇼핑한 후, 계산대의 기다란 줄을 보면 그야말로 기진맥진한다. 한국인 관광객이 유독 많은 곳인데, 타미 힐피거 바로 맞은편 로스 매장도 상황은 마찬가지다.

MUST BUY 타미 힐피거 의류 및 물놀이에 필요한 아이템, 장난감

CHECK! 스마트하게 쇼핑하는 법

❶ **할인 쿠폰** 'Retailmenot'이라는 모바일 애플리케이션을 통해 K마트, 메이시스, 타미 힐피거 등 여러 의류 브랜드의 세일 쿠폰 바코드를 제시하면 현장에서 할인받을 수 있다. 뿐만 아니라 웹사이트 쿠폰셰르파(www.couponsherpa.com)에서 다운로드한 쿠폰을 프린트해서 사용해도 좋다.

❷ **반품 요령** 육아용품이나 어린이 의류는 구입 후 변심이 잦고, 뒤늦게 할인 쿠폰을 발견해 환불 후 다시 결제하려는 경우도 적지 않다. 괌 프리미어 아웃렛의 타미 힐피거 매장은 최근 이런 식으로 반품하는 사례가 늘고 있어 이미 한 번 계산한 제품은 다시 재구매가 어렵다. 로스의 경우 반품은 가능하나, 일반 구매 라인이 아닌 반품 라인에 줄을 서야 한다는 것을 미리 알아 두면 시간을 절약할 수 있다. 또한 반품 시에는 미국 내 모든 브랜드에서 여권 등의 신분증을 요구한다. 신용카드를 이용해 구매할 경우 점원에 따라 본인의 신용카드인지 확인하기 위해 신분증을 요구할 수 있어 쇼핑 시 여권을 지참하는 편이 좋다.

JP 슈퍼스토어 JP Superstore

상호만 보면 언뜻 슈퍼마켓 같지만, 백화점 리빙&키즈 섹션 못지않게 상품 구성이 훌륭하다. 다양한 브랜드의 제품을 멀티숍 형태로 진열해 놓아 둘러보기도 좋다. 직구 했을 때, 인터넷 면세점에서 구입했을 때의 가격과 비교 후 구입할 것. 육아용품뿐 아니라 아동 의류를 사기에도 더할 나위 없다. 한국에서 만나기 힘든 키즈 브랜드를 만날 수 있는데 세일 기간에는 반드시 살펴볼 것. 의외의 '득템'에 성공할 수 있다.

MUST BUY 스킵 홉 Skip Hop 가방이나 물병, 라마즈 Lamaze 촉감 인형, 에르고베이비 Ergobaby 아기띠, 명품 유모차인 스토케 Stokke나 뉴나 Nuna와 레고 장난감, 몽클레어 키즈 Moncler Kids 의류

육아용품 공략코스

K 마트 K-mart

성수기에 이곳을 찾는다면 현지인들보다 압도적으로 많은 한국인 관광객들을 만날 수 있다. 그만큼 인기가 많은 곳이다. 다만, 워낙 한국 임산부들에게 인기라 금방 매진되는 제품이 많다는 게 단점이다.

MUST BUY 먼치킨 Munchkin 오리 온도계와 목욕 장난감, 스와들 Swaddle 속싸개, 아쿠아퍼 Aquaphor 침독 크림, 데스틴 Destin 발진 크림, 존슨앤존슨 Johnson&Johnson 베이비 면봉, 란시노 Lansinoh 유두 보호 크림과 수유패드, 피셔 프라이스 Fisher Price와 브라이트 스타트 Bright Starts의 장난감, 1세 미만 아이들을 위한 액상 분유 엔파밀과 시밀락, 일반 기저귀와 수영용 팬티 기저귀, 모래놀이 세트

페이리스 슈퍼마켓 Payless Supermarket

현지인들이 가장 사랑하는 마트. 마이크로네시아 몰 Micronesia Mall (P.177), 아가냐 쇼핑 센터, 데데도 등 총 8군데에 위치해 있다. 아이들 먹거리는 이곳에서 해결하자.

MUST BUY 현지에서 소진할 유기농 채소와 과일, 간편한 레토르트 이유식

로스 Ross

예비 엄마를 포함, 모든 아기 엄마들의 필수 코스. 괌 프리미어 아웃렛에 위치한 로스는 01:30까지, 마이크로네시아 몰에 위치한 로스는 새벽 01:00까지 영업한다.

MUST BUY 카터스 Cater's 제품을 가장 많이 구입하게 되는 곳. 신생아 보디 수트를 포함해 3개월, 6개월, 12개월의 의류가 인기가 높다. 신생아를 위한 장난감 역시 저렴하게 구입할 수 있는 곳.

KIDS
아이를 위한 알짜배기 정보

아이들을 위한 놀이터

척 이 치즈 Chuck E Cheese's
미국 어린이라면 한 번쯤 이곳에서 생일파티를 연다. 매장 내에서만 통용되는 코인을 구입해 각종 게임을 즐길 수 있는데, 게임을 통해 받은 쿠폰을 모으면 장난감으로 교환해 준다. 피자와 치킨 등 아이들이 좋아하는 메뉴가 있어 식사도 해결할 수 있는 곳. 괌 프리미어 아웃렛에 위치. P.145

키즈 플레이 코너 Kids Play Corner
아담한 규모의 어린이 놀이터. 아이들의 안전을 위해 키가 42인치 이하인 어린이들만 이용할 수 있으며 부모들이 앉아서 지켜볼 수 있도록 플레이 코너 사방에 벤치를 마련해 두었다. 플레이 코너의 소품들은 모두 부드러운 고무 소재를 이용한 것이 특징. 이곳 역시 괌 프리미어 아웃렛에 자리한다. P.142

스카이 존 Sky Zone
아이들의 에너지 발산을 위한 최적의 장소. 커다란 트램펄린 안에서 마음껏 하늘을 향해 튀어 오를 수 있는 프리스타일 점프와 대형 사각 고무가 쌓여 있어 마치 다이빙을 하듯 부드럽게 착지할 수 있는 폼 존 등 한 번 입장하면 시간가는 줄 모른다. 아가냐 쇼핑 센터 1층에 위치. P.216

펀타스틱 파크 Funtastic Park
회전목마와 미니 롤러코스터, 바이킹 등 유료 놀이시설과 오락시설이 접목되어 있는 곳. 자판기에 돈을 넣고 티켓으로 바꾼 뒤 놀이기구를 탑승할 때마다 티켓을 제시하는데, 놀이기구별로 필요한 티켓 수가 다르다. 마이크로네시아 몰 2층에 위치. 입장은 무료다. P.177

롤리팝 Lollipop
만 5세 미만 유아들이 즐겁게 놀 수 있는 소규모 키즈 클럽. 카페를 같이 운영하고 있어 커피 한 잔 하면서 아이들을 지켜볼 수 있다. 아포가토나 칼라만시 아이스 티 등 다른 곳에 비해 음료의 종류가 다양한 것이 특징. 양말 착용은 필수다. 마이크로네시아 몰 2층에 위치. P.177

플레이포트 Playport
괌 최초의 실내 놀이터. 미끄럼틀과 트램펄린 등 놀이 기구가 다양하다. 만 9세까지 이용할 수 있으며, 부모가 반드시 동행해야 한다. 커피와 스무디 등 음료와 간단한 스낵을 파는 카페가 있어 편리하다. 양말을 착용해야 입장할 수 있다(현장 구입 가능). 아가냐 쇼핑 센터 2층에 위치. P.216

CHECK! 리조트 내 키즈 클럽

❶ **퍼시픽 아일랜드 클럽(PIC) 키즈 클럽** 워터파크 놀이와 실내 자유시간, 실내 게임과 그림 그리기, 영화 감상 등 다양한 프로그램이 있으며 오전반, 오후반으로 진행된다. PIC 내 시헤키 플레이 하우스는 영유아 놀이방으로 놀이기구가 모두 폭신한 소재로 구성되어 있다. 신장 120cm가 넘지 않는 아이들을 위한 공간이며, 부모가 반드시 동행해야 한다. 모두 무료. P.258

❷ **아웃리거 괌 비치 리조트 코랄 키즈 클럽** 1일 기준 $65, 반나절 $35이며 물놀이 이외에도 다양한 액티비티가 함께한다. P.252

❸ **호텔 니코 괌 키즈 플레이 룸** 무료입장 가능. 실내 놀이터와 야외 놀이터로 나뉘어져 있는데 보호자의 동행이 필요하다. P.255

❹ **힐튼 괌 리조트&스파 키즈 클럽** 화려한 쿠키 장식이나 풀 사이드 얼음 보물 사냥, 풍선 아트 등 시간대별 무료로 체험하는 키즈 액티비티, 키즈 놀이방과 야외 놀이터 등을 운영하고 있다. P.263

❺ **웨스틴 리조트 괌 패밀리 프로그램** 스노클링과 키즈 쿠킹 클래스, 영어 놀이와 아트 프로그램 등 가족이 함께 즐길 수 있는 5가지 프로그램을 만들었다. 최근 1층 로비에는 브릭 라이브룸을 새로 오픈했는데, 이는 실내 키즈 레고룸으로 1만 8000여 개의 레고 브릭과 레고 프렌즈, 시티 브릭 레이스 트랙 등을 마련했다. 투숙객에 한해 이용 가능하며(프런트 데스크에서 사전 예약 필수), 양말 착용이 필수다. 개장시간은 9:00~21:00. P.256

❻ **괌 리프 & 올리브 스파 리조트의 키즈 클럽** 어린이의 나이에 따라 금액이 조금씩 다르며 시간당 $15~40 선. 3개월~만 12세까지 가능하다. P.264

Mia's Advice

로컬 어린이들과 만나는 즐거운 여름&겨울 캠프

최근 아이들의 효율적인 영어 교육을 위해 '괌 한 달 살기'에 도전하는 사람들이 급증하고 있어요. 이때 고만고만한 영어캠프를 피하고 싶다면, 현지 어린이들을 위한 로컬 여름캠프 혹은 겨울캠프에 참여해 보세요.

괌 주립대 www.uog.edu/outreach/uog-summer-camps.php
괌 농구 캠프 guamelitebasketball.com 괌 축구 캠프 671-735-2861

아이 입맛에 딱! 레스토랑 키즈 메뉴

패밀리 레스토랑에서는 아이들을 위한 키즈 메뉴를 선보이고 있다. 대체로 $10가 넘지 않는 가격으로 메인 메뉴와 음료까지 주문할 수 있다. 메뉴로는 삶은 마카로니에 치즈를 곁들인 맥 앤 치즈나 치킨 너겟, 팬 케이크, 스크램블 에그, 샌드위치나 볶음밥 등이 있다

MUST TRY 메스클라도스 Meskla Dos(P.127)의 키즈용 버거, 데니스 Denny's (P.174)의 재활용이 가능한 캐릭터 물병 & 음료($2 추가비용), 아이홉 IHOP(P.126)의 평일 키즈 메뉴(16:00~20:00 사이 키즈 메뉴가 무료로 제공된다)

SPA
여독을 이기는 스파 이용법

일정 중 쌓인 피로를 풀어줄 내 여행의 구세주, 스파에 대한 모든 것을 소개한다.
미리 공부해두면 내게 맞는 스파를 선택하는 데 도움이 된다.

괌에서 스파를 즐기는 법

❶ **예약** 괌은 건식 마사지보다 오일을 이용해 부드럽게 스트레스를 풀어주는 마사지가 보편화되어 있다(태국이나 필리핀식의 강한 지압을 원했다면 다소 기대에 어긋날 수 있다). 그러니 테라피 메뉴를 잘 알아본 뒤 홈페이지 또는 전화로 예약을 한다. 취소 수수료 유무를 체크하는 것은 필수. 방문할 때는 예약시간 15분 전에 도착하도록 한다. 귀중품, 소지품은 간소하게 챙길 것.

❷ **가격** 동남아시아 지역에 비해서는 높은 편. 저가 마사지는 대부분 1시간에 $60~70가량, 호텔 내에 위치한 마사지의 경우 1시간에 $100~200 선이다. 리조트 부설 스파의 경우 투숙객에게 할인 혜택을 제공하기도 한다. 팁을 지불할 땐 특별한 규정은 없으나, 저렴한 저가 마사지의 경우 $2~5 정도, 호텔 내에서 운영하는 마사지의 경우 마사지 금액의 10%를 준비하는 것이 일반적.

❸ **순서** 예약하면서 픽업 차량을 요청하면 추가 요금 없이 이동할 수 있다. 숍에 도착하면 따뜻한 차를 마시며 체질이나 원하는 마사지의 강도 등을 설문지에 체크한다. 선호하는 오일을 선택한 뒤 탈의 후 마사지 가운으로 갈아입는다. 테라피가 끝난 후에는 침대 위에 팁을 올려놓고 나온다. 원한다면 간단한 샤워도 가능하다. 스파 후 바로 수영이나 입욕은 삼갈 것.

Mini Box

타이밍별 스파 공략하기

밤 비행기로 돌아가는 여행자들에겐 01:00까지 문을 여는 USA 마사지(문의 671-727-3322)와 24:00까지 운영하는 ISA스파(P.113)를 추천한다. 여행자의 묵은 피로를 해소하기에 제격이다.

임산부 & 가족 여행자를 위한 테라피

산모를 위해 보편적으로 임산부들은 얼굴과 어깨를 집중적으로 관리하는 테라피를 즐겨 받는다. 힐튼 괌 리조트 & 스파의 스파 아유알람(P.112)에서 진행하는 릴렉세에이션 페이셜 Relaxation Facial이나, 두짓 타니 괌 리조트의 데바라나 스파(P.115)가 마련한 아유르베다 헤드 마사지 Ayurvedic Head Massgae, 그리고 쉐라톤 라구나 괌 리조트의 앙사나 스파(P.113)가 고안한 헤드 앤 숄더 Head & Shoulder가 대표적이다.

태아를 위해 앙사나 스파에서는 4개월 이후의 임산부에게 추천하는 리드믹 Rhythmic 보디 마사지를 선보이는데, 오일에 적신 아마포 주머니로 부드럽게 몸을 어루만지는 방식이라 태교에 좋다. 그런가 하면 바이 더 오션 마사지는 혈액순환을 돕는 프레네이틀 마사지 Prenatal Massage로 괌 현지 임산부들에게 널리 이름났는데, 홈페이지를 통해 예약할 수 있어 편리하기까지 하다. 마이크로네시아 몰에 위치한 더 괌 스파도 프레네이틀 마사지를 운영한다.

 아이를 위해 아이와 동행하는 여행엔 제약이 많다. 하지만 PIC 건너편 USA 마사지에서는 어린이를 위한 성장 마사지 프로그램을 제공해 부모와 함께 받을 수 있다.

스파 용어 총 정리

 핫 스톤 마사지 Hot Stones Massage 오일 마사지 후 엎드린 몸 위에 데운 돌을 올려 놓는다. 큰 돌은 허리 위에, 작은 돌은 등이나 팔 위의 경락점에 놓아 몸을 편안한 상태로 만든다.

 자바니스 마사지 Javanese Massage 자바섬의 허브와 오일을 이용, 근육을 풀어주는 전통 마사지.

 아유르베다 마사지 Ayurvedic Massage 아유르베다는 힌두교의 전통 의술로, 아로마 에센셜 오일을 이용해 지압을 하며 피로를 덜어주는 마사지다.

 메르디안 마사지 Meridian Massage 손의 압력을 이용하거나 혹은 발로 밟기도 하는 등 강도가 센 마사지. 타이 마사지와 비슷하다.

 뱀부 마사지 Bamboo Massage 대나무와 허브를 이용, 손바닥과 손목을 이용한 힘으로 온몸을 마사지하며 근육 경련과 독소 제거 등의 치유가 목적인 마사지.

 압력 Pressure 손으로 누르는 힘의 정도에 따라 나누어져 있다. 약한 정도의 지압이면 'Light pressure', 중간 정도의 지압이면 'Moderate Pressure', 강한 지압을 원할 경우에는 'Deep Pressure'라고 말하면 된다.

Mia's Advice

 괌 중부에 위치한 레오 팰리스 스파는 골프 후 스파를 즐기려는 이들이 자주 찾는 곳이에요. 위치가 투몬에서 다소 멀지만, 괌을 대표하는 스파라고 할 정도로 다양한 최신 시설을 갖췄거든요. 아름다운 정원을 바라보며 스파를 즐길 수 있으니, 레오 팰리스 리조트 괌에 투숙한다면 반드시 방문하세요!

ITEMS TO BUY
마트에서 사야 할 필수 아이템

이것만은 장바구니에 챙겨 담아야 한다. 한국인 여행자가 사랑하는 K 마트 쇼핑 리스트와 여행 중 요긴한 ABC 스토어의 비상약, 그리고 뷰티 아이템을 한데 모았다.

K 마트에 간다면 이것만은

크래커 위에 뿌려 먹는 이지 치즈. 고소한 맛이 일품.

새콤달콤 독특한 맛, 망고 피클. 용량이 큰 것이 단점.

선물용 기념품으로 최고, 달콤하고 바삭한 바나나 칩.

현지에서 맛보는 5% 저알코올 맥주 O'Doul's.

임산부가 먹어도 안전하다는, 천연 소화제 텀스.

그을린 피부용 수딩 젤. 알로에 베라 잎을 착즙해 만들었다.

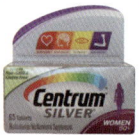

어른들 선물용으로 최고, 센트룸.

아는 사람들만 구입한다는 영양제 얼라이브.

다채로운 과일 맛도 판매하는 Guam 1 맥주.

Mia's Advice

맥주를 비롯한 마실 거리와 채소, 과일, 라면 등 식재료는 페이리스 슈퍼마켓이 조금 더 저렴한 편이에요. 바비큐를 즐길 예정이라면 페이리스 슈퍼마켓에 들러 재료를 구매해 보세요!

ABC 스토어에 간다면 이것만은

기미와 주근깨 제거 또는 여드름 자국에 효과적인 크림 Nadinola.

SPF 50 자외선 차단제 하와이안 트로픽. 236ml.

피부의 각질을 제거해 맑은 피부를 만들어 주는 노니 비누.

천연 오일 베이스로 만든 물비누, 닥터 브로너스. 237ml.

꿀을 기본 원료로 한 오가닉 크림, 페이스&아이 크림 Honey Girl.

목감기에 좋은 캔디, 먹는 즉시 효과! Cepacol.

여행지에서 민감한 사람이라면 꼭 필요한 변비약.

열감기용 시럽. 낮과 밤으로 복용 시점을 구분했다.

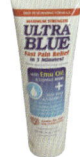

순수한 이무 오일을 함유해 통증을 5분 안에 누그러뜨리는 크림.

Mini Box

호텔 내 쇼핑 공간, 본 보야지 Bon Voyage

웨스틴 리조트 괌, 하얏트 리젠시 괌, 힐튼 괌 리조트&스파 등 괌 리조트 곳곳의 1층 로비에서 만날 수 있으며 투몬 샌드 플라자 내에도 위치한 쇼핑 공간. 의류와 간단한 기념품뿐 아니라 화려한 패턴이 인상적인 마리메코 Ma-rimekko, 감각적인 캠핑 브랜드 예티 Yeti 등의 브랜드가 입점해 있어 소소한 쇼핑의 재미를 느낄 수 있다. 역시 면세가격으로 구매할 수 있다.

여행 계획 세우기
GUAM TRAVEL PLAN

INFORMATION 괌, 한눈에 미리보기
FAQ 괌 여행, 무엇이든 물어보세요
TRANSPORTATION 괌 대중교통 가이드
RENT-A-CAR 렌터카 똑똑하게 사용하는 법
CALENDAR 365일 괌 축제 캘린더
JOURNEY TO GUAM 괌 여행 코스 제안

프렌즈 friends 괌

INFORMATION
괌, 한눈에 미리보기

아는 만큼 보이고, 보이는 만큼 감동받는 법. 괌을 여행하기 전, 필요한 기본 지식들만 추렸다.

 위치 북위 13.48도, 동경 144.45도에 위치한 태평양 마리아나 제도 최대의 섬. 길이 48km, 폭 6~14km의 길쭉한 형태로, 면적은 546km²다. 이는 우리나라로 치면 제주도 면적의 3분의 1보다 작고, 거제도보다 넓다. 한국에서 비행기로 약 4시간 거리에 자리한 가장 가까운 미국령 Unincorporated Territory of the United States 이다. 시차는 한국보다 1시간 빠르다. 미국령 서쪽 끄트머리에 위치해 미국의 하루가 가장 먼저 시작되는 곳이며, 공군기지와 해군기지가 있는 전략적 요충지이기도 하다.

 기후 열대 해양성의 고온 다습한 기후로, 일 년 내내 기온의 변화가 적다. 평균 기온이 26도, 낮에는 30도 이상이며 습도가 80%다. 따라서 한낮에는 거리를 걷기 힘들 수 있으니 물놀이나 기타 워터 스포츠를 즐기거나 시원한 쇼핑몰에서의 쇼핑을 권한다. 12~5월은 건기, 6~11월은 우기로 이때에는 국지성 호우(스콜)가 자주 발생하지만 비 내리는 시간이 짧아 여행에 큰 지장은 없다.

 역사 오랜 세월 차모로족이 점유해 온 이 섬은 항해가 페르디난드 마젤란 Ferdinand Magellan이 1521년 3월 6일 우마탁 마을을 발견한 이래 세계적으로 그 존재가 알려지기 시작했다. 이를 계기로 333년간 스페인의 식민지가 된 괌은 1898년 스페인-미국전쟁에서 이긴 미국의 수중에 들어갔다. 이후 제2차 세계대전 중이었던 1941년 일본이 괌을 점령, 30개월 동안 일본의 지배를 받다 1944년 다시 미국에 속하게 되었다.

 행정 1950년 캘리포니아 주법에 근거해 자치권을 가진 미국의 준주로 미합중국 영토의 일부가 되었고, 1989년 완전히 편입됐다. 괌 주민에게도 미국시민권이 주어지는데, 미합중국 대통령 선거, 연방의회 의원 선거 등의 참정권은 주어지지 않았다. 주민 대다수는 미국 본토와 같은 생활 스타일로 살지만 차모로 원주민의 문화와 스페인 문화의 흔적이 아직도 곳곳에 남아 있다. 주도는 하갓냐 Hagatna.

 비자 한국과 미국 연방정부는 괌에 한해 비자 면제 신청을 받고 있다. 대한민국 국민일 경우 전자 여권(구여권 불가) 유효 기간이 6개월 이상 남아 있고, 여행 7일 전 I-736(비자면제신청서)을 신청하면 45일 동안 무비자로 괌에서 머물 수 있다. 다만 괌 이외 미국의 기타 다른 지역으로의 여행은 불가능하다. 인터넷을 통해 전자여행 허가서(ESTA)를 받는 경우에는 90일까지 미국 내 여행이 가능하며, 괌에서 미국 내 다른 곳으로 이동도 가능하다.

 언어 공용어는 영어와 차모로어다. 괌 여행 중 가장 많이 듣게 되는 차모로어는 '하파 데이 Hafa Adai'로, '안녕'이라는 뜻이다. 호텔과 쇼핑 센터에서는 영어가 통용된다. 필리핀 이민자가 많아 필리핀어도 높은 비율로 쓰인다.

 인구 2019년 기준 16만 7,699명이며 인종 구성 비율은 차모로인 37%, 필리핀인 25.5%, 백인 10% 등으로 추정한다. 한인은 2%로, 약 5,000명이다(worldpopulationreview.com 참고). 과거 스페인 식민지였던 영향으로 85%가 로마 가톨릭교다. 연간 118만 명이 괌을 방문하며 일본, 한국, 중국, 대만 순으로 방문객이 많다.

통화 US달러($)를 사용한다. 지폐는 $1, $5, $10, $20, $50, $100 총 6종류가 있고, 동전은 ¢25(쿼터), ¢10(다임), ¢5(니켈), ¢1(페니) 4종류가 있다. 투어 프로그램은 현장에서 현금 결제가 대부분이지만, 카카오톡 등 메신저를 통해 괌에서 예약할 경우 투어 회사에 따라 한국 통장으로 계약금을 입금해야 하는 경우도 있다. 이때 인터넷 뱅킹이 필요할 수 있다. 기타 레스토랑과 쇼핑몰 등은 신용카드로 결제할 수 있다.

환전 차모로 빌리지 야시장이나 데데도 벼룩시장의 경우 현금 결제만 가능하다. 따라서 급하게 현지에서 현금이 부족할 경우, T갤러리아 By DFS 면세점 내 환전소를 이용하거나, 호텔 혹은 쇼핑센터에 비치된 ATM 기계를 통해 신용카드로 현금을 인출할 수도 있다. 호텔 내에도 환전소가 비치되어 있지만 수수료 때문에 반드시 현금이 필요한 경우가 아니라면 신용카드 사용이 오히려 경제적이다.

팁 한국인들이 가장 적응하기 힘든 문화가 바로 팁 문화다. 레스토랑에서는 기본적으로 영수증에 팁을 포함시켜서 나오는 경우가 많다. 따라서 영수증에서 팁의 유무(보통 Gratuity, Service Charge, Tip 등으로 표시된다)를 체크한 뒤 팁 표시가 없을 때 음식 값의 10% 정도 주는 것이 좋다. 택시를 탈 때나 마사지를 받을 때, 액티비티 투어 가이드에게도 상황에 맞게 약간의 팁을 건네는 매너를 잊지 말자(역시 10% 정도 팁을 준비하는 것이 좋다). 호텔에서 짐을 운반해준 직원에게는 $1~2, 객실 청소 업무를 담당하는 직원에게도 인당 $1 정도를 침대 베개 위에 올려 두자.

전압 120V·60hz로 우리나라 전자 제품을 사용하기 위해서는 휴대용 변압기, 멀티 플러그, 어댑터 등이 필요하다. 롯데호텔 괌 등 일부 호텔에서는 변압기 대여도 가능하지만, 수량이 많지 않다. 전자 제품이 프리 볼트인 경우 인근 철물점이나 인터넷을 통해 110V 11자 모양의 작은 컨버터를 구입해 가면 된다. 괌에서는 ABC 스토어에서 판매($5 정도)한다. 휴대폰이나 노트북 등 배터리형은 대부분 프리 볼트 제품이지만 미리 해당 전자회사에 확인하는 것이 좋다.

면세 한국에서 괌 출국 시, 또 괌에서 한국 입국 시 주류 1L(1병), 담배 200개비, 향수 60ml 한도로 면세품을 구매할 수 있다. 기타 그밖의 쇼핑에 관해서는 한국에서 괌으로 출국 시 한국 면세점에서 구입할 수 있는 구매 한도는 1인당 $3,000(주류, 담배, 향수를 구입한 금액 제외)까지다. 하지만 괌에서 한국으로 입국 시 면세 혜택을 받을 수 있는 금액은 1인당 $600이다(만약 한국에서 괌으로 출국하면서 $3,000을 주고 가방을 구입했다면, 다시 괌에서 한국으로 귀국할 때 $600을 제외한 나머지 $2,400에 맞는 세금을 지불해야 한다).

교통 대부분의 호텔에서는 입출국 시 공항을 편하게 오갈 수 있도록 전용 차량을 운행한다(추가 비용 지불 시 이용 가능). 다만 인원수에 따라 금액을 책정하기 때문에 공항에서 호텔까지 택시 비용과 비교해 저렴한 편을 선택하자. 렌터카는 공항이나 투몬 지역에서 예약이 용이하고, 택시는 모든 호텔과 주요 쇼핑센터에서 쉽게 탑승할 수 있다. 기본 요금이 1mile(1.6km)에 $2.40이며, 그 뒤 400m마다 ¢80가 추가된다. 여행자들이 쉽게 이용할 수 있는 대중 교통으로는 호텔과 주요 관광지, 쇼핑센터를 연결하는 셔틀 버스가 있다. 편도 $4(승차 시 운전기사에게 지불)이며 각 정류장마다 셔틀 버스의 노선과 시간을 확인할 수 있다.

FAQ
괌 여행, 무엇이든 물어보세요

괌 여행을 준비하기 전, 가장 기본적으로 궁금해 하는 것들만 추렸다. 이것만 알아도, 여행의 절반은 이미 준비한 셈이다.

Q 괌, 언제 가는 게 좋을까?

A 괌은 건기와 우기가 뚜렷하다. 12~5월은 건기로 대부분 날씨가 좋다. 쇼퍼홀릭이라면 11월 말~1월까지는 블랙프라이데이, 11~2월까지는 괌 최대 쇼핑 축제인 숍 괌 e-페스티벌이 열리니 이때를 노려보자. 우기는 통상 6~11월로, 6월부터 서서히 강수량이 높아지고 8~9월에는 많은 비를 동반하다 9월부터 꺾이는 추세다. 다만 강수량이 많더라도 강하고 짧게 쏟아지는 스콜이라 금세 맑게 개는 경우가 대부분. 7~10월 사이엔 태풍이 발생할 수도 있어 미리 알아두는 것이 좋다(*한국인 여행자의 경우 5월에는 가정의 달 연휴, 7~8월은 여름 휴가철, 9~10월은 추석 연휴가 있어 이 시기 숙박과 항공권 예약 경쟁이 가장 치열하다).

Q 모바일, 어떻게 이용할까?

A 호텔과 쇼핑센터 내에서는 대부분 무료 와이파이를 쓸 수 있지만, 문제는 밖으로 나가면 전혀 이용할 수 없다는 것이다. 따라서 유심, 무제한 요금제, 포켓 와이파이 기기 중 하나를 준비하는 게 좋다. **결론부터 말하자면 와이파이 기기 대여를 권장한다.** 기기 하나로 5~10명이 동시에 인터넷을 사용할 수 있기 때문. 다만 한국 통신사에서 이중 요금을 부과할 수 있으므로 데이터를 끄거나, 출발 전 해외 데이터 사용 차단을 신청하는 게 좋다. 와이파이 기기는 인천국제공항 및 괌국제공항에서 대여할 수 있고(새벽 비행기로 도착하는 경우에도 대여 가능) 인터넷을 통해 사전에 예약, 결제하는 편이 좋다. 현지 도코모 통신사 유심을 이용하면 전화와 메신저로 연락하기가 힘들다는 점을 감수해야 하고, 데이터 로밍 무제한 요금제는 속도가 매우 느리다.

Q 비자가 필요할까?

A 미국령에 속하는 괌은 비자 없이도 여행이 가능하다. 단, 비자면제 신청을 해야 한다. 2018년 1월 16일부터 I-736(비자면제신청서)을 기내에서 작성하거나(현재는 가능하나 조만간 일괄 인터넷 작성으로 바뀔 예정) 인터넷으로 사전 작성을 마쳐야 입국할 수 있다. http://i736.cbp.gov/ 사이트에 접속, 'Apply For NEW I-736'을 클릭해 해당 질문에 답한 뒤 출력 후 서명해 입국 심사할 때 제출하면 된다. 유효기간은 작성일로부터 7일이므로, 여행 7일 전에 신청해야 한다(7일에 출발할 경우 1일 이후에 신청). ESTA를 소지했거나 미국 비자 소지자의 경우 작성하지 않아도 된다.

Q 언제부터, 무엇부터 준비해야 할까?

A 항공과 호텔을 예약하는 것이 제일 중요하다. 여권이 없다면 그전에 발급받아두는 게 좋다. 예약을 끝냈다면 이동수단을 결정(렌터카, 버스, 택시 등으로 나누어짐)하고, 여행 스타일을 따라 전체적이며 대략적인 일정을 짜는 것이 순서다. 이런 식이라면 적어도 두 달 전부터 여행을 준비해야 허둥대지 않는다. 한 달 전부터는 세부 일정을 짜면서 필요에 따라 **렌터카 예약, 준비물 체크, 와이파이 대여, 옵션 예약**을 진행하고 쇼핑 쿠폰 등을 챙겨 두는 것이 좋다.

Q 투숙하지 않는 호텔의 수영장도 이용할 수 있을까?

A 과거에는 일부 호텔에서 수영장 원데이 패스를 판매했으나, 최근에는 폐지되는 추세다. 워터파크급 놀이시설을 갖춘 곳으로는 유일하게, **온워드 비치 리조트에서 성인 $55, 어린이(5~11세) $30에 원데이 패스를 판매하고 있다.**

Q 예산은 얼마나 마련해야 할까?

A 여행 기간, 목적에 따라 천차만별이지만 숙소와 항공권, 렌터카를 제외하고 현지 체류 비용만 계산한다면, 식사는 대략 1인당 한 끼에 $10~30 정도, 액티비티는 스카이다이빙 등 고가를 제외하고는 1인당 $100 정도. 여기에 쇼핑에 드는 비용을 추가해 가늠하면 된다. 만일의 상황에 대비, 현지에서 가능한 신용카드 준비도 잊지 말자.

Q 숙소는 어떻게 고를까?

A 숙박비와 룸 컨디션은 비례하는 법. 참고할 만한 사항은 다음의 2가지다. 대가족 여행자가 많아 대부분 호텔 룸에 트윈 베드 2개를 설치, 성인 2명+어린이 2명까지 투숙이 가능하며 추가 인원이 있다면 요금을 더 지불해야 한다는 점. 그리고 절약형 여행을 계획하거나 새벽 비행기를 통해 입출국할 예정이라면 첫날과 마지막 날은 저가 숙소로, 나머지 일정은 형편에 맞게 적당한 숙소를 고르는 게 유리하다는 점. 자세한 내용은 P.250의 호텔&리조트 예약 A-Z를 참고할 것.

Q 여행에 요긴한 모바일 애플리케이션이 있을까?

A 구글 맵은 필수다. 내비게이션이 작동되지 않는 일부 남부 지역에서 특히 편리하다. 웨이즈Waze는 구글 맵으로 찾기 힘들 경우, 대체재로 사용 가능하다. 인기 메뉴와 평점으로 맛집을 알려주는 옐프Yelp, K마트, 메이시스, 타미 힐피거 등 할인 쿠폰을 다운로드할 수 있는 리테일미놋 Retailmenot, 11~2월 사이 사용할 수 있는 식당&쇼핑 할인 쿠폰을 배포하는 샵 괌 페스티벌용 애플리케이션 괌 방문자 센터 Guam Visitors Bureau 또한 여행 편의를 높여 준다.

Q 렌터카, 꼭 필요할까?

A 대가족이거나, 아이가 있는 경우, 남부나 북부 아일랜드 호핑을 계획하고 있다면 렌터카는 필수다. 만약 렌터카 없이 트롤리와 택시 등을 적절하게 이용할 예정이라면 예상 비용과 버스 스케줄을 미리 알아본 뒤 보다 꼼꼼하게 일정을 짜는 것이 좋다.

Q 렌터카, 어떻게 이용해야 할까?

A 공항 픽업&드롭 서비스, 카 시트나 아이스 박스 무료 대여 등 각 업체마다 제공하는 혜택이 다르니 비교 분석한 뒤 골라야겠다. 일정 내내 렌터카를 이용할 예정이라면 새벽에도 공항 픽업과 반납이 가능한 알라모 렌터카, 버젯 렌터카를 추천한다. 여행 중 1~2일 정도만 빌린다면 시내에서 픽업과 반납이 가능한 드림 렌터카나 제우스 렌터카를 이용하는 편이 낫다. 시내에서 렌터카를 반납하는 경우, 공항까지 드롭 서비스를 제공하는지도 잘 살펴보는 것이 좋다. 예약을 했다면 바우처와 여권, 운전면허증(국내·국외)과 예약자 이름의 신용카드를 들고 픽업 카운터로 간다. 차량용 스마트폰 충전기, 차량용 와이파이 충전기, 차량용 스마트폰 지지대 등을 준비하면 이용하기가 훨씬 수월하다. 자세한 내용은 P.70의 렌터카 똑똑하게 사용하는 법을 참고할 것.

Q 비상 식량, 미리 준비해야 할까?

A 김, 레토르트 쌀밥 등은 현지 마트에서 구할 수 있다. 전자레인지의 경우 호텔에 따라 객실에 준비되어 있거나, 로비 체크인 카운터에 따로 요청하면 사용할 수 있다. 육가공품은 기내 반입 자체가 금지되므로 장조림이나 컵라면(수프에 함유) 등의 제품은 괌에서 구입하자.

Q 괌, 치안은 어떨까?

A 총기를 합법적으로 소지할 수 있지만, 위험한 사고가 빈번하게 일어나는 지역은 아니다. 다만 조심해서 나쁠 것은 없다. 늦은 시각엔 이동을 삼가고, 특히 렌터카 이용 시 쇼핑센터나 외진 곳에 주차할 때 차내 휴대용 내비게이션이나 쇼핑백, 가방, 휴대폰 등을 두고 내리지 않도록 특히 조심하자. 불미스러운 사고의 원인이 될 수 있다.

TRANSPORTATION
괌 대중교통 가이드

트롤리부터 쇼핑몰 셔틀 버스, 그리고 택시에 이르는 대중교통편을 소개한다. 뚜벅이 여행자라면, 다음의 가이드만 잘 따라도 렌터카 없이 섬을 둘러보는 데 무리가 없다.

공항 ↔ 시내 이동편
[입국] 안토니오 B. 원 팻 국제공항에서 시내로

공항에서 시내로 이동하는 방법은 크게 다음과 같이 네 가지로 나눌 수 있다. 각 이동수단의 장단점과 금액을 비교, 나에게 맞는 교통 수단을 선택해 호텔로 이동하자.

택시 예약이 필요 없어 편리한 교통수단. 공항 내 택시 표지판을 쉽게 찾을 수 있고, 새벽에 도착한 경우에도 승차하는 데 어려움이 없다. 시내 호텔로 이동 시 금액은 $15~25 내외. 캐리어 1개당 $1가 추가되며, 팁은 택시 요금의 10% 정도다. 공항 내에서 픽업이 가능한 택시회사는 미키택시, 인디펜던트 택시, 웨이브 택시가 있다. 최근 한인 택시는 인터넷을 통해 미리 예약을 받은 뒤 공항 픽업&드롭 서비스를 제공하는데, 탑승 인원에 따라 요금은 상이하다(2명 공항 왕복일 경우 $50 안팎).

호텔 셔틀 버스 아웃리거 괌 비치 리조트, 호텔 니코 괌, 웨스틴 리조트 괌 등 일부 호텔은 공항 셔틀을 운영하기도 한다. 호텔에 따라 조금씩 다르지만 대략 왕복 성인 $30, 어린이 (5~12세) $20이며, 사전에 호텔 측에 이메일을 보내거나 전화를 이용해 예약해야 한다.

여행사 혹은 항공사 픽업·드롭 서비스 한국 여행사에서 패키지 상품 구매 시 공항 픽업·드롭 서비스가 포함되어 있거나 혹은 제주항공 라운지에서 픽업·드롭 서비스를 신청한 경우 다음의 사항을 알아둬야 한다. 동일한 항공편으로 픽업 요청한 여행자들을 모두 탑승할 때까지 기다려야 한다는 것, 그리고 여러 곳의 호텔을 두루 거치기 때문에 시간이 꽤 많이 소요된다는 것이다. 대개 여행사에서는 공항 셔틀(왕복)에 다음 날 시내 투어까지 포함해 성인 1인당 $30, 어린이 $10 선으로 티켓을 판매한다. 제주항공은 홈페이지(www.jejuair-guam-lounge.com)를 통해 미리 예약해야 하며 왕복 $23다.

괌 셔틀 언어와 요금 등으로 택시 탑승이 불안하지만 프라이빗하게 셔틀을 이용하고 싶다면 미리 개인 셔틀을 예약하는 것도 방법. 괌 셔틀 홈페이지(www.guamshuttle.com)에서 원하는 차량을 선택할 수 있다. 1~3인 세단 기준, 공항에서 호텔까지 편도 $25이며, 1인당 공항 이용료 $5가 추가된다. 왕복일 경우 $55다.

시내 ↔ 공항 이동편
[출국] 시내에서 안토니오 B. 원 팻 국제공항으로

시내에서 공항으로 이동할 때는 입국 교통편을 포함, 좀 더 다양한 루트가 있다. 다만 밤 비행기의 경우 시간을 확인하는 것이 중요하다.

투몬 샌즈 플라자 공항 셔틀 투몬 샌즈 플라자 2층 TSP 에어 라운지에서 티켓을 구매할 수 있으며 쿠팡이나, 위메프 등 소셜 커머스에서도 티켓을 판매한다. 투몬 샌즈 플라자에서 12:00, 13:00, 14:00 3차례 출발하며 공항까지 약 15분 소요된다. 가장 큰 장점은 투몬 샌즈 플라자 라운지의 이용시간. 10:00~22:00까지 운영하는데, 키즈룸과 안마 의자, 대형 TV 등 다양한 편의시설이 있으며 캐리어를 맡기고 떠나기 전 마지막 쇼핑도 즐길 수 있다. 셔틀만 이용하는 경우 편도 1인당 $5, 라운지를 이용할 예정이라면 1인 $10다. 라운지는 최대 3시간 체류할 수 있다.

T 갤러리아 by DFS 공항 셔틀 T 갤러리아 by DFS에서 탑승하는 공항 셔틀 버스(레드 구아한 트롤리 셔틀 버스에서 운행) 하루 총 8회(12:30, 13:00, 13:30, 14:00, 14:30, 15:00, 15:30, 16:00) 운행한다. 1인당 $7이며, 5세 이하는 무료. T 갤러리아 by DFS 1층 티켓 카운터에서 구입하며 3층 버스 주차장에서 탑승한다.

CHECK! 안토니오 B. 원 팻 국제공항 Antonio B.Won Pat International Airport

괌 최초의 국제공항. 괌 출신으로는 최초로 대의원을 지냈던 정치인 안토니오 보르자 원 팻의 이름을 땄다. 1층엔 여행사 카운터와 렌터카 데스크, 2층엔 항공사 체크인 카운터, 3층엔 입출국 심사장이 자리한다. 도착 후 3층에서 입국 심사를 거친 뒤 짐을 찾아 세관 검사를 받은 후 1층으로 내려가면 OK. 입국 심사 시 필요한 서류는 미국 출입국 신고서(기내 제공), 비자 면제 신청서(ESTA 혹은 I-736), 괌 세관 신고서 등이 있다.

괌 대중교통 가이드

트롤리부터 쇼핑몰 셔틀 버스, 그리고 택시에 이르는 대중교통편을 소개한다. 뚜벅이 여행자라면, 다음의 가이드만 잘 따라도 렌터카 없이 섬을 둘러보는 데 무리가 없다.

트롤리 셔틀 버스 Trolley Shuttle Bus

가장 노선이 많고, 배차 간격도 짧아 노선만 잘 숙지하고 있으면 저렴하면서도 편하게 트롤리 버스 여행을 즐길 수 있다. 트롤리 버스 업체는 크게 레드 구아한 트롤리 셔틀 버스와 레아레아 셔틀 버스로 나누어진다.

레드 구아한 트롤리 셔틀 버스 Red Guahan Trolley Shuttle Bus

괌에서 가장 자주 맞닥뜨리는 트롤리 버스. 총 7개의 노선을 운영한다. 투몬 지역의 아웃렛과 리조트, 호텔을 순회하는 투몬 셔틀, 괌 프리미어 아웃렛과 아가냐 쇼핑 센터를 연결하는 쇼핑몰 노선, T 갤러리아 by DFS와 K 마트를 잇는 노선, 남부 관광 명소를 둘러보는 남부 투어 버스, 그리고 시내 중심가와 데데도 벼룩시장, 차모로 빌리지 야시장, 사랑의 절벽을 각기 잇는 맞춤 노선이 그것. 6개월 단위로 정류장과 배차 간격이 변경되므로 온라인으로 노선도(develop-info.lamlamguam.com/user_guide.html) 참고하는 것이 좋다. 개인 사정으로 탑승하지 못하거나 항공기 결항, 결제 시 잘못된 정보 기입 등의 이유라면 환불은 불가다.

티켓 가격 투몬과 괌 프리미어 아웃렛 등의 쇼핑몰, T 갤러리아 by DFS에서 K마트를 오가는 셔틀은 하루 종일 자유롭게 승하차 가능한 1일 패스($12, 모바일 애플리케이션 이용시 $10), 2일 패스($15), 3일 패스($20, 한국에서만 판매), 5일 패스($25, 괌에서만 판매)가 있다. 또한 1회 편도로 탑승할 경우 $4, 데이패스를 구입할 경우 어린이 티켓(만6-11세)는 $13.

사랑의 절벽(입장료 포함 왕복 $10)과 남부 투어 버스(성인 $30, 어린이 $15), 차모로 빌리지 야시장($7, 3시간 유효), 데데도 벼룩시장($7, 3시간 유효)은 앞서 언급한 1회 편도 티켓, 3시간 혹은 6시간 티켓, 1일~5일 패스로 이용할 수 없고 따로 티켓을 구입해야 한다.

예약 및 구매

온라인 예약 람람 괌(www.lamlamguam.com)에서 티켓을 구입한 후 이메일을 통해 전달된 주문 번호 confirmation number와 티켓명이 기재된 구매 내역을 출력한다. 괌국제공항 도착 후 게이트를 나오면 바로 보이는 람람 투어 카운터(10:00~18:30, 21:30~10:00)에서 수령하는 방법이 제일 편리하고, 기타 T 갤러리아 by DFS의 레드 트롤리 승차장 또는 괌 프리미어 아웃렛 정문에서 구매 내역서를 제출하면 10:00 이후 티켓 수령이 가능하다. 기타 호텔(호텔 니코 괌, 웨스틴 리조트 괌, 아웃리거 괌 비치 리조트, 두짓 타니 괌 리조트, 하얏트 리젠시 괌, 홀리데이 리조트&스파 괌, 퍼시픽 아일랜드 클럽(PIC), 쉐라톤 라구나 괌, 온워드 비치 리조트)에서도 수령이 가능하다. 괌 입국 전날 한국 시간으로 12:00, 주말과 월요일 괌에 도착할 예정이라면 금요일 18:00까지 결제를 완료해야 한다.

TRANSPORTATION

모바일 예약 애플리케이션 '람람 트롤리 버스 Lamlam Trolley Bus'를 이용하면 현장보다 저렴한 E티켓을 구매할 수 있다. 일정 시간 동안 투몬 셔틀, 쇼핑몰, T 갤러리아 by DFS ↔ K 마트 K mart 노선을 무제한 이용할 수 있는 승차권의 경우 각 3시간 이용권 $3, 6시간 이용권 $6다. 1회 탑승이 $4인 점을 감안하면 좀 더 저렴한 셈. 1일 패스 역시 E티켓으로 구매 시 $2 할인된 $10에 구매할 수 있다.
현장 구매 T 갤러리아 by DFS(11:00~21:00), 마이크로네시아 몰(10:00~21:00), 괌 프리미엄 아웃렛 (10:00~21:00)에서 구매할 수 있다. 다만 3일 패스는 한국에서만 판매하고, 괌에서는 구입할 수 없다.

투몬 셔틀 Tumon Shuttle
배차간격 15분, 괌 프리미어 아웃렛 기준
첫차 / 막차 10:20 / 20:05, 마이크로네시아 몰 기준 첫차 / 막차 10:30 / 21:00

북부 노선

❶ 괌 프리미어 아웃렛 Guam Premier Outlets (GPO)
❷ 온 워드 비치 리조트 Onward Beach Resort
❸ 쉐라톤 라구나 괌 리조트 Sheraton Laguna Guam Resort
❻ 파운틴 플라자 Fountain Plaza
❺ 퍼시픽 아일랜드 클럽 건너편 Across Pacific Island Club(PIC)
❹ 힐튼 괌 앤 리조트 스파 Hilton Guam & Resort Spa
❼ 홀리데이 리조트&스파 괌 건너편 Across Holiday Resort & Spa Guam
❽ 퍼시픽 베이/그랜드 플라자 Pacific Bay/Grand Plaza
❾ 투몬 샌즈 플라자 Tumon Sands Plaza
⓬ JP 슈퍼 스토어 JP Super Store
⓫ T 갤러리아 by DFS T galleria by DFS
❿ 하얏트 리젠시 괌 건너편 Across Hyatt Regency Guam
⓭ 퍼시픽 플레이스 Pacific Place
⓮ 호텔 니코 괌 Hotel Nikko Guam
⓯ 롯데호텔 괌 Lotte Hotel Guam
⓰ 마이크로네시아 몰 Micronisia Mall

남부 노선

- ① 마이크로네시아 몰 / Micronisia Mall
- ② 퍼시픽 플레이스/웨스틴 리조트 괌 건너편 / Pacific Place/Across Westin Resort Guam
- ③ 더 비치 레스토랑 & 바 / The Beach Restaurant & Bar
- ⑥ 웨스틴 리조트 괌/ 괌 리프&올리브 스파 리조트 / Westin Resort Guam/Guam Reef & Olive Spa Resort
- ⑤ 롯데호텔 괌 / Lotte Hotel Guam
- ④ 호텔 니코 괌 / Hotel Nikko Guam
- ⑦ 아웃리거 괌 비치 리조트/더 플라자 / Outrigger Guam Beach Resort/The Plaza
- ⑧ 샌드 캐슬 괌 매직 쇼 /하얏트 리젠시 괌 / Sand Castle Guam Magic Show/Hyatt Regency Guam
- ⑩ 홀리데이 리조트&스파 괌/피에스타 리조트 괌 / Holiday Resort & Spa Guam/Fiesta Resort Guam
- ⑨ 투몬 샌즈 플라자 건너편 / Across Tumon Sands Plaza
- ⑪ 퍼시픽 아일랜드 클럽 / Pacific Island Club(PIC)
- ⑫ 이파오 공원/괌 방문자 센터 / Ypao Park/GVB
- ⑬ 힐튼 괌 앤 리조트 스파 / Hilton Guam & Resort Spa
- ⑯ 괌 프리미어 아웃렛 / Guam Premier Outlets(GPO)
- ⑮ 온워드 비치 리조트 / Onward Beach Resort
- ⑭ 쉐라톤 라구나 괌 리조트 / Sheraton Laguna Guam Resort

데데도 벼룩시장 Dededo Flea Market

배차 간격 15분(2회 출발), 온워드 비치 리조트 기준
첫차 / 막차 06:00 / 06:15, 데데도 벼룩시장 기준 첫차 / 막차 08:00 / 08:15

호텔 출발

- ① 온워드 비치 리조트 / Onward Beach Resort
- ② 쉐라톤 라구나 괌 리조트 / Sheraton Laguna Guam Resort
- ③ 힐튼 괌 앤 리조트 스파 / Hilton Guam & Resort Spa
- ⑥ 홀리데이 리조트&스파 괌 건너편 / Across Holiday Resort & Spa Guam
- ⑤ 파운틴 플라자 / Fountain Plaza
- ④ 퍼시픽 아일랜드 클럽 건너편 / Across Pacific Island Club(PIC)
- ⑦ 퍼시픽 베이/그랜드 플라자 / Pacific Bay/ Grand Plaza
- ⑧ 하얏트 리젠시 괌 건너편 / Across Hyatt Regency Guam
- ⑨ JP 슈퍼 스토어 / JP Super Store
- ⑩ 퍼시픽 플레이스 / Pacific Place
- ⑭ 데데도 벼룩시장 / Dededo Flea Market
- ⑬ 웨스틴 리조트 괌/ 괌 리프&올리브 스파 리조트 / Westin Resort Guam/Guam Reef & Olive Spa Resort
- ⑫ 롯데호텔 괌 / Lotte Hotel Guam
- ⑪ 호텔 니코 괌 / Hotel Nikko Guam

TRANSPORTATION

데데도 벼룩시장 출발

❶ 데데도 벼룩시장
Dededo Flea Market

❷ 퍼시픽 플레이스
Pacific Place

❸ 호텔 니코 괌
Hotel Nikko Guam

❺ 웨스틴 리조트 괌/ 괌 리프&올리브 스파 리조트
Westin Resort Guam/Guam Reef & Olive Spa Resort

❹ 롯데호텔 괌
Lotte Hotel Guam

❻ 아웃리거 괌 비치 리조트/더 플라자
Outrigger Guam Beach Resort/The Plaza

❼ 샌드 캐슬 괌 매직 쇼 /하얏트 리젠시 괌
Sand Castle Guam Magic Show/Hyatt Regency Guam

❾ 퍼시픽 아일랜드 클럽
Pacific Island Club(PIC)

❽ 홀리데이 리조트&스파 괌/피에스타 리조트 괌
Holiday Resort & Spa Guam/Fiesta Resort Guam

❿ 이파오 공원/괌 방문자 센터
Ypao Park/GVB

⓫ 힐튼 괌 앤 리조트 스파
Hilton Guam & Resort Spa

⓬ 쉐라톤 라구나 괌 리조트
Sheraton Laguna Guam Resort

⓭ 온워드 비치 리조트
Onward Beach Resort

쇼핑몰 Shopping Mall

배차 간격 25분, 마이크로네시아 몰 기준
첫차/막차 11:00/20:20

출발

❶ 마이크로네시아 몰
Micrinesia Mall

❷ K 마트
K Mart

❸ 괌 프리미어 아웃렛
Guam Premier Outlets (GPO)

T 갤러리아 by DFS ↔ K 마트 K mart

배차 간격 20분, T 갤러리아 by DFS 기준 첫차 / 막차 시간 09:30~21:10

출발

❶ T 갤러리아 by DFS
T Galleria by DFS

❷ JP 슈퍼 스토어
JP Super Store

❸ K 마트
K Mart

❹ T 갤러리아 by DFS
T Galleria by DFS

남부 투어 버스 Sights of Southern Guam
배차 간격 1일 1회 T 갤러리아 by DFS 기준
10:00 (총 3시간30분 소요)

출발

1. T 갤러리아 by DFS / T Galleria by DFS
2. 괌 프리미어 아웃렛 / Guam Premier Outlets(GPO)
3. 하갓냐 대성당 / Dulce Nombre de Maria Cathedral Basilica
4. 아산 비치 / Asan Beach
5. 세티만 전망대 / Cetti Bay Overlook
6. 메리조 부두 / Merizo Pier
7. 곰바위 / Bear Rock
8. 게프파고 차모로 컬처 빌리지 / Gefpago Chamorro Village
9. 마이크로 네시아 몰 / Micronesia Mall
9. T 갤러리아 by DFS / T Galleria by DFS

차모로 빌리지 야시장 버스 Chamorro Village Night Market
배차 간격 매주 수요일 20분 (레오 팰리스 리조트 괌은 배차 간격 약 30분~1시간)
T 갤러리아 by DFS T Galleria by DFS 기준
출발 첫차 / 막차 시간 18:00~19:00,
괌 프리미어 아웃렛 Guam Premier Outlets(GPO) 기준 출발 첫차 / 막차 시간 18:00~19:00
차모로 빌리지 기준 첫차 / 막차 시간 19:30 / 20:30, 레오 팰리스 리조트 괌 기준 첫차 17:00 / 19:00

T갤러리아 By DFS 노선
1. T 갤러리아 by DFS / T Galleria by DFS
2. 차모로 빌리지 / Chamorro Village

GPO 노선
1. 괌 프리미어 아웃렛 / Guam Premier Outlets (GPO)
2. 차모로 빌리지 / Chamorro Village

차모로 빌리지 노선
1. 차모로 빌리지 / Chamorro Village
2. 괌 프리미어 아웃렛 / Guam Premier Outlets (GPO)
3. T 갤러리아 by DFS / T Galleria by DFS

레오 팰리스 리조트 괌 노선
1. 레오 팰리스 리조트 괌 / Leo Palace Resort Guam
2. 차모로 빌리지 / Chamorro Village
3. 레오 팰리스 리조트 괌 / Leo Palace Resort Guam

사랑의 절벽 Two Lovers Point
배차 간격 35분~40분, T 갤러리아 by DFS 기준 첫차 / 막차 09:30~18:00

출발

1. T 갤러리아 by DFS / T Galleria by DFS
2. JP 슈퍼 스토어 / JP Super Store
3. 마이크로네시아 몰 / Micronesia Mall
4. 사랑의 절벽 / Two Lovers Point
5. T 갤러리아 by DFS / T Galleria by DFS

TRANSPORTATION

레아레아 셔틀 버스 LeaLea Shuttle Bus

과거 시레나 버스라는 이름으로 운행했던 이 트롤리 버스는 일본의 HIS 여행사가 운영하며, 일본인 여행자들이 주로 이용하는 교통수단이다. 투몬의 주요 쇼핑몰과 숙박 단지를 경유하는 호텔 코스, 마이크로네시아몰과 괌 프리미어 아웃렛을 잇는 쇼핑 센터 코스, 레아레아 라운지와 K마트를 오가는 라운지 코스, 중부 지역을 순환하는 아가냐 코스, 데데도 벼룩시장을 종점으로 둔 코스, 차모로 빌리지 야시장 순환 코스까지 총 6개 노선으로 이뤄지며, 레드 구아한 트롤리 셔틀 버스보다 저렴하고 쾌적한 것이 장점으로 꼽힌다. 코스별로 버스의 색상이 다르기 때문에, 탑승 전 버스의 색상과 버스에 표기된 행선지를 반드시 체크할 것!

패스&티켓 편도 $4, 1일권 $10, 3일권 $15, 5일권 $20다. 어린이(6~11세) 편도 성인과 동일, 1~5일권 모두 동일하게 $8에 판매. 5세 미만 무료.
차모로 빌리지 야시장, 데데도 벼룩시장 노선은 여타 패스와 달리 따로 티켓을 구입해야 한다. 두 곳 모두 버스에 승차하면서 구입 시 $8(왕복), 레아레아 데스크에서 사전 구매 시 $7다.

예약 및 구매
온라인 예약 티켓은 HIS 여행사 인터넷 사이트(www.his-guam.com)에서 구입할 수 있지만, 일본어로 이뤄져 있으므로 괌조아 블로그(http://guamjoa.blog)를 통하는 것이 좀 더 수월하다.
현장 구매 온워드 비치 리조트 앞 HIS 티켓 판매부스, 더 플라자 1층 언더워터 월드 앞 레아레아 라운지(08:00~20:00), 괌 리프&올리브 스파 리조트 와 힐튼 괌 앤 스파 리조트, 아웃리거 괌 비치 리조트 등 레아레아 투어 데스크에서 구입할 수 있다. 교환은 더 플라자 1층 레아레아 라운지에서만 가능하다.

쇼핑 센터 코스 Shopping Center Course
배차 간격 20분, 마이크로네시아 몰 기준 첫차 / 막차 11:00 / 20:20,
괌 프리미어 아웃렛 기준 첫차 / 막차 11:00 / 20:20

출발
❶ 마이크로네시아 몰
Micronesia Mall
❷ K 마트
K Mart
❸ 괌 프리미어 아웃렛
Guam Premier Outlets (GPO)

라운지 코스 Lounge Course
배차 간격 20분, T 갤러리아 by DFS
레아레아 라운지 기준 첫차 / 막차 11:00 / 20:40, K마트 기준 첫차 / 막차 11:10 / 20:50

출발
❶ T 갤러리아 by DFS/레아레아 라운지
T Galleria by DFS/Lealea Lounge
❷ K 마트
K Mart

호텔 코스 Hotel Course

배차 간격 10분, T 갤러리아 by DFS 출발 기준
첫차/막차 09:08/21:29

출발

① T 갤러리아 By DFS/레아레아 라운지
T galleria By DFS/Lealea Lounge

② 괌 플라자 리조트 & 스파 /JP 슈퍼 스토어
Guam Plaza Resort & Spa /JP Super Store

⑤ 퍼시픽 플레이스
Pacific Place

④ 타가다 놀이공원
Tagada Amusement

③ 마이크로네시아 몰
Micronisia Mall

⑥ 더 비치 레스토랑 & 바
The Beach Restaurant & Bar

⑦ 호텔 니코 괌
Hotel Nikko Guam

⑧ 롯데호텔 괌
Lotte Hotel Guam

⑨ 웨스틴 리조트 괌
Westin Resort Guam m

⑪ 아웃리거 괌 비치 리조트/더 플라자
Outrigger Guam Beach Resort/The Plaza

⑩ 괌 리프&올리브 스파 리조트
Guam Reef & Olive Spa Resort

⑫ 샌드 캐슬 괌 매직쇼/ 하얏트 리젠시 괌
Sand Castle Guam Magic Show/Hyatt Regency Guam

⑬ 투몬 샌즈 플라자 건너편
Across Tumon Sands Plaza

⑮ 퍼시픽 아일랜드 클럽
Pacific island Club (PIC)

⑭ 홀리데이 리조트&스파 괌/피에스타 리조트 괌
Holiday Resort & Spa Guam/Fiesta Resort Guam

⑯ 이파오 공원/괌 방문자 센터
Ypao Park/GVB

⑰ 힐튼 괌 앤 리조트 스파
Hilton Guam & Resort Spa

⑱ 쉐라톤 라구나 괌 리조트
Sheraton Laguna Guam Resort

㉑ 온워드 비치 리조트
Onward Beach Resort

⑳ 괌 프리미어 아웃렛
Guam Premier Outlets(GPO)

⑲ 온워드 비치 리조트
Onward Beach Resort

㉒ 쉐라톤 라구나 괌
Sheraton Laguna Guam Resort

㉓ 힐튼 괌 앤 리조트 스파
Hilton Guam & Resort Spa

㉔ 퍼시픽 아일랜드 클럽 건너편
Across Pacific Island Club(PIC)

㉗ 퍼시픽 베이
Pacific Bay

㉖ 홀리데이 리조트 앤 스파 괌 건너편
Across Holiday Resort & Spa Gua

㉕ 파운틴 플라자
Fountain Plaza

㉘ 투몬 샌즈 플라자
Tumon Sands Plaza

㉙ 하얏트 리젠시 괌 건너편
Across Hyatt Regency Guam

㉚ T 갤러리아 By DFS/레아레아 라운지
T Galleria by DFS/LeaLea Lounge

데데도 벼룩시장 Dededo Flea Market

배차 2회, 타가다 놀이공원 기준 첫차 / 막차 06:00 / 06:30,
데데도 벼룩시장 기준 첫차 / 막차 08:15 / 08:45

출발

① 타가다 놀이공원 Tagada Amusement
② 호텔 니코 괌 Hotel Nikko Guam
③ 웨스틴 리조트 괌 Westin Resort Guam m
④ 괌 리프&올리브 스파 리조트 Guam Reef & Olive Spa Resort
⑥ 샌드 캐슬 괌 매직쇼/하얏트 리젠시 괌 Sand Castle Guam Magic Show/Hyatt Regency Guam
⑤ 아웃리거 괌 비치 리조트/더 플라자 Outrigger Guam Beach Resort/The Plaza
⑦ 홀리데이 리조트 앤 스파 괌/피에스타 리조트 괌 Holiday Resort & Spa Guam/Fiesta Resort Guam
⑧ 퍼시픽 아일랜드 클럽 Pacific Island Club(PIC)
⑪ 온워드 비치 리조트 Onward Beach Resort
⑩ 쉐라톤 라구나 괌 Sheraton Laguna Guam Resort
⑨ 힐튼 괌 & 리조트 스파 Hilton Guam & Resort Spa
⑫ 데데도 벼룩시장 Dededo Flea Market

차모로 빌리지 야시장 셔틀 Chamorro Village Night Market Shuttle

배차 간격 30~45분(수요일 4회만 운영), 괌 리프&올리브 스파 리조트 기준
첫차 / 막차 17:00 / 18:45, 차모로 빌리지 기준 첫차 / 막차 19:00 / 21:00

출발

① 괌 리프&올리브 스파 리조트 Guam Reef & Olive Spa Resort
② 괌 프리미어 아웃렛 Guam Premier Outlets (GPO)
③ 차모로 빌리지 Chamorro Village

쇼핑몰 무료 셔틀 버스 Shopping Mall Free Shuttle Bus

방문객 편의를 위해 쇼핑몰과 면세점에서 무료로 셔틀 버스를 운행한다. 호텔과 쇼핑 거리를 오가는 여행자라면 요긴하게 이용할 수 있다.

T 갤러리아 by DFS 익스프레스

주요 호텔을 순환하는 버스. 2개의 코스로 운행하며, 늦은 밤(23:00 이후)까지 달린다.

투몬 지역 호텔
배차 간격 20분, T 갤러리아 by DFS 기준 첫차 / 막차 10:10 / 23:15

출발

❶ T 갤러리아 by DFS — T Galleria by DFS
❷ 호텔 니코 괌 — Hotel Nikko Guam
❸ 롯데호텔 괌 — Lotte Hotel Guam
❹ 웨스틴 리조트 괌 — Westin Resort Guam
❻ T 갤러리아 by DFS — T Galleria by DFS
❺ 괌 리프&올리브 스파 리조트 — Guam Reef & Olive Spa Resort

투몬 & 타무닝 지역 호텔
배차 간격 30분, T 갤러리아 by DFS 기준 첫차 / 막차 10:19/23:20

출발

❶ T 갤러리아 by DFS — T Galleria by DFS
❷ 홀리데이 리조트&스파 괌 — Holiday Resort & Spa Guam
❸ 피에스타 리조트 괌 — Fiesta Resort Guam
❻ 힐튼 괌 앤 리조트 스파 — Hilton Guam & Resort Spa
❺ 퍼시픽 아일랜드 클럽 — Pacific Island Club(PIC)
❹ 퍼시픽 스타 — Pacific Star
❼ 더 로열 오키드 괌 호텔 — The Royal Orchid Guam Hotel
❽ 퍼시픽 베이 — Pacific Bay
❾ T 갤러리아 by DFS — T Galleria by DFS

Mia's Advice

❶ 호텔에서 T 갤러리아 by DFS를 간다면 쇼핑몰에서 제공하는 무료 택시를 이용해 보세요. 탑승 전 미리 무료 택시인지 확인하는 것도 잊지 마시고요. 요금은 T 갤러리아 by DFS 에서 부담하지만, 요금의 15% 정도 팁으로 주는 센스도 잊지 마세요!

❷ 쉐라톤 라구나 괌 리조트에서는 투숙객을 위해 괌 프리미어 아웃렛을 오가는 무료 셔틀버스를 운행해요. 쉐라톤 라구나 괌 리조트 로비에서 09:40에 출발해 40분 간격으로 운행하며, 호텔에서 출발하는 막차는 19:20입니다.

투몬 샌즈 플라자 Tumon Sands Plaza

2016년에 운행을 시작한 신생 무료 셔틀. 괌 프리미어 아웃렛에서 투몬 샌즈 플라자를 운행하는 노선이다.

> 배차 간격 20~30분, 괌 프리미어 아웃렛 기준 첫차 / 막차 10:12 / 21:00

출발

❶ 괌 프리미어 아웃렛 Guam Premier Outlets (GPO)
❷ 퍼시픽 아일랜드 클럽 건너편 Across Pacific Island Club(PIC)
❸ 더 로열 오키드 괌 호텔 The Royal Orchid Guam Hotel

❼ 퍼시픽 아일랜드 클럽 Pacific Island Club(PIC)
❻ 퍼시픽 스타 리조트&스파 Pacific Star Resort & Spa
❺ 롯데호텔 괌 Lotte Hotel Guam
❹ 투몬 샌즈 플라자 Tumon Sands Plaza

마이크로네시아 몰 무료 셔틀 버스 Micronesia Mall Free Shuttle Bus

마이크로네시아 몰에서 운영하는 무료 셔틀버스로 총 4곳에 승하차 한다.

> 배차 간격 20분, 마이크로네시아몰 기준 첫차 / 막차 10:10 / 21:00

출발

❶ 마이크로네시아 몰 Micronesia Mall
❷ 롯데호텔 괌 Lotte Gotel Guam
❸ 웃리거 괌 비치 리조트 Outrigger Guam Beach Resort

❺ 마이크로네시아 몰 Micronesia Mall
❹ 퍼시픽 아일랜드 클럽 Pacific Island Club(PIC)

택시 Taxi

공항과 호텔을 오갈 때, 나만의 맞춤 일정을 소화하고 싶을 때, 택시만큼 편리한 선택지도 없다.

공항에서 짐을 찾고 나오면 곧장 택시 승강장을 마주할 수 있다. 인디펜던트 택시, 미키 택시 등 택시회사들이 승차장에 대기하고 있으니 인원수와 행선지를 말한 뒤 탑승하자. 만약을 대비해 탑승 전 대략의 가격을 물어보는 것이 좋다.

호텔이나 쇼핑센터에서 반드시 알아둬야 할 것이 있다. 시내에서 택시는 100% 콜택시로 운영된다는 점. 호텔 컨시어지, 쇼핑센터의 교통 카운터에서 '택시 플리즈 Taxi Please'라고 요청하면 금세 택시를 잡을 수 있다. 이때 한인 택시를 이용하면 카카오톡으로 예약할 수 있고, 쇼핑에 유용한 쿠폰과 여행 정보도 얻을 수 있다.

한인 친구 택시 671-747-5522 / **한인 카톡 택시** 671-929-2020 / **마마 한인 택시** 671-688-1001 / **미키 택시** 671-888-7000 / **한인 택시 카카오톡 아이디** guam5004, guam 7788, guamjoataxi

레스토랑 & 스파 숍으로 이동할 때 투몬 지역 이외의 유명 레스토랑이나 마사지 숍을 예약한다면 미리 전화로 픽업·드롭 서비스를 제공하는지 알아봐야 한다. 규모가 큰 업장은 대개 방문 편의를 위한 무료 교통 서비스를 제공하기 때문이다. 여의치 않은 경우 공유 택시 앱 스트롤 괌 Stroll Guam을 이용하는 것도 방법.

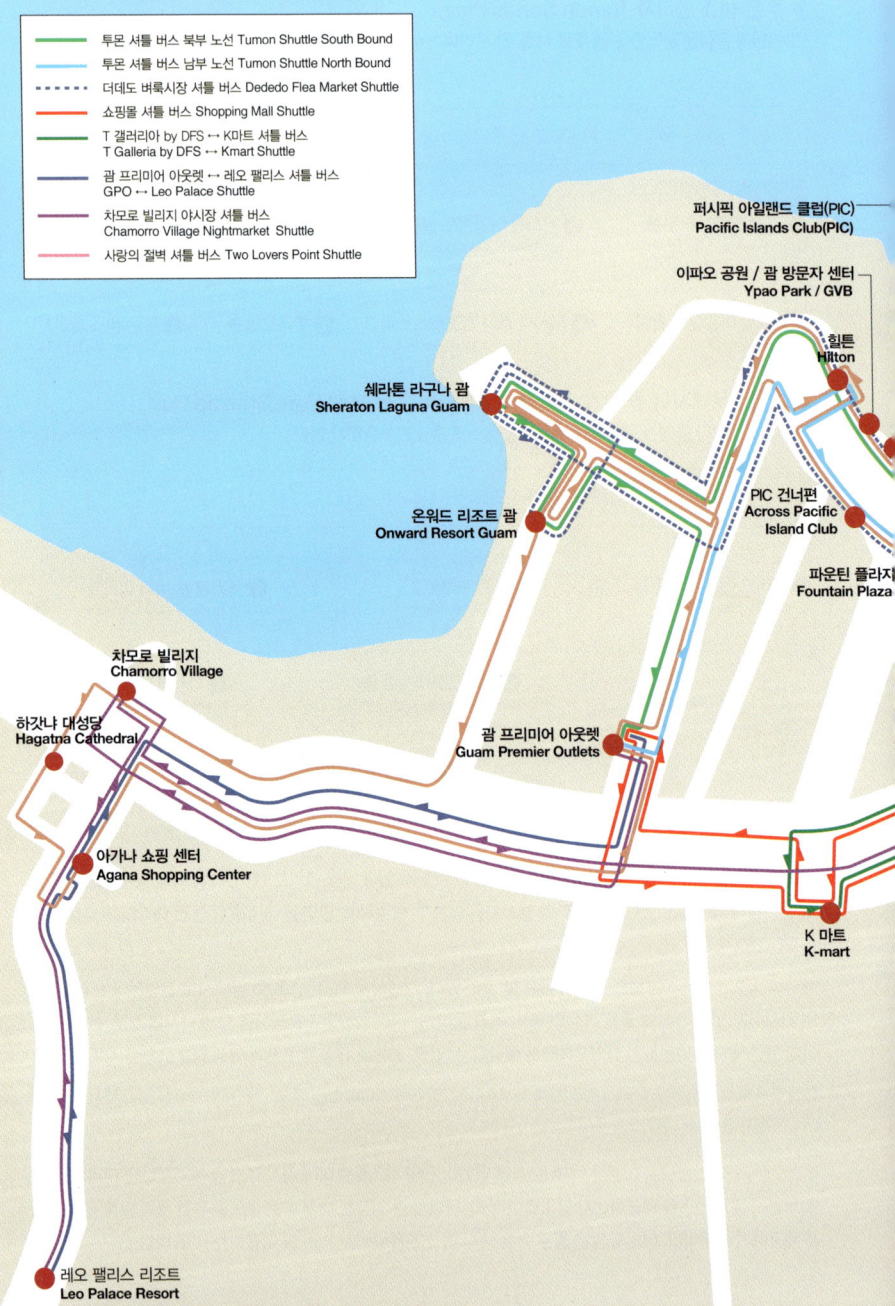

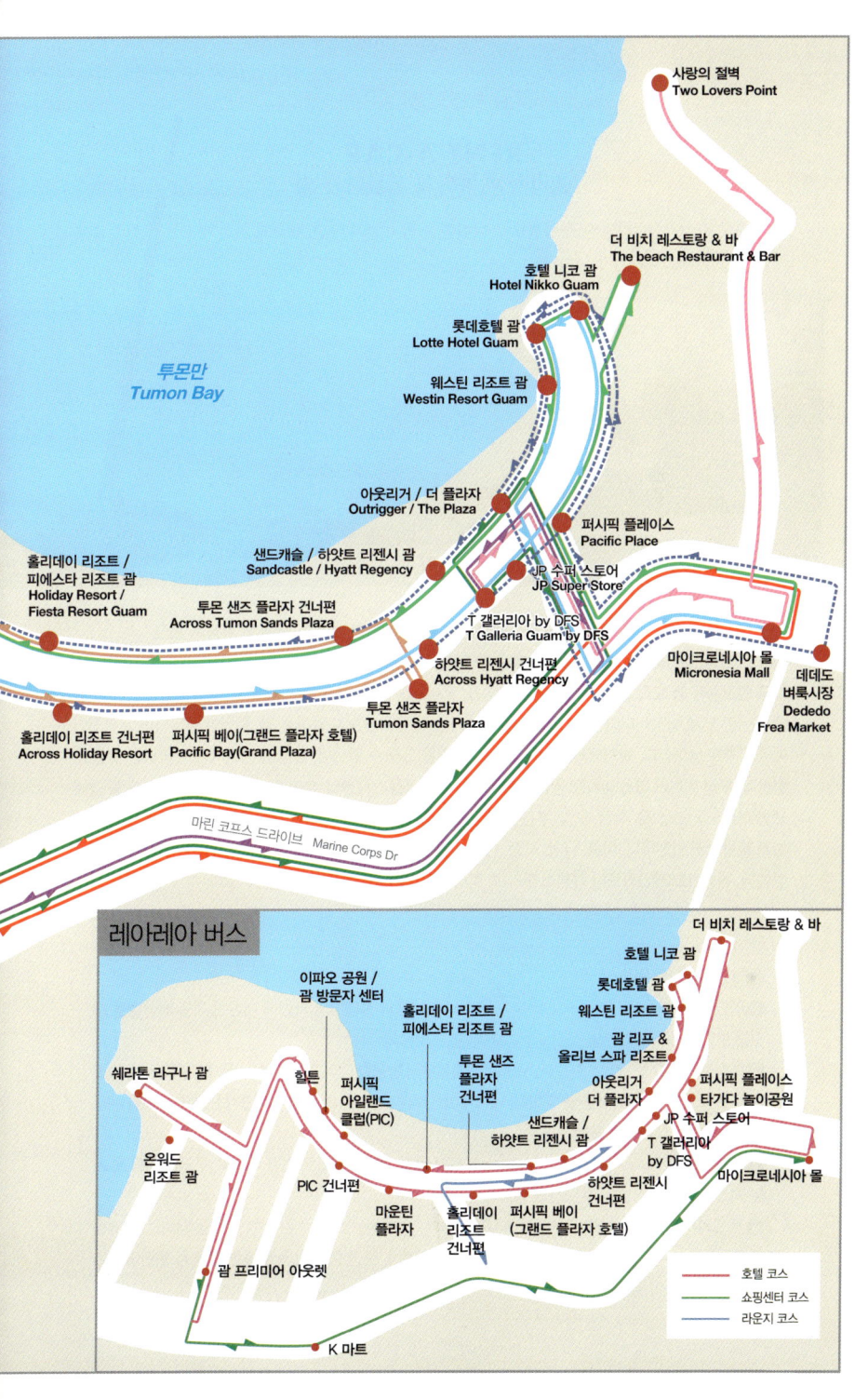

RENT-A-CAR
렌터카 똑똑하게 사용하는 법

아이부터 어르신까지 다양한 구성원으로 이뤄진 가족 여행자라면, 괌의 숨겨진 명소를 발견하고자 하는 모험가라면, 렌터카가 답이다.

STEP 1 : 예약 면허증 체크 ▶ 국내에서 예약 ▶ 관련 보험 계약 ▶ 결제 및 확정서 체크

예약 전 가장 먼저 해야 할 일은 국내·국제 운전면허증의 유효 기간을 살피고, 적성 검사 기간을 체크하는 것. 한국 면허증은 괌 도착 날짜를 기준으로 30일간, 국제운전면허증 소지자는 최대 3개월이 유효기간이다. 괌에서는 만 21세 이상이어야 운전대를 잡을 수 있다는 사실도 반드시 알아둘 것. 확인이 끝났다면 본격적인 예약 단계로 넘어간다. 현지에서는 간혹 원하는 차종을 고를 수 없으니, 출발 전 한국에서 예약하는 것을 추천한다. 우선 렌터카 업체의 차량 등급과 요금제 포함 내역을 선택한다. 추가로 내비게이션과 카 시트 등 옵션 포함 여부도 체크할 것. 특히 '보험' 부분이 가장 중요하다. 자차, 대인/대물 보험은 필수고 추가로 자손 보험까지 포함하면 안전하다. 이름, 나이, 차종, 이용 일수 등을 꼼꼼히 적어 최종 가격을 확인 한 뒤 예약을 진행하는데, 신용카드(체크카드나 아멕스 불가)로 결제하면 이메일로 확정서를 받을 수 있다.

Mini Box

렌터카 관련 보험 종류

❶ **대인/대물 보험 EP** Extended Protection 사고 시 상대방과 상대방의 차량에 대한 손해를 배상받을 수 있는 보험. *대여료에 포함.

❷ **자차 보험 CDW** Collision Damage Waive 운전자로부터 발생한 대여 차량의 손상에 대한 책임을 공제해주는 보험. 단 액세서리나 플랫 타이어, 내비게이션, 차량 기기 등의 분실이나 손상은 대여자 부담이다. 이 금액 역시 *대여료에 포함.

❸ **자손 보험 PAI** Personal Accident Insurance 운전자 및 동승자의 사고로 인한 치료비, 구급차 비용 및 사망 시 보험금을 보상받을 수 있는 보험이다.

❹ **로드사이드 어시스턴트 프로텍션 RAP** Roadside Assistance Protection 긴급 차량 출동 서비스. 열쇠를 분실하거나, 타이어가 펑크 났거나, 배터리가 방전되거나, 운전 중 연료가 부족한 경우 등 운전이 불가능해 견인 차량이 필요할 때 도움을 준다.

RENT-A-CAR

CHECK! 주요 렌터카 업체

크게 글로벌 렌터카 업체와 한인 렌터카 업체로 나뉜다. 글로벌 렌터카의 경우 공항에서 대여와 반납 모두 가능하며 24시간 운영한다. 다만 영어에 대한 부담감이 있다면 시내에 영업점을 두고 있는 한인 렌터카를 이용하는 것도 좋다. 시내까지 직접 이동해야 한다는 단점은 있지만 반납 후 공항까지 드롭 서비스(셔틀 버스)를 운영하거나 내비게이션 또는 포켓 와이파이 무료 대여 등의 부가적인 혜택을 제공한다. 현지에서 카카오톡으로 대여 가능 여부를 알아볼 수도 있다.

● 알라모 렌터카 Alamo Rent A Car (글로벌)
문의 671-649-0110(공항 사무소), 671-647-1016 (시내 사무소) 홈페이지 www.alamo.co.kr

● 허츠 렌터카 Hertz Rent A Car (글로벌)
문의 671-642-3210(공항 사무소), 647-7264~5 (시내 사무소) / 홈페이지 www.hertz.co.kr

● 닛산 렌터카 Nissan Rent A Car (글로벌)
문의 671-642-3210(공항 사무소), 671-648-8000
홈페이지 www.nissanrent.com

● 버젯 렌터카 Budget Rent A Car (글로벌)
문의 671-647-1446(공항 사무소)
홈페이지 www.budget.com

● 에이비스 렌터카 Avis Rent A Car (글로벌)
문의 671-646-8156(공항 사무소)
홈페이지 www.avis.com

● 제우스 렌터카 Zeus Rent A Car (한인)
문의 070-5017-2002(한국 예약 문의, 한국 내 카톡 예약 상담 아이디 ZEUSguam), 671-645-0001(괌 시내 사무소, 괌 내 카톡 예약 상담 아이디 guamzcar)
홈페이지 www.zeusrentcar.co.kr

● 드림 렌터카 Dream Rent A Car (한인)
문의 070-7728-3237(한국 예약 문의, 카톡 예약 상담 아이디 @괌드림렌트카, 671-487-9117(괌 시내 사무소)
홈페이지 www.dreamguam.com

Mia's Advice

내비게이션이나 귀중품은 절대 차 밖에서 보이도록 놓지 마세요. 특히 한국인 여행자에게 인기 높은 차종 '큐브'는 내부가 훤히 들여다보여 도난의 위험이 크답니다. 최근에는 리티디안 비치 등에서 문을 부수고 차 안에 있는 귀중품을 훔치는 강도 사건이 발생했으니 조심, 또 조심해야 합니다.

STEP 2 : 픽업   렌터카 카운터 ▶ 여권, 확정서, 면허증, 신용카드 제시

공항에서 픽업할 경우, 짐을 찾고 'Rental Car' 표지판을 따라가면 렌터카 사무소를 마주할 수 있다. 그곳에서 바로 대여를 하거나, 셔틀 버스를 타고 공항 밖으로 이동해 픽업해야 하는 경우도 있다. 카운터 직원에게 예약 확정서(이메일로 받은 바우처), 여권, 유효한 국내운전면허증, 국제운전면허증, 신용카드를 제시하면 곧장 렌터카를 받을 수 있다. 이때 신용카드는 반드시 예약자 명의와 같아야 하며, 이 카드를 통해 보증금 Deposit이 청구(현금으로 청구하는 경우도 있다)된다는 사실을 알아둬야겠다. 물론 보증금은 반납 1~2주일 후 되돌려준다. 시내에서 렌터카를 대여한다면, 사무실을 직접 방문해야 한다. 대여시간은 24시간 기준이며, 시간이 초과되면 추가 요금이 발생할 수 있으니 유의할 것.

STEP 3 : 주유 하루 사용 시 $10~20 분량 주유, 반납 시 픽업 당시만큼 주유

일정 중 한 번 쯤은 주유를 하게 마련. 특히 반납하는 길이라면, 픽업 당시와 같은 양만큼 주유를 해두어야 한다. 직원이 상주하는 곳(쉘 주유소)이라면 편하지만, 그렇지 않은 경우에는 셀프 주유에 도전해야 한다. 셀프 주유는 미국 본토 여행에도 요긴하니 배워 둬서 나쁠 건 없다. 주유비가 한국보다 저렴해 대부분 하루 렌터카 사용 시 $10~20 정도의 분량을 주유하면 충분하다(1gal(3.7ℓ) $3.75~$4가량).

CHECK! 도전, 셀프 주유!

❶ 현금으로 주유소 기계 앞에 하차 → 시동 끈 뒤 차를 세운 곳의 주차번호 확인(각 주유구마다 번호가 표시되어 있음) → 주유소 내 상점 안에 들어가 점원에게 자신의 차가 정차한 주유구의 번호와 원하는 금액을 말한다(예를 들면 2번 주유구에서 $40어치를 주유하고 싶다면 "넘버 투, 포티 달러 플리즈! Number 2, 40 dollar please"라고 말하면 된다) → 그런 뒤 차 있는 곳으로 돌아와 주유구를 연다(차종에 따라 주유구를 손으로 살짝 누르면 열리는 것도 있다) →3가지 가격 중 원하는 금액의 주유기를 들어 주유구에 갖다 대고 손잡이의 튀어나온 버튼을 누르면 주유가 된다(이때 주유기가 꽂혀 있는 레버를 위로 올려야 주유가 가능하다) → 거스름돈을 받아야 하는 상황이 생기면 다시 상점에 들어가 "넘버 투 체인지 플리즈 Number 2, Change Please"라고 말하자.

❷ 신용카드로 주유소 기계 앞에 하차 → 주유기 화면의 Preset 버튼을 누른다 → 원하는 양/금액 입력 후 엔터를 누른다 → 신용카드를 넣어 계산한 뒤 주유구 버튼을 눌러 금액만큼 주유를 한다. 모빌 주유소의 경우 신용카드 결제 시 보증금으로 $50가 함께 선결제된다(이 금액은 2주 후 결제 취소된다).

STEP 4 : 반납 해당 주차 번호 확인 ▶ 반납 ▶ 영수증 수령

글로벌 렌터카 업체를 이용했다면, 해당 반납 구역을 찾아 차량을 반납한다. 이때 차 안에 두고 온 물건은 없는지 살핀다. 처음 방문했던 공항 내 렌털 데스크로 주차한 장소의 번호를 말하면 반납 완료. 직원으로부터 받은 영수증은 잘 보관해 둔다. 시내에 위치한 한인 렌터카를 이용했다면 해당 업체에 차량 반납 후 렌터카 사무소에서 제공하는 셔틀 버스를 타고 공항으로 간다. 시내 렌터카 사무소에서도 경우에 따라 공항 셔틀 버스를 운행하니 확인할 것. 키를 분실하면 업체, 차량에 따라 조금씩 다르나 대략 $250가량 부과된다.

알아 두자, 괌 교통 정보

mile

노란색 중앙 실선
비상등을 켜고 노란색 중앙 실선 안으로 들어가 차량 통행을 확인한 뒤 좌회전 또는 유턴을 할 수 있다. 양방향이 모두 진입이 가능하다.

마일
거리는 km 대신 마일 mile, 속도는 km/h 대신 mi/h로 표시한다. 참고로 1mile은 1.6km. 차량에 표시된 속도가 50mi/h라면 80km/h로 달리는 셈.

우측 통행
괌은 우리나라와 같이 운전석이 왼쪽에 있으며 도로는 우측 통행이다.

안전벨트 착용은 필수
괌에서 안전벨트는 법률에 의해 운전자 및 동승자는 의무적으로 착용하도록 되어 있다. 이를 위반할 경우 벌금(최소 $50)이 부과된다. 뿐만 아니라 만 3세까지는 카시트를, 만 11세(신장 약 140cm 이하)까지는 부스터 시트가 필요하다. 만 11세 미만 어린이를 보호자 없이 차 안에 혼자 두는 것도 법률로 금지하고 있다. 잠깐이라도 아이를 차에 혼자 두지 말자.

주차금지구역
No Parking(주차금지구역), Accessible Passenger Loading Zone(장애인 주차구역), Reserved Parking(지정 주차구역), Fire Land(소방 공간), Tow Away Zone(견인 공간) 등에는 절대 주차 금지. 주차 시 견인 및 범칙금이 $600 이상 부과된다.

무조건 정지
운전 중 Stop 사인이 있다면 무조건 3초 이상 정지한 뒤 먼저 온 차량 순서대로 출발한다. 브레이크를 살짝 놓으면서 앞으로 천천히 움직이는 것 또한 금지.

정차 중인 스쿨버스는 추월 금지
노란색 스쿨버스가 정차해 학생들을 싣고 내릴 때, 일반 차량이 이를 앞지르는 것은 절대 금지다. 스쿨버스가 반대 방향에서 정차 중이더라도 마찬가지.

빨간불일 때도 우회전 가능
신호가 빨간불이더라도 일시 정지한 후 왼쪽을 잘 살폈다면 우회전을 해도 된다. 다만, 'No Turn on Red'라는 표지판이 있는 경우에는 금지.

CALENDAR
365일 괌 축제 캘린더

1년 365일 축제의 즐거움으로 가득한 괌. 여행 날짜와 겹친다면 축제 한마당에 동참해 함께 즐겨보자. 보다 가까이, 괌의 속살을 엿볼 수 있다.

| 1 JAN | 2 FEB | 3 MAR |

새해 불꽃놀이
New Year's Eve Fireworks
장소 투몬 베이

공휴일
1월 1일 새해 New Year
1월 21일 마틴 루터 킹 목사의 날
Martin Luther king Jr. Day

괌 시장배 여자 골프 토너먼트
Guam Governor's
Cup Ladies Golf Tournament
장소 레오 팰리스 리조트

공휴일
2월 18일 대통령의 날
President's Day

4일
(첫 번째 월요일) 괌 발견의 날
Guam History & Chamorro
Heritage Day
장소 우마탁 마을

괌 코코 키즈 펀 런
스트라이더 키즈 바이크 이벤트
Guam Ko'ko Kids Fun Ru
Striders Kids Bike Event
장소 거버너 조셉 F. 플로레스 기념공원

구팟 차모로 게 축제
Gupot Chamorro Crab Festival
장소 메리조 마을

| 7 JULY | 8 AUG | 9 SEP |

바비큐 블록 파티
Guam BBQ Block Party
장소 플레저 아일랜드

괌 광복절 퍼레이드
Guam Liberation Perade
장소 하갓냐

공휴일
7월 4일 독립기념일 Independence Day
7월 21일 괌 해방 기념일 Liberation Day

도니(매운 고추) 축제 Donne Festival
장소 망길라오

공휴일
9월 2일 노동자의 날 Labor Day

CALENDAR

Mia's Advice

정확한 날짜는 관광청 홈페이지 www.visitguam.com/things-to-do/events/festivals/ 와 페이스북 www.facebook.com/Visitguam.kr을 통해 보다 자세히 알 수 있어요!

4 APR

14일
괌 국제 마라톤 대회
Guam International Marathon
장소 투몬 이파오 비치, 거버너 조셉 F. 플로레스 기념공연
홈페이지 www.guaminternationalmarathon.co.kr

성 디마스 기념 축제
San Dimas Fiesta
장소 메리조 마을

바나나 축제 Banana Festival
장소 이판 비치 파크, 탈로포포

5 MAY

13일
망고 페스티벌 Mango Festival
장소 아갓 커뮤니티 센터

공휴일
27일 현충일 Memorial Day

29일~6월 2일
괌 마이크로네시아 아일랜드 페어
Guam Micronesia Island Fair
장소 파세오 공원

6 JUN

10 OCT

괌 국제 영화 축제
Guam International film Festival
장소 하갓냐

공휴일
10월 14일 콜럼버스의 날
Columbus Day

11 NOV

공휴일
11월 11일 상이용사의 날
Veterans Day
11월 28일 추수감사절
Thanksgiving

12 DEC

공휴일
12월 8일 성모 마리아의 날
Santa Marian Kamalen Day
12월 25일 크리스마스 Christmas

괌 여행 코스 제안

MUST DO LIST
모두를 위한 필수 코스

느긋하게 휴양을 즐기면서도 랜드마크와 쇼핑 스폿을 두루 섭렵할 수 있는
알짜배기 여행 코스를 추천한다.

3박 4일(렌터카 1일 포함)

1 DAY	투몬 비치 혹은 호텔 수영장 → 비치인 슈림프(런치) → T 갤러리아 & JP슈퍼스토어 → K 마트 → 프로아(디너)
2 DAY	돌핀 크루즈 → 렌터카 픽업 → 사랑의 절벽 → 건 비치 → 괌 프리미어 아웃렛(쇼핑 겸 디너)
3 DAY	스페인 광장 → 하갓냐 대성당 → 아델럽곶 → 우마탁만 공원 & 마젤란 기념비 → 우마탁 다리 → 솔레다드 요새 → 이나라한 자연 풀 → 가다오 추장 동상 → 제프스 파이러츠 코브(런치) → 렌터카 반납 → 세일즈 바비큐(디너)
4 DAY	마이크로네시아 몰(쇼핑 겸 런치) → 언더 워터 월드 → 샌드 캐슬 괌 매직 쇼(디너)

4박 5일(렌터카 2일 포함)

1 DAY	호텔 수영장 → 토리(런치 뷔페) → T 갤러리아 & JP슈퍼스토어 → K 마트 → 메스클라 도스 버거(디너)
2 DAY	피시 아이 마린 파크 혹은 리버 보트 크루즈(라테 계곡의 어드벤처 파크) → 스타 샌드 비치(선셋 비치 & 바비큐)
3 DAY	투몬 비치 → 일본식 철판 요리(런치) → 렌터카 픽업 → 라테 스톤 공원 → 스페인 광장 → 하갓냐 대성당(수요일이라면 차모로 빌리지 야시장 투어) → 비치인 슈림프(디너) → K마트
4 DAY	아델럽곶 → 수메이 펍 & 그릴(런치) → 세티만 전망대 → 우마탁만 공원 & 마젤란 기념비 → 우마탁 다리 → 솔레다드 요새 → 이나라한 자연 풀 → 가다오 추장 동상 → 게프 파고 차모로 컬처 빌리지 → 제프스 파이러츠 코브(디너)
5 DAY	사랑의 절벽 → 마이크로네시아 몰(쇼핑 겸 런치) → 렌터카 반납 → 더 비치 레스토랑 & 바(디너) → 타오타오타씨 비치 디너 쇼(쇼만 관람)
6 DAY	언더 워터 월드 → 샌드 캐슬 괌 매직 쇼(디너)

알차고 유익한 괌 여행을 위해
투어 프로그램

특별한 계획 없이 항공권부터 구입했다면, 투어 상품으로 일정을 채워나가도 좋다. 인원에 맞게, 취향에 맞게 좋은 프로그램을 선택하면 합리적인 예산으로 알찬 괌 여행을 즐길 수 있다.

라이드 덕 투어 멀리서도 한눈에 알아볼 수 있는 노란색 대형 수륙양용차를 타고 바다와 시내를 가로지른다. 아프라 항구에서 출발해 시원한 바닷 바람을 즐긴 후, 호텔로 돌아오는 길에 중부의 대표 볼거리인 스페인 광장과 스키너 광장, 아가냐 성당과 라테 스톤 공원을 돌아보며 간단한 설명도 들을 수 있다. 어린이를 동반한 가족 여행자라면 도전해볼 만하다. **P.110**

정글 투어 스타 샌드 비치에서 진행하는 투어. 북부의 아름다운 해변을 즐기는 것은 물론이고 집라인과 ATV 탑승, 힐링 바비큐 등 여러 가지 액티비티로 이뤄진 알찬 일정이라, '무엇을 해야 할지' 고민인 이들에게 제격이다. **P.168**

하이킹 투어 괌 남부 쪽에는 타잔 폭포, 람람산 등 때묻지 않은 괌의 자연을 접할 수 있는 특별한 투어가 있다. 바로 하이킹 투어다. 짧게는 3~4시간, 길게는 하루를 투자해 내 발로 직접 숨겨진 괌의 보석 같은 곳을 발견해보는 건 어떨까? 하이킹 전문가와 함께 해 안전하다. 대부분 가격은 $85~100이며, 2세 이상의 아이들도 동반 가능한 투어가 많다. 트로피칼 투어스 괌(www.tropicaltoursguam.com), 괌 어드벤쳐(www.guamadventures.com), 아일랜드 저니 괌(islandjourneygu.com)을 통해 문의하자. **P.167**

택시 투어 괌은 한국의 거제도만 한 섬이라, 부지런히 움직일 수 있는 택시 투어가 인기다. 운전에 자신이 없거나, 운전면허증이 없어 렌터카 대여가 힘든 이들에게도 더할 나위 없다. 미키 택시의 경우 투몬의 T 갤러리아에서 출발한다고 가정했을 때(5명 기준), 섬 투어는 시간당 $50, 차모로 빌리지 편도 $25, 사랑의 절벽 왕복 $50, 퍼시픽 전쟁 기념관 왕복 $70 정도다. 카카오톡으로 픽업 요청을 할 수 있는 한인택시(카카오톡 아이디 guam5004)는 섬 투어 시 1인당 $50(5인 이상)이며, 시내 관광은 4인 기준 $100이고 그 외 데데도 벼룩시장이나 사랑의 절벽, 차모로 빌리지 야시장 모두 편도로 $25 정도다.

괌 여행 코스 제안

TPO PLAN
여행 유형별 추천 코스

사랑하는 연인, 아이, 가족과 함께라서 더 즐거운 3박 4일 괌 여행 코스.

BABYMOON & PRENATAL 베이비문 & 태교여행을 위한 코스

1 DAY	호텔 수영장 → K 마트 → 저녁은 숙소 근처에서 해결하거나 픽업 서비스가 가능한 론스타 스테이크 하우스
2 DAY	돌핀 크루즈 → 런치 뷔페 혹은 일본식 철판 요리 → 괌 프리미어 아웃렛 → 파이올로지 피자(디너)
3 DAY	사랑의 절벽 → 마이크로네시아 몰(쇼핑 겸 런치) → T 갤러리아 by DFS & JP슈퍼스토어 → 임산부 마사지 → 디너쇼
4 DAY	언더 워터 월드 & 더 플라자 → 귀국 준비(호텔에서 체크 아웃한 뒤 새벽 비행기를 탑승할 예정이라면 투몬 샌즈 플라자 라운지와 공항 셔틀을 이용할 것)

HONEYMOON & COUPLE 허니문 & 커플을 위한 코스

1 DAY	스페인 광장 & 하갓냐 대성당 → 프로아(런치) → K 마트 → 세일즈 바비큐(디너)
2 DAY	알루팡 비치 클럽, 피시 아이 마린 파크 중 택 1(런치 포함) → 파파스 혹은 테이블 35에서 디너
3 DAY	스카이 다이빙 등의 액티비티 → 카프리초사(런치) → 사랑의 절벽 → 건 비치의 더 비치 레스토랑 & 바에서 로맨틱한 디너(식사 후 택시로 호텔까지 이동)
4 DAY	투몬 비치 혹은 온워드 비치 리조트 원데이 패스 이용 → 귀국 준비(호텔에서 체크 아웃한 뒤 새벽 비행기를 탑승할 예정이라면 투몬 샌즈 플라자 라운지와 공항 셔틀을 이용할 것)

FAMILY WITH CHILDREN 아이 동반 가족 여행자를 위한 코스

1 DAY	투몬 비치 → 마이크로네시아 몰 쇼핑 후 펀타스틱 파크 혹은 괌 프리미어 아웃렛 쇼핑 후 척 이 치즈(디너)
2 DAY	스타 샌드 비치(가능하다면 힐링 바비큐도 함께 즐긴다) 또는 라이드 덕 투어 → 언더 워터 월드 & 시 그릴 레스토랑(디너) → K마트
3 DAY	피시 아이 마린 파크 또는 타자 워터 파크(런치) → 타오타오타씨 비치 디너 쇼(디너)
4 DAY	사랑의 절벽 → 괌 프리미어 아웃렛 → 귀국 준비(호텔에서 체크 아웃한 뒤 새벽 비행기를 탑승할 예정이라면 투몬 샌즈 플라자 라운지와 공항 셔틀을 이용할 것)

BIG FAMILY 대가족 & 그룹 여행을 위한 코스

1 DAY	투몬 중부 택시 투어 → 호텔 내 레스토랑에서 디너 → K마트
2 DAY	트롤링 낚시 혹은 크루즈 → 일본식 철판 요리(런치) → 괌 프리미어 아웃렛(디너는 푸드 코트 혹은 패밀리 레스토랑 이용)
3 DAY	정글 리버 투어 → 사랑의 절벽 → 세일즈 BBQ(디너)
4 DAY	호텔 수영장 → 더 비치 레스토랑 & 바(디너) → 샌드 캐슬 괌 매직 쇼(쇼만 관람) → 귀국준비(*일정상 가능하다면 오후에 수요일 차모로 빌리지 야시장 투어를 곁들인다)

FRIENDS 단짝 여행자를 위한 코스

1 DAY	호텔 수영장 혹은 타자 워터 파크 → 카프리초사(디너) → 괌 프리미어 아웃렛(로스 ROSS는 1:00까지 영업)
2 DAY	알루팡 비치 클럽 혹은 피시 아이 마린 파크(런치 포함) → T 갤러리아 by DFS & JP 슈퍼스토어 → 하드 록 카페(디너)
3 DAY	온워드 비치 리조트 원데이 패스 이용 → 슬링 샷 → 글로브
4 DAY	사랑의 절벽 → 비치인 슈림프(런치) → ISA 스파 → 귀국 준비 (*일정상 가능하다면 오전에 데데도 벼룩시장을 곁들인다)

괌 여행 코스 제안

ONE DAY
하루만 더, 테마별 코스

여행 목적에 따라 테마를 나눠 추가 스케줄을 제안했다. 테마별로 추천하는 원데이 코스 중 취향에 맞는 플랜을 선택하면 완벽한 나만의 맞춤 일정이 완성된다.

차모로 문화를 제대로 느끼고 싶다면

라테 스톤 공원 → 하갓냐 대성당 → 스페인 광장 → 프로아에서 런치(차모로 스타일의 BBQ 레스토랑) → 아델럽곶 → 우마탁만 공원 & 마젤란 기념비 → 우마탁 다리 → 솔레다드 요새 → 이나라한 자연 풀 → 가다오 추장 동상 → 게프 파고 차모로 컬처 빌리지 → 제프스 파이러츠 코브(디너) 혹은 수요일이라면 차모로 빌리지 야시장(쇼핑 겸 디너)

> **Mini Box**
>
> 목적지가 많아 빠듯해 보일 수 있는 일정이지만, 렌터카를 이용한다면 소화할 수 있다. 기념사진만 찍고 이동하기 보단, 주변도 둘러보고 어떤 역사적인 배경을 가지고 있는지 살펴보면 의미 있는 시간이 될 것. 만약 게프 파고 차모로 컬처 빌리지 인근의 핫 누 베이커리(P.240)가 오픈했다면 제프스 파이러츠 코브 대신 이곳에서 꼭 화덕 피자를 맛보기를. 단 핫 누 베이커리 영업시간은 수 10:00~15:00, 토~일요일 09:00~15:00이다.

액티비티로 가득한 하루를 원한다면

스카이다이빙(또는 패러세일링) 혹은 람람산 투어 → ATV → 선셋 크루즈 & 낚시(디너 포함) → 매직쇼

> **Mini Box**
>
> 람람산을 하이킹할 예정이라면, 세티만 전망대 근처에 차를 세워 두고 올 것. 2~3시간가량 소요되기 때문이다. 비가 오면 미끄러질 수가 있으니 되도록 등산화를 착용해야 하는 것은 물론. 산행 후에는 근처 아갓 마리나의 마리나 그릴(P.248)에서 허기를 달래거나, 스카이다이빙을 한 경우라면 근처 괌 프리미어 아웃렛에 들러 끼니를 해결해도 좋겠다. 위의 일정은 바지런히 움직여야 소화할 수 있으니 마음에 드는 일정 2가지만 골라 가기를 추천한다.

JOURNEY TO GUAM

괌에서 1년 치 가족 옷을 넉넉하게 구매하고 싶다면

로스ROSS(마이크로네시아 몰) → 메이시스(마이크로네시아 몰) → 갭(마이크로네시아 몰) → 타미 힐 피거(괌 프리미어 아웃렛) → 캘빈 클라인(괌 프리미어 아웃렛 로스ROSS)

Mini Box

로스ROSS는 의류, 슈즈, 가방(캐리어 포함), 뷰티 아이템, 리빙 아이템 등 전 분야의 이월상품을 모두 모아 놓은 곳이다. 그만큼 방대한 양을 자랑한다. 특히 빅 사이즈 의류를 원하는 사람들에게는 천국같은 공간이다. 하지만 짧은 시간 동안 원하는 아이템을 찾는다는 게 다소 버거울 수 있으니 찬찬히 둘러 보면서 내게 꼭 맞는 물건을 찾아보아야겠다.

괌의 평화로운 바다에서 힐링하고 싶다면

리티디안 비치 혹은 이나라한 자연풀 → 알루팟 아일랜드(쉐라톤 라구나 괌 리조트나 온 워드 비치 리조트에서 카누로 이동) 혹은 알루팡 비치 클럽 → 파이파이 파우더 샌드 비치(더 비치 레스토랑 & 바에서 디너)

Mini Box

날씨에 따라 개방 여부를 결정하는 리티디안 비치가 영 내키지 않는다면, 마음 편히 스타 샌드 비치 투어를 이용도 좋다. 리티디안 비치 근방에 자리한 해변이라 전망도 비슷하고, 별 모양 모래알을 구경하는 것도 꽤 특별한 경험이므로. 다만 리티디안 비치는 무료인 반면, 스타 샌드 비치는 프라이빗 해변이라는 사실은 염두에 둬야겠다. 해당 홈페이지(www.guamstarsand.com)에서 비치&바비큐 상품을 예약하면 해변도 즐기고, 근사한 바비큐도 맛볼 수 있다.

Mia's Advice

일정을 계획할 때 가장 중요한 것은 '목적'이에요. 꼭 해야 하는 것, 놓치고 싶지 않은 일정을 먼저 생각한 다음 남는 시간의 스케줄을 짜는 것이 좋아요. 비가 오는 경우라면 아쿠아리움인 언더 워터 월드나 아가냐 쇼핑센터 내 스카이 존, 마이크로네시아 몰 내 펀타스틱, 괌 프리미어 아울렛의 척이치즈와 같은 실내 스폿을 추천합니다.

지역별 여행 정보
TRAVEL AROUND GUAM

투몬 & 타무닝
북부
중부 & 하갓냐
남부

프렌즈 friends 괌

tumon tamuning

괌 여행의 중심
투몬&타무닝

투몬&타무닝은 괌에서 가장 화려한 동네다. 타무닝은 섬의 서부 연안에 위치한 마을이고, 투몬은 타무닝에서도 투몬 비치 일대를 부르는 지명이지만 여행자들은 편의상 괌 여행의 기점인 이곳을 묶어 투몬&타무닝이라 통칭한다. 투명한 물빛으로 넘실거리는 괌의 대표 해변, 투몬 비치는 바로 그 중심에 있다. 아웃리거 괌 리조트, 두짓 타니 괌 리조트 등 유명 호텔&리조트들이 모두 투몬 비치를 에워싸고 늘어선다. 뿐만 아니라 쇼퍼 홀릭의 필수 코스인 T 갤러리아 by DFS 면세점과 JP 슈퍼 스토어 등 쇼핑 명소도 한데 자리해, 매일 밤 늦은 시간까지 밀려드는 인파로 거리가 흥성거린다. 게다가 아쿠아리움과 마술 쇼를 비롯한 엔터테인먼트, 액티비티까지 여행에 필요한 모든 것이 이곳에 집중되어 있으니, 투몬&타무닝을 빼놓고 괌을 논하기란 아무래도 불가능하다.

투몬 비치, ⓒ괌정부관광청

LOOK INSIDE
들여다보기

괌을 처음 여행하는 사람이라면 투몬&타무닝에서 보내는 시간이 대부분을 차지하므로, 이곳만 잘 파악해도 여행의 만족도가 달라진다. 특히 투몬 비치 일대는 유명 레스토랑과 면세점, 쇼핑 센터와 고급 리조트들이 모여 있으니 집중해서 살필 필요가 있다.

투몬 비치 Tunom Beach

시내 호텔에 투숙하면 대부분 이 투몬 비치를 마주한다. 객실 베란다에서, 호텔 수영장에서, 투몬 비치를 끼고 있는 레스토랑에서. 이 바다가 얼마나 아름다운지는 바다 위에 서면 단번에 알 수 있다. 고운 모래사장을 직접 밟고, 맑은 바다 물에 발을 담그고, 그 위로 지나가는 물고기 떼를 보고 있으면 마음이 정화되는 기분을 느낄 수 있다.

샌드 캐슬 괌 매직 쇼 Guam Sand Castle Magic Show

괌에서 선보이는 매직 쇼 가운데 가장 규모가 크다. 1시간 15분의 러닝 타임 동안 2명의 유명 마술사와 그 외 배우들의 아크로바틱 쇼가 뒤섞여 화려한 볼거리로 펼쳐진다. 관객을 공연에 참여시키거나, 마술에 호랑이가 등장하는 등 흥미진진한 요소를 곳곳에서 발견할 수 있다.

괌 프리미어 아웃렛 Guam Premier Outlets(GPO)

명품 쇼핑을 T 갤러리아에서 한다면, 이를 제외한 모든 쇼핑은 괌 프리미어 아웃렛에서 한다고 해도 과언이 아니다. 종류 불문하고 최저가 아이템은 로스에서, 사계절 입을 가족 옷은 타미 힐피거에서, 여성 슈즈는 나인 웨스트에서 해결하자. 각종 프랜차이즈 레스토랑도 모여 있어, 하루 종일 시간을 보내도 부족한 곳.

테리스 로컬 컴포트 푸드 Terry's Local Comfort Food

투몬&타무닝에는 인기를 구가하는 맛집이 모여 있다. 셀프 바비큐로 유명한 세일즈 바비큐부터 괌 넘버원 햄버거인 메스클라 도스까지. 그렇지만 예약하는 수고로움 없이 괌 현지식을 즐길 순 없을까? 그럴 땐 테리스 로컬 컴포트 푸드를 추천한다. 치킨 켈라구엔과 스페어 립스 바비큐로 차린 푸짐한 상이 피곤한 여행자의 마음까지 달래준다.

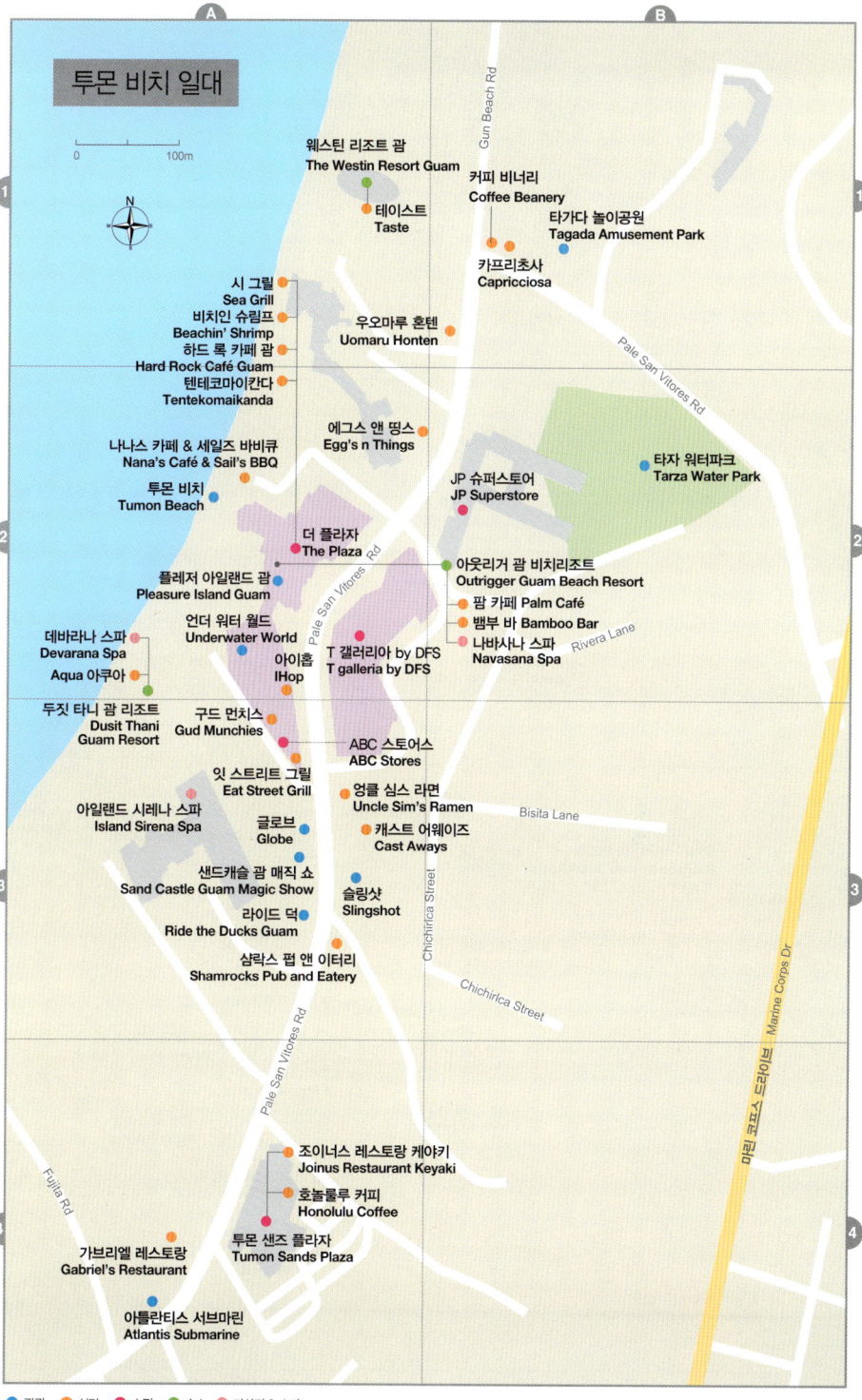

TRAVEL COURSE
추천 여행 코스

1DAY

액티비티, 쇼핑, 맛집 투어를 하루에 정복

아침부터 저녁까지 괌 현지식으로 즐겨보자. 액티비티는 더위를 고려해 오전에 즐기고, 한낮엔 쇼핑몰에서 유유자적 칠링하는 편이 좋다. 해질 무렵에는 괌 시내를 조망할 수 있는 놀이기구 슬링샷에 몸을 실어볼 것. 매직 쇼를 관람한 뒤에는 화려한 칵테일 한 잔으로 하루를 마무리!

1 COURSE 리틀 피카스 P.121

도보 5분

2 COURSE 투몬 비치 P.100

차로 9분

4 COURSE 테리스 로컬 컴포트 푸드 P.121

차로 3분

5 COURSE 슬링 샷 P.111

도보 3분

7 COURSE 하드 록 카페 P.107

차로 10분

3 COURSE 괌 프리미어 아웃렛 P.142

도보 3분

6 COURSE 샌드 캐슬 괌 매직 쇼 P.106

1DAY
휴식과 힐링을 겸한 여행

이동거리를 최소화한 스케줄. 오전에는 스파로 몸에 에너지를 충전하고, 오후에는 괌 유일의 아쿠아리움인 언더 워터 월드를 둘러본 뒤 투몬 비치의 아름다운 일몰을 가슴에 담는다. 매일 저녁 뷔페 레스토랑 테이스트에서는 다양한 테마의 퀴진을 선보인다. 저녁 시간은 여유롭게 즐길 것!

1 COURSE 나나스 카페 & 세일즈 바비큐 P.122

도보 5분

2 COURSE 나바사나 스파 P.114

도보 5분

3 COURSE JP 슈퍼스토어 P.141

도보 5분 / 도보 1분

4 COURSE 비치인 슈림프 P.119

5 COURSE 언더 워터 월드 P.104

도보 5분

6 COURSE 투몬 비치 P.100

도보 8분

7 COURSE 테이스트 P.117

INFORMATION
여행에 유용한 정보

 쇼핑 시즌에 따라 다양한 할인과 쿠폰을 제공한다. 이를테면 T 갤러리아에서는 한국으로 귀국 하루 전날과 귀국 당일 구매고객에게는 $10할인 쿠폰을 제공하고, T 갤러리아 쿠폰을 지참한 방문객에게는 고디바 초콜릿을 증정하는 식이다. 쿠폰은 렌터카 회사, 옵션 투어 회사에서 주로 제공한다. 간혹 괌 프리미어 아웃렛 인포메이션 센터에서도 발견할 수 있으니, 눈을 부릅뜨고 찾아볼 것. 특정 신용카드 소지자를 위한 혜택이나, 일정 금액 이상 구매 시 사은품을 증정하는 행사도 있다. 위와 같은 내용은 홈페이지에 나와 있지 않을 때가 많으므로 현지에서 공고문을 잘 찾아보거나, 안내데스크에 별도 문의하는 것이 좋다.

 무료 배포 잡지 호텔 로비나 쇼핑센터 곳곳에 무가지 아일랜드 타임Island Time, 아일랜드 다이제스트Island Digest 등을 배포하고 있다. 쉽게 지나치기 쉽지만 이 잡지들은 현지인들이 즐기는 다양한 이벤트나 쇼핑에 관련된 팁은 물론이고 괌에서 새로 오픈한 레스토랑이나 카페 등의 생활 정보를 꼼꼼하게 담아 낸다. 그런가 하면 괌 푸드 투데이Gaum Food Today라는 소책자는 괌 지역 내 유명한 레스토랑에서 사용할 수 있는 쿠폰을 첨부해 요긴하게 사용할 수 있다.

 현지 투어 현지에서 즉흥적으로 투어를 하고 싶은 경우, 대부분은 한국에 상주하고 있는 여행사와 카카오톡 등의 메신저로 빠른 예약이 가능하다. 다만 괌 현지에서 한국 여행사의 계좌로 송금을 하거나 신용카드 결제가 가능해야 한다. 직접 괌 현지에서 예약을 하려거든, T 갤러리아 by DFS 의 티켓 판매소 근처의 슈퍼패스 라운지를 이용하거나 제주에어 괌 라운지, 투몬 샌즈 플라자 라운지 등을 통하면 보다 손쉽게 처리할 수 있다.

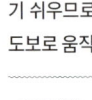 **와이파이** T 갤러리아, JP 슈퍼 스토어 등 쇼핑몰 내 인터넷 사용은 무료다. 속도가 빠르지는 않아도 여행이나 쇼핑에 관련된 검색을 하는 데 불편하지 않다. 다만 길거리에서는 인터넷을 사용할 수 없는 경우가 많아 헤매기 쉬우므로, 숙소에서 근처 쇼핑몰이나 마켓 등을 도보로 움직일 예정이라면 미리 동선을 파악하자.

 환전 괌에서 가장 쉽고 편하게 환전하는 방법은 T갤러리아 By DFS 면세점 내 환전소를 이용하거나, 쇼핑몰 곳곳에 비치된 ATM 기계를 통해 신용 카드로 현금을 인출하는 것이다.

 경찰서 불미스러운 사건이 생겼을 때 가장 먼저 떠오르는 것이 바로 경찰. 도난이나 강도 등 여행자가 맞닥뜨릴 수 있는 사건, 사고를 대비해 인근의 경찰서를 미리 알아두는 것이 좋다. 이 지역에서는 투몬 경찰서의 도움을 받자. 직접 방문하거나, 현재 위치에서 911로 전화해 경찰의 출동을 요청해도 된다.

지도 P.91-C2 **주소** 919 Pale San Vitores Rd., Tamuning(근처 버거킹 ) **전화** 671-649-6330

Mia's Advice

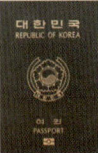 괌에서 여권을 잃어버리거나, 그 외 불미스러운사고가 생겼을 때는 대한민국 총영사관에 도움을 요청해야 해요. 대한민국 총영사관은 쉐라톤 라구나 괌 리조트, 온워드 비치 리조트 근처에 위치해 있습니다.

지도 P.90-A3 **주소** 153 Zoilo St., Tamuning **전화** 671-647-6488, **운영** 월~금 09:00~17:00 (12:00~13:30 점심시간)

ACCESS
가는 방법

공항에서 시내인 투몬&타무닝까지 차로 이동하려면 10~15분가량 소요된다. 투몬&타무닝은 괌의 중심지면서 공항과의 거리도 가깝기 때문에 여행의 기점으로 삼기 좋다.

 **항공** 인천국제공항에서 괌까지 운항하는 항공사는 아시아나 항공, 대한항공, 에어서울, 진에어, 제주항공, 티웨이 항공 등이 있다. 총 4시간 30분가량 소요되며, 공항에서 투몬&타무닝 중심의 T 갤러리아 by DFS 까지 차로 8분 소요된다.

 셔틀 버스 일부 호텔의 셔틀 버스를 예약했거나 괌 셔틀(www.guamshuttle.com) 혹은 여행사 셔틀을 예약한 경우 역시 출구로 나오면 예약자의 이름을 들고 있는 직원을 만날 수 있다. 또는 출구 앞 공용 데스크(트래블스타, 하나투어 공용)에서 예약자 이름을 확인 후 직원의 안내에 따라 차로 이동한 뒤 호텔로 출발한다. 이 경우 동일한 항공으로 픽업 요청을 한 여행객들을 모아 진행하기 때문에 30~40분 정도의 대기 소요시간이 있고, 호텔까지 이동한다고 하면 1시간 이상 소요될 수 있다. 호텔의 셔틀 버스나 여행사의 경우 왕복(1인) $30 정도면 이용할 수 있다.

 택시 공항에서 시내를 오가는 가장 쉬운 방법. 호텔에 따라 가격은 다르지만 대략 $15~25 내외며 캐리어 1개당 $1의 비용이 추가된다.

 렌터카 입국 수속을 마치고 출구로 나오면 렌터카 업체 부스가 모여 있다. 한국에서 미리 예약해온 경우 바로 바우처와 신용카드, 운전면허증 등을 제시하고 차를 인계받을 수 있다. 대부분 차 키와 내비게이션 등을 받은 뒤 주차장으로 함께 이동해 차를 인계 받는다. 공항에서 투몬&타무닝 시내까지는 10~15분가량 소요되며 규정속도를 지키면 특별히 어려운 구간은 없다.

> **Mia's Advice**
>
> 괌 국제 공항은 출구가 작아서, 헷갈리거나 길을 잃을 염려가 없어요. 처음 미국령을 여행하는 사람이라도 크게 걱정하지 않아도 됩니다. 또한 공항에서 이착륙하는 비행기의 정보는 www.guamairport.com의 사이트 내 트래블 인포메이션에서 확인하세요!

TRANSPORTAION
지역 교통 정보

괌의 주요 교통수단은 셔틀 버스와 택시, 렌터카다. 하지만 투몬&타무닝 지역만 둘러볼 계획이라면 셔틀 버스만으로도 충분하다. 셔틀 버스는 각 호텔과 주요 쇼핑 센터를 연결하고 있으며, 중부의 아가냐와 북부의 데데도 벼룩 시장, 사랑의 절벽까지도 셔틀 버스를 이용해 둘러볼 수 있다.

버스 투몬은 레드 구아한 트롤리 셔틀 버스 Red Guahan Trolley Shuttle Bus와 레아레아 셔틀 버스 LeaLea Shuttle Bus의 출발지다. 버스는 주변의 리조트를 순회하며 관광객을 태운 뒤 주요 관광지와 쇼핑지를 오간다. 대중교통으로 괌을 둘러보고 싶다면, 우선 자신이 머무는 숙소에서 셔틀 버스 탑승이 가능한지, 혹시 불가능하면 숙소에서 가장 가까운 셔틀 버스 탑승 장소는 어디인지 먼저 체크하는 것이 좋다.
(*레드 구아한 트롤리 셔틀 버스와 레아레아 셔틀 버스의 배차 간격이나 운행시간이 수시로 바뀌기 때문에 꼭 탑승 전 미리 체크할 것)

레드 구아한 트롤리 셔틀 버스
Red Guahan Trolley Shuttle Bus
버스 티켓은 인터넷(www.lamlamguam.com)이나 모바일 애플리케이션인 람람 트롤리 버스 Lamlam Trolley Bus를 이용해 한국에서 미리 구매하거나, 괌 공항 출국장의 람람 투어 카운터, T 갤러리아 by DFS 의 레드 트롤리 승차장 또는 괌 프리미어 아웃렛 정문에서 구매할 수 있다. 편도 $4, 1일 패스($12, 모바일 앱 이용 시 $10), 2일 패스($15), 3일 패스($20, 한국에서만 판매), 5일 패스($25, 괌에서만 판매)가 있으며 6세 이하는 무료다.

투몬 셔틀 Tumon Shuttle

배차 간격 15분(시간에 따라 약간의 편차 있음)
괌 프리미어 아웃렛 기준 첫차 / 막차 10:05 / 21:05,
마이크로네시아 몰 기준 첫차 / 막차 10:30 / 21:00

북부노선 괌 프리미어 아웃렛 Guam Premier Outlets(GPO) → 온 워드 비치 리조트 Onward Beach Resort → 쉐라톤 라구나 괌 리조트 Sheraton Laguna Guam Resort → 힐튼 괌 앤 리조트 스파 Hilton Guam & Resort Spa → 퍼시픽 아일랜드 클럽 건너편 Across Pacific Island Club(PIC) → 파운틴 플라자 Fountain Plaza → 홀리데이 리조트&스파 괌 건너편 Across Holiday Resort & Spa Guam → 퍼시픽 베이/그랜드 플라자 Pacific Bay/ Grand Plaza → 투몬 샌즈 플라자 Tumon Sands Plaza → 하얏트 리젠시 괌 건너편 Across Hyatt Regency Guam → T 갤러리아 by DFS T Galleria by DFS → JP 슈퍼 스토어 JP Super Store → 퍼시픽 플레이스 Pacific Place → 호텔 니코 괌 Hotel Nikko Guam → 롯데호텔 괌 Lotte Hotel Guam → 마이크로네시아 몰 Micronisia Mall

남부노선 마이크로네시아 몰 Micronisia Mall → 퍼시픽 플레이스/웨스틴 리조트 괌 건너편 Pacific Place/Across Westin Resort Guam → 더 비치 레스토랑 & 바 The Beach Restaurant & Bar → 호텔 니코 괌 Hotel Nikko Guam → 롯데호텔 괌 Lotte Hotel Guam → 웨스틴 리조트 괌 Westin Resort Guam → 아웃리거 괌 비치 리조트/더 플라자 Outrigger Guam Beach Resort/ The Plaza → 샌드 캐슬 괌 매직 쇼 /하얏트 리젠시 괌 Guam Sand Castle Magic Show /Hyatt Regency Guam → 투몬 샌즈 플라자 건너편 Across Tumon Sands Plaza → 홀리데이 리조트&스파 괌/피에스타 리조트 괌 Holiday Resort & Spa Guam/Fiesta Resort Guam → 퍼시픽 아일랜드 클럽 Pacific Island Club(PIC) → 이파오 공원/괌 방문자 센터 Ypao Park/GVB → 힐튼 괌 앤 리조트 스파 Hilton Guam & Resort Spa → 쉐라톤 라구나 괌 리조트 Sheraton Laguna Guam Resort → 온워드 비치 리조트 Onward Beach Resort → 괌 프리미어 아웃렛 Guam Premier Outlets(GPO)

쇼핑몰 셔틀 Shopping Mall Shuttle

배차 간격 25분
마이크로네시아 몰 기준
첫차/막차 11:00/20:20

마이크로네시아 몰 Micrinisia Mall → K 마트 K Mart → 괌 프리미어 아웃렛 Guam Premier Outlets(GPO)
T 갤러리아 by DFS ↔ K 마트 K mart

배차 간격 20분
T 갤러리아 by DFS 기준 첫차 / 막차
09:20 / 21:10 (정류장별 상이)

T 갤러리아 by DFS T Galleria by DFS → JP 슈퍼 스토어 JP Super Store → K 마트 K mart → T 갤러리아 by DFS T Galleria by DFS

레아레아 셔틀 버스 LeaLea Shuttle Bus

레아레아 셔틀 버스 티켓은 인터넷 사이트(www.his-guam.com 혹은 guamjoa.blog)를 통하거나, 괌 현지에서는 더 플라자 쇼핑센터 내 레아레아 라운지, 온워드 비치 리조트 앞 HIS 티켓 판매부스, 괌 리프&올리브 스파 리조트와 힐튼 괌 앤 리조트 스파, 플라자 등의 호텔과 T 갤러리아 by DFS, 괌 프리미어 아웃렛 레아레아 투어 데스크에서 구매할 수 있다. 탑승료는 편도 $4, 1일권 $10, 3일권 $15, 5일권 $20이며, 어린이(6~11세)일 경우 편도 금액은 성인과 같고, 1일~5일권 모두 동일하게 $8에 판매.

호텔 코스 Hotel Course

> 배차 간격 10분
> T 갤러리아 by DFS 출발 기준 첫차/막차
> 09:08/21:29

T 갤러리아 By DFS T Galleria By DFS → 괌 플라자 리조트 & 스파/JP 슈퍼 스토어 Guam Plaza Resort & Spa/JP Superstore ↔ 마이크로네시아 몰 Micronesia Mall → 타가다 놀이 공원 Tagada Amusement → 퍼시픽 플레이스 Pacific Place → 더 비치 레스토랑 & 바 The Beach Restaurant & Bar → 호텔 니코 괌 Hotel Nikko Guam → 롯데호텔 괌 Lotte Hotel Guam → 웨스틴 리조트 괌 Westin Resort Guam → 괌 리프&올리브 스파 리조트 Guam Reef & Olive Spa Resort → 아웃리거 괌 비치 리조트/더 플라자 Outrigger Guam Beach Resort/The Plaza → 샌드 캐슬 괌 매직 쇼/하얏트 리젠시 괌 Sand Castle Guam Magic Show/Hyatt Regency Guam → 투몬 샌즈 플라자 건너편 Across Tumon Sands Plaza → 홀리데이 리조트&스파 괌/피에스타 리조트 괌 Holiday Resort & Spa Guam/Fiesta Resort Guam → 퍼시픽 아일랜드 클럽 Pacific island Club(PIC) → 이파오 공원/괌 방문자 센터 Ypao Park/GVB → 힐튼 괌 앤 리조트 스파 Hilton Guam & Resort Spa → 쉐라톤 라구나 괌 리조트 Sheraton Laguna Guam Resort → 온워드 비치 리조트 Onward Beach Resort → 괌 프리미어 아웃렛 Guam Premier Outlet → 온워드 비치 리조트 Onward Beach Resort → 쉐라톤 라구나 괌 Sheraton Laguna Guam Resort → 힐튼 괌 앤 리조트 스파 Hilton Guam & Resort Spa → 퍼시픽 아일랜드 클럽 건너편 Across Pacific Island Club(PIC) → 파운틴 플라자 Fountain Plaza → 홀리데이 리조트 앤 스파 괌 건너편 Across Holiday Resort & Spa Guam → 퍼시픽 베이 Grand Plaza → 투몬 샌즈 플라자 Tumon Sands Plaza → 하얏트 리젠시 괌 건너편 Across Hyatt Regency Guam → T 갤러리아 By DFS/레아레아 라운지 T galleria By DFS/Lealea → 괌 플라자 리조트 & 스파/JP 슈퍼 스토어 Guam Plaza Resort & Spa/JP Super Store

쇼핑 센터 코스 Shopping Center Course

> 배차 간격 20분
> 마이크로네시아 몰 기준 첫차/막차 11:00/20:20
> 괌 프리미어 아웃렛 기준 첫차/막차 11:00/20:20

마이크로네시아 몰 Micronesia Mall ↔ K 마트 K Mart ↔ 괌 프리미어 아웃렛 Guam Premier Outlets(GPO)

라운지 코스 Lounge Course

> 배차 간격 20분
> T 갤러리아 by DFS/레아레아 라운지 기준 첫차/막차 11:10/20:40, K마트 기준 첫차/막차 11:00/20:50

T 갤러리아 by DFS/레아레아 라운지 T Galleria by DFS/Lealea Lounge ↔ K 마트 K Mart

Mia's Advice

투몬&타무닝 지역에는 유료 셔틀 버스 이외에도 쇼핑몰에서 운영하는 무료 셔틀 버스가 많아요. T 갤러리아 by DFS 에서 투몬&타무닝 지역의 주요 호텔을 오가는 셔틀 버스, 투몬 샌즈 플라자에서 괌 프리미어 아웃렛과 퍼시픽 아일랜드 클럽(PIC), 롯데호텔 괌 등을 오가는 셔틀 버스, 마이크로네시아 몰에서 롯데 호텔 괌, 아웃리거 괌 비치 리조트, 퍼시픽 아일랜드 클럽 등을 오가는 셔틀 버스 등이 있어요. 자세한 무료 셔틀 노선표는 P.68~69 를 참고하세요!

택시 괌의 택시는 100% 콜택시로 운영된다. 다만 호텔 컨시어지나 쇼핑센터의 경우 택시 정류장에 대기하고 있는 경우가 있다. 한인 택시를 이용하고 싶다면 카카오톡으로도 픽업 장소를 요청할 수 있다(아이디 guam7788, guam5004, 헬로미키 등). 직접 전화로 픽업을 요청할 경우에는 한인 친구 택시 671-747-5522, 한인 카톡 택시 671-929-2020, 마마 한인 택시 671-688-1001, 미키 택시 671-888-7000 등이 있다.

Mia's Advice

❶ 렌터카로 투몬과 타무닝을 여행한다면, 타무닝 지역의 대주교 펠렉스베르토 플로레스 기념비&로터리 Archbishop Felixberto Flores Memorial Circle를 주의하세요. 남부 쪽으로 향하는 길이라면 교차로로 진입해 시계 반대 방향으로 3/4 정도 회전하다 Chalan San Antonio(Hwy 14) 방향으로 나가야 하거든요.

❷ 투몬&타무닝 시내에서 퍼시픽 아일랜드 클럽(PIC) 방향으로 진입하다 보면 오른쪽에 투몬 경찰서가 있답니다. 경찰서 앞 삼거리 도로에는 하얀색 선으로 마름모 표시가 그려져 있는데, 만약 정차 신호 시 이 라인 안에 진입해 정차한 경우 벌금(약 $110)이 있어요. 이곳은 비상시 경찰차가 출동해야 하는 구역이라, 차의 주정차를 금하고 있답니다.

Mini Box

택시 번호가 671-123-4567이라고 가정하자. 괌 현지에서 로밍한 휴대전화를 사용한다면, 보통은 번호 그대로 누르는 것이 맞다. 단, 연결이 안 될 경우 통신사에 따라 1-671-123-4567을 눌러보자. 호텔 혹은 공중전화 이용 시에는 123-4567만 눌러도 연결이 가능하다.

렌터카 렌터카를 이용해 투몬과 타무닝 지역을 둘러보고 싶다면 가급적 16:00~18:00를 피하는 것이 좋다. 선셋 투어나 디너쇼 픽업을 위한 차량이 쏟아지기 때문에 괌의 메인 도로인 Pale San Vitores Rd의 교통 체증이 매우 심하다.

ATTRACTION
투몬&타무닝의 볼거리

투몬&타무닝은 관광의 중심지다. 바다 위에서 즐길 수 있는 다양한 액티비티, 그리고 작고 소박한 동물원과 아쿠아리움, 투몬 비치에서 번지는 노을까지. 이른 아침부터 늦은 밤까지 쏘다녀도 시간이 모자랄 만큼 볼거리가 차고 넘친다.

1 투몬 비치 Tumon Beach

맑은 산호색의 물빛이 마음을 치유한다. 투몬 비치는 단연 괌을 대표하는 해변이자 랜드마크다. 두짓 타니 괌 리조트, 아웃리거 괌 비치 리조트 등 대형 호텔 및 리조트들과 대형 쇼핑센터도 모두 투몬 비치를 따라 2km가량 밀집해 있어 늘 많은 관광객으로 북적거린다. 햇빛에 반사되어 반짝반짝 빛나는 산호 백사장, 에메랄드 색으로 투명하게 빛나는 바닷물은 언제나 장관을 이룬다. 해변에서 즐길 수 있는 액티비티도 다양하니 가족 여행자들에겐 더없이 좋은 관광 명소다. 특히 늦은 오후 투몬 비치에서 바라본 노을은 한 폭의 그림 같은 풍경을 선사하는데, 이는 괌에 왔다면 절대 놓치지 말아야 하는 인기 볼거리다. 얕은 수심, 입자가 고운 모래사장 덕에 아이들도 안전하게 물놀이를 즐기기 좋다.

지도 P.91-C2 **운영** 24시간(운영 시간이 정해져 있지 않으나, 이른 새벽이나 늦은 밤에는 출입을 삼가) **가는 방법** 안토니오 비 원 팻 국제공항에서 차로 10분.

투몬 & 타무닝 : 볼거리

유유자적 페달
보트 즐기기

투몬 비치에서 즐길 수 있는
액티비티 & 시설

액티비티/시설	소요시간	예약	요금(1인)
바나나 보트	30분	무	$40
워터 스키	30분	무 강습 포함	$75
페달 보트	1시간	무	$25
카약	1시간	무	$15
비치 의자 & 파라솔 세트	1일	무	$35
패밀리 비치 패키지 카누, 페달 보트, 비치 의자 & 파라솔 세트 등 포함	1일 가족 구성원 모두 이용 가능	무	$60
골드 패키지 제트 스키 또는 웨이크 보드 또는 워터 스키 중 택 1, 카누, 페달 보트, 비치 의자 & 파라솔 세트 등 포함	1일	무	$110
실버 패키지 스노클링 투어 또는 돌핀 와칭 투어 중 택 1, 페달 보트, 윈드 서핑, 비치 의자 & 파라솔 세트 등 포함	1일	무	$90
브론즈 패키지 바나나 보트, 카누, 페달 보트, 비치 의자 & 파라솔 세트 등 포함	1일	무	$70
키즈 펀 비치 패키지 에어 토이, 샌드 토이, 비치 볼, 비치 매트 등 포함	1일	무	$30
플래티넘 패키지 제트 스키, 웨이크 보드, 워터 스키 택 1, 바나나 보트, 카누, 페달 보트, 비치 의자 & 파라솔 세트 등 포함	1일	무	$130

Mia's Advice

투몬 비치 곳곳에는 ISA스포츠 데스크가 있어요. 예약이 따로 필요하지 않아, 즉석에서 바로 즐길 수 있어요. 하루 종일 물놀이를 즐길 예정이라면 패키지가 저렴하답니다. 좀 더 자세한 위치를 소개하자면 하얏트 리젠시 괌, 아웃리거 괌 리조트, 웨스틴 리조트 괌에서 비치 쪽으로 나가는 길목에 있답니다.

©HONG TAE SHIK

❷ 마타팡 비치 파크 Matapang Beach Park

투몬 비치가 관광객들에게 인기가 높은 곳이라면, 마타팡 비치는 괌 현지인들이 애착을 갖고 즐겨 찾는 해변이다. 백사장에는 원주민들이 사용한 전통 카누인 아웃리거 카누 Outrigger Canoe가 줄지어 있고, 해 질 무렵이면 카누를 연습하는 사람들도 볼 수 있다. 그 옆에 자리한 공원에는 직접 바비큐를 해 먹을 수 있는 공간도 있다. 프라이빗하게 해변을 즐기고 싶다면 단연 추천할 만한 곳. 다만, 주차장이 매우 좁다.

지도 P.91-C2 **주소** Frank H. Cushing Way, Tamuning **운영** 24시간(운영 시간이 정해져 있지 않으나, 이른 새벽이나 늦은 밤에는 출입을 삼가) **가는 방법** 안토니오 비 원 팻 국제공항에서 차로 7분. 홀리데이 리조트 & 스파 괌 옆 골목으로 진입하거나 피에스타 리조트 괌 수영장 바로 앞에 위치. 레드 구아한 트롤리 셔틀 버스(투몬 셔틀) 이용 시 홀리데이 리조트&스파 괌/피에스타 리조트 괌 정류장에서 하차.

CHECK! 아웃리거 카누 Outrigger Canoe

아웃리거 카누란 이 지역의 전통 목선을 의미한다. 마젤란과 함께 세계일주를 했던 피가페타는 괌의 아웃리거 카누에 대해 이렇게 기록했다. '1521년 괌 혹은 로타 지역에서 이런 모양의 배를 봤으며, 푸시네(이탈리아의 한 마을)의 곤돌라와 비슷하나 더 좁은 모양이었다.' 추측해 보면, 좁고 긴 배 위에 통나무로 된 플로트를 매단 이 카누는 바로 '플라잉 프로아 Flying Proa'다. 고대 차모로인들은 수평선을 민첩하게 가로지르는 프로아를 타고 별, 파도 등을 나침반 삼아 섬 주위를 여행하거나 무역을 위해 이동했다고 전한다. 괌 박물관 입구, 괌 국제 공항 앞에서도 이 아웃리거 카누를 복원한 모습을 만날 수 있다.

③ 플레저 아일랜드 괌 Pleasure Island Guam

투몬 중심가에는 괌 최대의 복합문화단지, 플레저 아일랜드 괌이 자리한다. 이곳은 괌에서 가장 번화한 곳으로, 볼거리와 즐길 거리, 먹거리와 숙박까지 한데 모여 있어 최고의 엔터테인먼트 구역으로 군림한다. 투몬 비치를 마주한 쇼핑의 메카 더 플라자 The plaza, 세계적으로 유명한 면세 쇼핑몰 T 갤러리아 by DFS, 괌의 유일한 수족관 언더 워터 월드 Under Water World와 해물 전문 레스토랑 시그릴 Sea Grill, 록큰롤 분위기에 흠뻑 빠질 수 있는 하드록 카페 Hard Rock Café, 뉴욕의 클럽을 그대로 옮겨 놓은 듯한 글로브 Globe, 라스베이거스 스타일의 쇼를 선보이는 샌드 캐슬 괌 매직 쇼 Sand Castle Guam Magic Show, 투몬 가장 중심에 위치한 아웃리거 괌 비치 리조트 Outrigger Guam Beach Resort와 만다라 스파 Mandara Spa까지. 괌 여행의 모든 즐길 거리를 망라한다.

지도 P.89-A2 주소 1296 Pale San Vitores Rd., Tamuning 전화 671-646-0911 홈페이지 www.pleasureislandguam.co.kr 운영 매장별 상이 가는 방법 안토니오 비 원 팻 국제공항에서 차로 8분. 투몬 중심가 T 갤러리아 by DFS와 건너편 더 플라자를 중심으로 한 메인 거리.

플레저 아일랜드 괌, DAY & NIGHT 완전 정복

Day Time
물 좋은 놀이터, 아쿠아리움 & 워터파크

언더 워터 월드 Under Water World

괌의 유일한 아쿠아리움. 섬의 수중 생태계를 가장 가깝게 체험할 수 있는 곳이다. 언더 워터 월드에서 가장 유명한 것을 꼽자면 단연 100m에 이르는 수중 터널에서 즐기는 오션 사파리 Ocean Safari다. 기다란 터널 안에서 자유롭게 부유하는 상어와 가오리를 비롯, 다양한 해양 생물들을 만날 수 있다. 날씨와 상관없이 실내에서 안전하게 물놀이를 즐길 수 있는 액티비티를 찾는다면, 공기가 주입되는 헬멧을 쓰고 수조를 누비는 시 트렉 Sea TREK이나 다이브 위드 샤크 Dive with Shark를 추천한다. 눈앞에서 상어를 마주할 수 있지만, 전문가가 함께 동행하기 때문에 걱정할 필요는 없다(단 다이브 위드 샤크의 경우 최소 2명 이상 예약해야 하며 다이버 자격증이 있는 경우에만 가능하다). 아쿠아리움 안에서 식사를 즐길 수도 있다. 수중 터널 안에서 로맨틱한 저녁 식사를 원한다면 코스 요리를 즐기는 디너 언더 더 시 Dinner Under the Sea를, 코스 요리가 부담스럽다면 루프톱 비어 가든 Rooftop Beer Garden의 오픈 바(BBQ치킨, 훈제 돼지고기, 버팔로 윙 등이 메뉴와 함께 90분 시간 제한으로 맥주, 하우스 와인 등을 즐기는 것)를 추천한다. 스플래시 바&카페 Splash Bar&Cafe에서 가볍게 맥주나 칵테일 또는 커피를 즐겨도 좋다. 오션 사파리를 비롯한 액티비티와 식사 코스를 한데 묶은 패키지 티켓을 구입할 수도 있으니, 참고할 만하다. 모든 예약은 홈페이지에서 진행하는 것이 편리하다.

지도 P.89-A2 **주소** 1245 Pale San Vitores Rd., Suite 450 Tumon **전화** 671-649-9191 **홈페이지** uwwguam.com(다이브 위드 샤크는 전화로 예약 가능 여부를 문의해야 하며, 그밖의 액티비티는 홈페이지를 통해 예약 가능) **운영** 오션 사파리 10:00~18:00, 시 트랙 15:00~18:00(1시간 간격) 디너 언더 더 시 18:15~21:00, 스플래시 바&카페 20:30~23:00, 루프톱 비어 가든 18:00~20:00 **요금** 오션 사파리 성인 $23, 어린이(만 3~11세) $12, 시 트랙 성인 $89, 어린이(만 8~11세) $79, 다이브 위드 샤크 $199, 디너 언더 더 시 성인 $99, 어린이(만 3~11세) $25, 스플래시 바 & 카페 성인 $30(어린이 4~12세 입장시 $12, 만 21세 이상 음주 가능, 음료 1잔 포함), 루프톱 비어 가든 성인 $60 **가는 방법** 안토니오 비 원 팻 국제공항에서 차로 10분. 아웃리거 괌 비치 리조트 옆 더 플라자 1층에 위치. 건물 내 주차장이 있다. 레드 구아함 트롤리 셔틀버스(투몬 셔틀) 이용 시 근처 아웃리거 괌 비치 리조트/더 플라자 정류장에서 하차.

타자워터파크 Tarza Water Park

괌 플라자 리조트&스파의 부설 워터파크로 다양한 종류의 워터 슬라이드, 유수풀을 비롯한 9가지의 흥미진진한 물놀이 시설이 마련돼 있다. 남녀노소 모두 즐길 거리가 다채로워 특히 가족 여행자들이 머물기에 좋은데, 이미 우리나라 여행자들 사이에서는 가성비 좋기로 정평이 나 있다. 이곳의 하이라이트는 높이 20m, 길이 75m의 스피드 슈트 Speed Chutes. 튜브 없이 보디 슬라이드를 하며 스릴을 만끽할 수 있다. 실제에 가까운 인공 파도로 서핑을 즐길 수 있는 플로라이더 Flowrider, 깜깜한 터널을 슬라이딩하는 블랙 홀 Black Hole도 짜릿하기는 마찬가지. 아이들과 함께 이용하려거든 튜브를 타고 유수풀을 즐기는 가고 리버 Gargo River나, 2인이 함께 이용할 수 있는 튜브에 몸을 맡기고 슬라이드를 즐기는 파밀리아 플루메 Familia Flume가 적당하겠다. 워터파크 내 레스토랑 타자나 Tarzana에서는 햄버거와 핫도그, 감자튀김 등을 판매하고 있어 물놀이를 즐기다 출출할 때 방문하면 좋다. 구명조끼와 튜브는 무료로, 라커룸과 타월은 유료로 제공하며 여름 시즌에는 금요일마다 22:00까지 연장 운영한다.

지도 P.89-B2 **주소** 1328 Pale Vitores Rd., Tumon **전화** 671-646-7803, 671-647-1976 **홈페이지** www.guamplaza.com/promotions/tarza-water-theme-park **운영** 목~화요일 10:00~17:00(여름 시즌 금 10:00~22:00) **휴무** 수요일 **요금** 성인 $40, 어린이(5~11세) $30(홈페이지 예약 시 할인, 재방문 시 50% 할인) **가는 방법** 안토니오 비 원 팻 국제공항에서 차로 15분. 괌 플라자 리조트&스파 옆에 위치.

Mia's Advice

타자 워터파크를 무료로 이용하고 싶다면? 괌 플라자 리조트&스파 투숙객들은 무료로 입장이 가능해요. 단, 호텔 예약 시 미리 확인하세요!

Night Time
휘황한 나이트라이프, 매직쇼 & 클럽

샌드캐슬 괌 매직 쇼 SandCastle Guam Magic Show

투몬의 중심부에 위치한 괌 최대의 복합문화단지 플레저 아일랜드 내에 마술쇼 전용 극장이 있다. 이곳에 가면 미국 라스베이거스에서나 볼 법한 화려한 마술쇼를 볼 수 있다. 이 공연은 마술사가 호랑이와 함께 펼치는 퍼포먼스부터 댄서들이 신나는 음악에 맞춰 선보이는 화려한 춤사위, 보기만 해도 아찔한 곡예, 관람객도 직접 참여할 수 있는 프로그램 등 다채로운 코너를 선보이며 관람객들의 눈을 사로잡는다. 무엇보다 남녀노소 누구나 즐길 수 있는 쇼로 가득해 가족 여행자들의 인기 관광 명소로 손꼽힌다. 쇼가 끝난 후에는 배우들과 기념촬영도 할 수 있다. 러닝타임은 디너가 포함된 경우 2시간 30분, 디너 불포함으로 공연만 관람할 경우 1시간 15분이다. 밤 비행기로 한국 출국하는 스케줄이라면, 마지막 투어로 이 쇼를 선택해도 좋겠다. 시내에서 가장 늦은 시간까지 운영되고, 온 가족이 즐길 수 있는 유일한 액티비티이기 때문.

지도 P.89-A3 **주소** 1199 Pale San Vitores Rd., Tamuning **전화** 671-646-8000 **홈페이지** www.bestguamtours.kr(홈페이지 예약 시 할인) **운영** 목~토요일, 월·화요일 첫번째 쇼 17:45(디너 포함), 19:00(디너 불포함), 두번째 쇼(21:00) **요금** 성인 $68~130(디너 불포함), $109~325(디너 포함), 어린이(만2~11세 이하) $20~50(디너 불포함), $35~100(디너 포함)요금은 좌석의 위치에 따라 다름 **가는 방법** 안토니오 비 원 팻 국제공항에서 차로 8분. 주차는 샌드캐슬 건너편 샌드캐슬 전용 주차장. 레드 구아한 트롤리 셔틀 버스(투몬 셔틀)이용 시 샌드 캐슬 괌 매직 쇼/하얏트 리젠시 괌 정류장에서 하차.

글로브 Globe

1990년에 문을 연 괌 최고의 나이트클럽. 자정을 넘으면 클럽 앞에 길게 늘어선 줄이 이곳이 얼마나 핫한 곳인지 짐작하게 한다. 힙합, 일렉트로닉 댄스 뮤직, R&B 로 이어지는 유명 DJ들의 화려한 선곡은 이곳만의 자랑. 클럽 내에서 알코올이 포함된 음료를 주문하려면 반드시 신분증이 있어야 하며, 21:15부터 자정까지는 시내 유명 호텔에서 픽업이 가능하다(호텔에 별도 문의). 홈페이지에서 미리 입장권을 예매할 경우 얼리버드 특가न $10에 구매할 수 있다. 입장 가능한 최소 연령은 18세, 음주는 21세부터 허용된다.

지도 P.89-A3 **주소** 1328 Pale Vitores Rd., Tumon **전화** 671-646-8000 **홈페이지** bestguamtours.kr **운영** 20:00~02:00 **요금** $30(입장료, 음료 1잔 쿠폰, 만 18세 이상 입장 가능하며 만 21세 이상 음주 가능) **가는 방법** 안토니오 비 원 팻 국제공항에서 차로 8분. 샌드 캐슬 괌 매직쇼 바로 옆에 위치. 레드 구아한 트롤리 셔틀 버스/투몬 셔틀 이용 시 샌드 캐슬 괌 매직 쇼/하얏트 리젠시 괌 정류장에서 하차.

하드 록 카페 괌 Hard Rock Café Guam

괌에서 가장 미국적인 나이트라이프를 즐기고 싶다면, 단연코 하드 록 카페 괌을 추천한다. 80년대 로큰롤을 테마로 꾸민 글로벌 체인 레스토랑인 이곳은 이미 그 흥겨운 분위기와 친근한 서비스로 확고한 마니아 층을 거느린다. 하드 록 카페 괌에서는 1층에 하드록 굿즈를 판매하는 록 숍을, 2층엔 레스토랑을 운영 중이다. 실내는 전설적인 뮤지션들의 악기와 의상, 사진들로 빼곡해 시각적 즐거움을 안긴다. 스테이크와 햄버거, 종류를 헤아리기 힘들 정도의 칵테일까지 메뉴가 다양하고, 라이브 무대는 덤으로 감상할 수 있다.

지도 P.89-A2 **주소** 1273 Pale San Vitores Rd., Tamuning **전화** 671-648-7625 **홈페이지** www.HardRock.com/cafes/guam **영업** 일~목 11:00~23:00, 금~토 11:00 ~24:00 **예산** $5,25~30,00(믹스드 베리 모히토 Mixed Berry Mojito $9,95, 오리지널 레전더리 10oz 버거 Original Legendary 10oz Burger $18,95) **가는 방법** 안토니오 비 원 팻 국제공항에서 차로 9분. T 갤러리아 by DFS 건너편, 도보 2분. 더 플라자 2층에 위치.

©BALDYAGA GROUP(BG TOURS)

4 괌 차이니스 파크 Guam Chinese Park

평화롭게 피크닉을 즐기거나 투몬 베이의 아름다운 풍경을 감상하기 좋은 곳이다. 1985년, 괌에 거주하는 중국인들의 기부금으로 만들어졌으며, 투몬&타무닝을 관통하는 마린 드라이브 Marine Drive 대로변에 위치한다. 공원 내에는 공자 동상과 중국식 정자가 있고 잔디밭 한가운데엔 황금 황소 조각상 여러 개가 줄지어 서 있으니 사진을 촬영하며 한때를 보내기 좋다. 다만 인적이 드물어 방치된 낡은 시설물이 더러 있다.

지도 P.91-C3 **주소** 490 S Marine Corps Dr, Tamuning **운영** 09:30~19:00 **요금** 무료 **가는 방법** 안토니오 비 원 팻 국제공항에서 차로 3분. K 마트 앞 도로인 S Marine Corps Dr에서 왼쪽에 메스클라 도스 Meskla Dos 햄버거 집을 지나 8분. 길 건너편에 위치.

5 괌 동물원 Guam Zoo

괌의 유일한 동물원. 1977년 지미 & 바버라 쿠싱 부부가 야생동물에게 보호구역을 제공하려는 목적으로 설립한 공간이다. 철문 입구의 초인종을 누르고 들어서면 무성한 수풀과 동물 우리가 죽 늘어서는데, 이곳엔 현재 괌에 50마리 미만이 서식하는 마리아나 과일 박쥐, 코코새라고도 불리는 괌의 마스코트 괌 뜸부기 등의 멸종 위기종을 비롯해 원숭이, 앵무새, 악어 등 40여 종의 동물이 모여 산다. 스타프루트, 노니, 파파야 등 다양한 열대 식물들이 자라는 식물원으로서의 역할도 한다. 규모가 작은 편이라, 휘 둘러보는 데 20여 분 남짓 소요된다. 투몬 비치와 인접해 있는 홀리데이 리조트&스파 괌 Holiday Resort & Spa Guam의 뒤꼍에 자리한다.

지도 P.91-C2 **주소** 881 Pale San Vitores Rd., Tumon **전화** 671-646-1477 **홈페이지** www.guamzoo.com **운영** 10:00~16:00 **휴무** 12/25 **요금** 성인 $15, 어린이(11세 이하) $8.50 **가는 방법** 안토니오 비 원 팻 국제공항에서 차로 8분. 홀리데이 리조트&스파 괌 옆 골목으로 진입, 도보 3분. 레드 구아한 트롤리 셔틀 버스(투몬 셔틀) 이용 시 홀리데이 리조트&스파 괌/피에스타 리조트 괌 정류장에서 하차

투몬 & 타무닝 : 볼거리

6 이파오 비치 파크 Ypao Beach Park

투몬의 남쪽 끝에 자리한 비치 파크로, 새하얀 산호 백사장이 유독 아름다운 곳. 거버너 조셉 플로레스 비치 파크 Gov. Joseph Flores Beach Park 로도 불린다. 해변 뒤꼍에 아이들이 뛰놀 수 있는 놀이터가 자리하고, 화장실과 샤워시설, 지붕이 있는 바비큐 테이블 등 비교적 쾌적한 시설을 갖췄다. 덕분에 관광객은 물론 가족 단위의 현지인들도 즐겨 찾는다. 마라톤 대회 같은 괌의 대표적인 축제가 펼쳐지는 장소로도 유명하다. 주차장이 넓은 것도 이곳만의 장점.

지도 P.90-B3 **주소** Pale San Vitores Rd., Tamuning **전화** 671-475-6288 **운영** 07:00~18:00 **가는 방법** 안토니오 비 원 팻 국제공항에서 차로 8분. 퍼시픽 아일랜드 클럽(PIC)에서 힐튼 괌 리조트&스파 방향으로 직진하다 오른쪽에 프로아 레스토랑을 끼고 우회전하면 공원이 보인다. 18:00~07:00에는 주차 금지라 공원 초입에 주차하고 도보로 들어가야 한다. 레드 구아한 트롤리 셔틀 버스(투몬 셔틀) 이용 시 이파오 공원/괌 방문자 센터 정류장에서 하차.

Mia's Advice

괌에서 자전거를 타고 싶다면 오사카 편의점 Convenience Store OSAKA 을 이용하세요. 괌 곳곳에는 자전거 도로가 따로 지정되어 있어 자전거 타는 일이 어렵지 않아요. 대여료는 5시간에 $10, 1일(11시간) $18랍니다. 기념품과 주먹밥 등 일본식 도시락, 레저용품과 음료 등도 판매하니 라이딩을 즐길 때 함께 챙겨 두면 좋겠네요.

주소 800 Pale San Vitores Rd., Tumon **전화** 671-646-6706 **홈페이지** csosakaguam.com **영업** 월~일 07:00~23:00

ENTERTAINMENT
투몬&타무닝의 엔터테인먼트

투몬&타무닝에는 괌의 온갖 즐길거리가 집결해 있다. 땅과 바다를 오가며 스릴을 즐길 수 있는 수륙 양용 투어 버스 라이드 덕부터 스릴 만점의 짜릿한 놀이기구들까지. 흥미진진한 엔터테인먼트에 몸을 맡겨 보자.

©BALDYAGA GROUP(BG TOURS)

1 라이드 덕 Ride Duck

수륙 양용 자동차를 타고 괌 메인 거리인 투몬에서 아프라 항구까지 둘러보는 액티비티. 남부 지역 일부까지 알차게 둘러보니, 남은 여정을 가늠해 동선을 아낄 수 있다. 투어 출발지는 투몬의 중심부에 자리한 마술쇼 극장 샌드 캐슬 SandCastle 정문 앞. 레드 구아한 트롤리와 레아레아 셔틀 버스도 이곳을 지나가기 때문에 대중교통으로 가기에도 편리하다. 투어 후에는 투어 이름에 걸맞게 오리 부리 모양의 호루라기를 나누어 준다. 무엇보다 탑승하는 내내 한국어로 괌의 재미난 이야기를 들을 수 있어 웬만한 가이드 투어 부럽지 않다. 아이들과 함께하는 가족 여행자들에게 강력 추천한다.

지도 P.89-A3 **주소** 1199 Pale San Vitores Rd., Tamuning(매표소) **홈페이지** bestguamtours.kr/cruises/ride-the-duck **운영** 07:45~17:30 **요금** 성인 $47, 어린이(2~11세) $25 **가는 방법** 안토니오 비 원 팻 국제공항에서 차로 8분. 레드 구아한 트롤리 셔틀버스(투몬 셔틀) 이용 시 샌드 캐슬 괌 매직쇼/하얏트 리젠시 괌 정류장에서 하차. 샌드 캐슬 정문 근처에 라이드 덕 티켓 판매소 위치. 주차는 샌드캐슬 전용 주차장 이용(무료).

> **CHECK! 라이드 덕 이용 시간 안내**
>
> 총 소요시간은 90분이며, 하루에 5번(08:15·10:00·11:30·13:30·15:30) 운행한다. 체크인은 투어 시작 30분 전에 도착해서 진행해야 원활하게 액티비티를 즐길 수 있다.

2 타가다 놀이공원 Tagada Amusement Park

한국인이 운영하는 소규모 놀이공원. 주요 기구가 바이킹, 범퍼카, 디스코 팡팡 3가지뿐인 조촐한 규모지만, 셋 다 스릴 넘치는 놀이기구라 의외로 방문객이 많은 편이다. 해변가나 쇼핑센터가 아닌, 색다른 것을 즐기려는 이들에게 가볍게 둘러보길 추천한다. 특히 어린이가 있는 가족 여행자라면 한 시간 정도는 너끈히 머물 수 있다. 자고로 놀이공원은 함께 즐기는 사람들이 많을수록 신나는 법! 이용객이 적은 저녁 보다 늦은 밤 시간대 방문하는 것이 더 흥겹다.

지도 P.89-B1　**주소** 1433 Pale San Vitores Rd., Tamuning(근처 퍼시픽 플레이스 주소) **전화** 671-858-7000 **운영** 월~금 17:00~23:00, 토·일 16:00~23:00 **요금** 놀이기구당 $6~10 **가는 방법** 안토니오 비 원 팻 국제공항에서 차로 10분. T 갤러리아 by DFS에서 도보 8분. 레아레아 셔틀 버스 이용 시 호텔코스 하차, 레드 구아한 트롤리 셔틀 버스(투몬 셔틀) 이용 시 타가다 놀이공원 정류장에서 하차.

3 슬링샷 Slingshot

괌의 랜드마크로 불리는 대표 놀이기구. 슬링샷이란 새총을 의미하는데 그 이름처럼 놀이기구 외형이 거대한 새총을 닮았고, 작동 방식 또한 탄성의 원리를 이용한다. 우선 동그란 캡슐 모양의 놀이기구에 탑승하면(2인용), 약 70m 높이의 상공으로 순식간에 쏘아 올려진다. 최대 높이에서 한 바퀴 회전하면, 다시 지상으로 뚝 떨어지고, 또 한 번 탄력적으로 튀어 오른다. 번지점프 이상의 짜릿함을 선사하는 것이 이 놀이기구의 매력. 밤에 타면 야경을 한눈에 즐길 수 있다.

지도 P.89-A3　**주소** 1180 Pale San Vitores Rd., Tamuning **전화** 671-646-7468 **홈페이지** slingshotguam.com **운영** 일~금 18:00~02:00, 토 18:00~24:00 **요금** 성인, 어린이(10세 이상) $25(재탑승 시 $15) **가는 방법** 안토니오 비 원 팻 국제공항에서 차로 8분. T 갤러리아 by DFS를 등지고 왼쪽으로 직진, 도보 2분.

4 아틀란티스 서브마린 Atlantis Submarine

해저 45m 남태평양의 바닷속을 탐험하는 잠수함 투어. 다양한 종류의 괌 열대어와 함께 1만8천 년 이상 된 산호초 사이를 누빈다. 좌석별로 비치된 헤드셋을 착용하면 한국어로도 설명을 들을 수 있다. 투어를 예약했다면 시간에 맞춰 묵고 있는 호텔로 직접 픽업 차가 온다. 15~20분 정도 걸려 잠수함이 있는 부두에 도착하면, 잠수함에 탑승해 40분가량 해저탐험을 즐긴다. 픽업, 왕복 이동, 잠수함 탑승 시간 등을 포함해 4시간가량 소요된다.

지도 P.89-A4　**주소** 901 Pale San vitores Rd., Tamuning(투몬에 위치한 투어 데스크 주소) **전화** 671-477-4166 **홈페이지** atlantis-guam.com/request_en.php **운영** 07:10~12:55 **요금** 성인 $99, 어린이(5~11세) $49 **가는 방법** 탑승장은 안토니오 비 원 팻 국제공항에서 차로 7분. 투어 데스크는 T 갤러리아 by DFS를 등지고 왼쪽으로 직진, 도보 8분. 길 건너편에 위치해 있으며, 투어 예약 시 호텔로 직접 픽업 버스가 온다.

휴양의 결정적 순간, 스파

아무리 즐겁게 놀아도 하루 해가 지면 온몸이 피곤하다. 그럴 땐 궁극의 마사지 1시간이 피로에도 거뜬한 몸을 만든다. 괌의 중심지답게, 투몬&타무닝 지역엔 고급 스파부터 합리적인 가격대의 스파가 모여 있다. 내 취향에 맞는 스파 숍을 찾아보자.

CHECK! 스파 이용 시 주의사항

 스파를 예약했다면 15분 전 도착은 필수. 늦게 도착하면 그만큼 스파를 받는 시간이 줄어든다. 다음 예약자를 위해 예약된 시간 내에 끝내는 것이 원칙이니 꼭 시간을 지키자(대부분 픽업·드롭 서비스를 운영하니 예약 시 문의).

 호텔 투숙객이 호텔 내 스파를 이용할 경우 이용료를 할인해 주는 경우가 많다. 예약 전에 미리 체크하자.

 스파 숍은 대부분 21:00~22:00 사이 영업이 끝나는데, 마사지 후 새벽 비행기를 탑승하려는 여행객들이 이 시간대에 맞춰서 예약하는 경우가 많다. 늦은 시간 스파를 받고 싶다면 예약을 서두르는 것이 좋다.

스파 아유알람 Spa Ayualam

천연 재료를 주로 이용하는 자연주의 스파. 테라피스트가 직접 손의 온기와 능란한 기술로 피로와 긴장을 풀어준다. 모든 테라피가 수기 마사지를 기반으로 이뤄지는데, 가장 추천할 만한 테라피는 단연 발리 스타일의 마사지다. 손가락과 손바닥을 이용해 근육 구석구석을 어루만지니 피로가 쌓인 여행자들에게 제격이다. 관리 후에는 라운지에서 허브티 타임을 즐길 수 있다. 힐튼 괌 리조트&스파 외 호텔 니코 괌에도 같은 브랜드의 스파 숍이 있다.

지도 P.90-B2 주소 202 Hilton Rd., Tamuning 전화 671-646-1835(내선 5815) 홈페이지 spaayuala.mguam.co.kr 운영 10:00~22:00 예산 $60~310(발리 스타일 마사지 Balinese Massage 60분 $120, 임산부 마사지 Maternity Massage 60분 $120) 가는 방법 안토니오 비 원 팻 국제공항에서 차로 6분. 힐튼 괌 리조트&스파 더타시 G층 프런트 옆.

임산부의 경우 17주차 이상만 마사지를 받을 수 있어요!

SPECIAL : 스파

 pick me

앙사나 스파
Angsana Spa

임산부 코스도 따로 있어요!

스파로 이름난 호텔 그룹 반얀트리 Banyan Tree 에서 운영하는 곳으로, 전 세계에 체인을 두고 있다. 앙사나 스파의 스파 치료사들은 반얀트리 스파 아카데미에서 엄격한 커리큘럼을 거쳐 최소 350시간의 훈련을 받는다고 하니 꽤 믿음직스럽다. 특히 임산부 코스도 따로 있으므로, 태교 여행을 위해 온 이들도 걱정 없이 이용할 수 있다. 로미로미 마사지부터 태국, 스웨덴, 고대 발리 등지에서 기원한 다양한 마사지 기법을 갖춘 것이 특징.

지도 P.90-A3 **주소** 470 farenholt Ave., Tamuning **전화** 671-646-2222(내선 2500) **홈페이지** www.angsanaspa.com **운영** 10:00~23:00 **예산** $80~220(시그니처 마사지 Vitality Starter 120분 $220) **가는 방법** 안토니오 비 원 팻 국제공항에서 차로 10분, 쉐라톤 라구나 괌 리조트 1층

ISA 스파 **ISA Spa**

저렴한 가격으로 부담 없이 마사지를 즐길 수 있어 관광객뿐 아니라 현지인들에게도 인기가 높은 곳이다. 30분, 40분, 60분으로 나누어져 있으며 목, 다리, 손&발 등 원하는 부분만 짚어서 관리 받을 수 있다(물론 전신을 총체적으로 관리하는 '콤비네이션 마사지 Combination Massage'도 마련돼 있다). 마사지 후 한국으로 귀국할 예정이라면 자쿠지와 보디 스크럽 & 오일 마사지가 포함된 150분 코스를 추천한다.

지도 P.91-C2 **주소** 1000 San vitores Rd., Tamuning **전화** 671-969-5845 **홈페이지** www.isa-spaguam.com **운영** 10:00~24:00 **예산** $30~215(자쿠지*보디스크럽&아로마 오일 Jacuzzi&Body Scrub & Aroma Oil Massage 150분 $215) **가는 방법** 안토니오 비 원 팻 국제공항에서 차로 8분, 퍼시픽 베이 호텔 1층.

대표적인 테라피인 나바사나 시그니처 마사지

Special

pick me

나바사나 스파 Navasana Spa

고급스러운 스파 시설과 평화로운 분위기가 어우러지니, 느긋한 분위기 속에서 스파를 즐기기 좋다. 가장 대표적인 테라피인 나바사나 시그니처 마사지 Navasana Signature Massage 는 하와이 전통 마사지인 로미로미 마사지와 세계에서 가장 오래된 치료 요법 중 하나인 타이 마사지가 결합된 치료법을 선보인다. 지압보다는 부드러운 터치로 전체적인 신체 균형을 맞춰주고, 기의 흐름을 원활히 하는 데 초점을 둔다.

지도 P.89-A2 **주소** 1255 Pale San Vitores Rd., Tamuning **전화** 671-647-9720 **홈페이지** www.outrigger.com/landing-pages/services/ogm-navasana-spa **운영** 10:00~10:00 **예산** $100~300(대략, 나바사나 시그니처 마사지 50분 $115) **가는 방법** 안토니오 비 원 팻 국제공항에서 차로 11분. 아웃리거 괌 비치 리조트 지하 1층.

아일랜드 시레나 스파
Island Sirena Spa

바다가 보이는 스위트 룸에 베드를 놓아 프라이빗 스파 공간으로 꾸몄다. 공인된 스파 전문가가 얼굴, 마사지, 정교한 보디 트리트먼트를 선보이는데, 특히 트리트먼트에 사용되는 재료에 공을 들였다. 보디 스크럽은 특별한 사해 소금을 사용해 전신을 클렌징 해주고, 보디 디럭스는 바다 점토팩을 사용한 전신 오일 마사지로 혈액 순환을 증진한다. 24K 골드 마스크와 24K 골드 보습 크림을 이용한 24K 골드 페이셜 케어도 인상적이다.

지도 P.89-A3 **주소** 1155 Pale San Vitores Rd., Tamuning **전화** 671-647-1234(내선 3881) **홈페이지** guam.regency.hyatt.com **운영** 10:00~22:00 **예산** $80~800(디톡스 프로그램 $200) **가는 방법** 안토니오 비 원 팻 국제공항에서 차로 6분. 하얏트 리젠시 괌 1층.

데바라나 스파 Devarana Spa

두짓 타니 호텔의 스파숍 체인으로, 아로마틱 타이 허벌 스팀 마사지, 차모로족에게서 영감을 받은 마사지, 따뜻한 비를 맞는 것처럼 평온한 기분을 만들어 주는 아로마틱 레인 샤워 마사지 등 독특한 테라피 메뉴를 내세운 곳. 스파 마니아들을 위한 2일 코스, 3일 코스 등도 이곳에서만 경험할 수 있는 프로그램이다. 대표 마사지는 태국식의 강한 지압을 느낄 수 있는 데바라나 시그니처 마사지. 스페셜 케어는 대개가 3시간 단위의 프로그램으로 이뤄진다.

지도 P.89-A2 **주소** 1227 Pale San Vitores Rd., Tamuning **전화** 671-648-8064 **홈페이지** www.devaranaspa.com **운영** 09:00~23:00 **예산** $50~490(데바라나 시그니처 마사지 Devarana Signature Massage 90분 $190) **가는 방법** 안토니오 비 원 팻 국제공항에서 차로 9분. 두짓 타니 괌 리조트 1층.

RESTAURANT
투몬&타무닝의 식당

투몬&타무닝에서라면 세계 각국의 다양한 음식을 맛볼 수 있다. 한식에서 벗어나 다양한 먹거리에 도전해보는 것도 괌을 여행하는 즐거움 중 하나. 단, 주문 전에 고려해야 할 게 있다. 한국에 비해 1인분의 양이 매우 많다는 사실.

뷔페 & 레스토랑 여행하는 내내 1일 1뷔페를 해도 부족할 정도로, 괌은 뷔페 문화가 발달되어 있다. 특히 몇몇 리조트는 요일별로 뷔페의 주제를 정해 미식가들의 호기심을 자극한다. 그 밖에도 해산물 전문 레스토랑부터 브라질, 멕시칸 요리까지 다양한 음식을 맛볼 수 있다.

BBQ 믹스드 그릴 트리오

1 시 그릴 Sea Grill

차모로족의 전통 요리부터 해산물 요리까지, 다양한 괌 요리를 맛볼 수 있는 레스토랑. 이곳의 요리는 주방에서 직접 재배한 채소를 사용해 만들어 더욱 신선한 맛을 즐길 수 있다. 인기 메뉴 폭립과 닭고기, 갈비(쇼트립 short rib)가 함께 나오는 BBQ 믹스드 그릴 트리오 BBQ Mixed Grill Trio. 투몬 중심에 위치해 접근성이 좋은 것도 이곳의 장점이다. 천장의 대형 고래 모형이 인상적인 칵테일 바 테일 오브 더 웨일 Tail of the Whale과 해변이 한눈에 보이는 루프톱 비어가든 Roof Top Beer garden이 같은 건물에 있다.

지도 P.89-A2 **주소** 1254 Pale San Vitores Rd., Tamuning **전화** 671-649-6637 **홈페이지** uwwguam.com/dining/sea-grill/ **영업** 11:00~22:00 **예산** $5.95~118(BBQ 믹스드 그릴 트리오 BBQ Mixed Grill Trio $19.95, 랍스터 요리 2파운드에 약 $115) **가는 방법** 안토니오 비 원 팻 국제공항에서 차로 10분. 아웃리거 괌 비치 리조트 옆 더 플라자 3층에 위치. 건물 내 주차장이 있다.

2 테이스트 Taste

푸짐한 가짓수를 자랑하는 디너 뷔페로 유명한 레스토랑. 음식의 퀄리티와 만족도가 높아 재방문율이 높은 레스토랑 중 하나다. 요일마다 메뉴가 조금씩 바뀌는데, 월요일에는 스테이크와 크랩&한식, 화·목요일에는 스테이크와 랍스터, 수요일에는 샤브샤브와 아시안 뷔페, 일요일에는 인터내셔널 뷔페를 선보인다. 특히 일요일을 제외한 모든 요일에는 하이네켄 맥주가 무제한으로 제공된다. SPG-스타우드 프리퍼드 게스트 SPG Starwood Preferred Guest 카드 소지자에게는 10% 할인 혜택이 주어지니 참고하자. 레스토랑은 웨스틴 리조트 괌 The Westin Resort Guam 내에 위치한다.

지도 P.89-A1 **주소** 105 Gun Beach Rd., Tamuning **전화** 671-647-0991 **영업** 월~토 06:30~10:30, 일 06:30~10:00, 월~토 11:30~14:30, 일 11:00~14:30, 월~일 18:00~21:00 **예산** 조식 뷔페 성인 $27.75, 어린이(6~11세) $13.75, 디너 뷔페 성인 $40~52, 어린이(6~11세) $20~26 **가는 방법** 안토니오 비 원 팻 국제공항에서 차로 10분. 웨스틴 리조트 괌 1층에 위치.

3 팜 카페 Palm Café

투몬 비치 바로 앞에 있는 뷔페 레스토랑. 아웃리거 괌 비치 리조트 Outrigger Guam Beach Resort 내에 위치해 투숙객들의 아침 식사 장소로 사용된다. 점심에는 일본 스타일의 런치 뷔페를, 저녁 시간대에는 다양한 테마의 뷔페를 운영한다. 일~목요일에는 세계 각국의 요리를 맛볼 수 있는 인터내셔널 뷔페 International Dinner Buffet, 금요일에는 해산물 뷔페 Saefood Dinner Buffet, 토요일에는 프라임 립 & 알래스카 킹 크랩 뷔페 Prime Rib & Alaskan King Crab Dinner Buffet가 있다.

지도 P.89-A2 **주소** 1255 Pale San Vitores Rd., Tumon **전화** 671-649-9000 **영업** 월~일 06:30~11:00, 월~토 11:00~14:00, 일&공휴일 10:30~14:00, 디너 17:00~22:00 (기타 런치 일품 요리는 월~일 14:00~17:00 뱀부 바에서 제공) **예산** $4.99~40(인터내셔널 디너 뷔페 $36, 해산물 디너 뷔페 $38, 프라임 립 & 알래스카 킹 크랩 디너 뷔페 $38) **가는 방법** 안토니오 비 원 팻 국제공항에서 차로 10분. 아웃리거 괌 비치 리조트 로비에 위치.

두짓 타니 괌 리조트 투숙객의 경우 15% 할인됩니다!

4 아쿠아 Aqua

투몬 비치 앞 두짓 타니 괌 리조트에 위치한 뷔페 레스토랑. 괌 요리와 다양한 아시안 요리가 가득하다. 투명한 바다가 한눈에 내려다보이는 오션 뷰, 스타일리시한 인테리어가 매력적인 분위기를 더한다. 다양한 해산물 요리와 즉석에서 조리하는 면 요리, 바비큐와 초밥 우리에게도 익숙한 메뉴는 물론, 저녁 시간에는 화려한 초콜릿 퐁뒤 등의 디저트 메뉴도 추가된다. 일요일 11:30~14:00에는 선데이 브런치를 운영하는데, 오전에는 리조트 투숙객들로 가득하니 여유롭게 식사하길 원한다면 런치나 디너를 추천한다. 인터넷으로 예약이 가능하다.

지도 P.89-A2 **주소** 1227 Pale San Vitoes Rd., Tamuning **전화** 671-648-8000 **홈페이지** www.dusit.com/dusitthani/guamresort/dining/aqua **영업** 아침 06:30~10:00, 점심 11:30~14:00, 저녁 17:00~21:00 **예산** $36~44(점심 뷔페 $36, 저녁 뷔페 $44) **가는 방법** 안토니오 비 원 팻 국제공항에서 차로 10분. 두짓 타니 괌 리조트 R층에 위치.

5 사가노 레스토랑 Sagano Restaurant

이곳에서 가장 유명한 것은 단연 금요일 저녁에 펼쳐지는 뷔페다. 90분으로 이용 제약이 있지만, 푸짐한 양과 맛깔스러운 풍미로 수많은 현지인 단골 손님들을 거느리고 있다. 가격대가 높은 편이라 꼬치구이, 회와 초밥 등 충실한 식재료와 다채로운 메뉴를 선보이며, $5를 추가하면 아사히 생맥주를 원하는 만큼 제공한다. 한번쯤 제대로 된 일식 뷔페를 경험하고 싶다면 강력 추천한다.

지도 P.90-A3 **주소** 445 Governor Carlos G. Camacho Rd., Tamuning **전화** 671-647-7777 **홈페이지** www.onwardguam.com/hotel/dining/sagano.php **영업** 월~토 17:30~21:30, 일 10:30~13:30, 17:30~21:30 **예산** $15~68(뷔페 성인 $55, 어린이(만 5~11세) $32, 유아(만 2~4세) $14) **가는 방법** 안토니오 비 원 팻 국제공항에서 차로 8분. T 갤러리아 by DFS에서 Pale San Vitores Rd를 타고 남쪽으로 직진, 플로레스 대주교 동상이 있는 원형 교차로(Archibishop Felixberto Flores Memorial Circle)에서 Hwy 14(Chalan San Antonio)로 진입, Hwy 30A로 우회전 후 Hwy 30을 끼고 좌회전. 온워드 비치 리조트 본관 2층. 차로 12분 소요.

모히토 트리오

비치인 슈림프 위드 엔젤 헤어 파스타

6 비치인 슈림프 Beachin' Shrimp

괌에서 새우 요리를 맛보고 싶다면 단연코 이곳이 정답이다. 캘리포니아와 루이지애나, 그리고 멕시코의 풍미를 더한 퓨전 스타일의 특제 메뉴를 선보이기 때문. 담백한 새우요리를 선호한다면 코코넛 슈림프를, 도전 정신이 강하다면 독특한 국물 소스가 일품인 비치인 슈림프 위드 엔젤 헤어 파스타를 추천한다. 코코넛으로 만든 아피기기 디저트도 놓쳐선 안 될 것. 모히토 트리오와 괌 수제 맥주인 미나고프 생맥주도 판매하고 있다.

지도 P.89-A2 **주소** 1255 Pale San Vitores Rd., Tamuning(더 플라자 지점) **전화** 671-642-3224 **영업** 일~목 10:00~22:00, 금~토 10:00~23:00 **예산** $9.99~19.99(비치인 슈림프 위드 엔젤 헤어 파스타 Beachin' Shrimp served with Angel Hair Pasta $19.99, 미나고프 Minagof IPA $7.50, 아피기기 Apigigi $8.99) **가는 방법** 안토니오 비 원 팻 국제공항에서 차로 8분. T 갤러리아 by DFS 건너편, 도보 1분. 더 플라자 1층에 위치.

7 론 스타 스테이크하우스 Lone Star Steakhouse

부담 없이 립과 스테이크, 랍스터를 즐길 수 있는 곳. 텍사스풍으로 터프하게 꾸민 실내에 앉아있자면 어디선가 카우보이가 등장할 것 같다. 묵직한 메인 요리와 함께 즐기기 좋은 메뉴는 단연 양파 하나를 통째로 튀겨 낸 텍사스 텀블위드 Texas Tumbleweed. 빨간색과 보라색의 토르티야 칩과 함께 제공하는 시금치 아티초크 딥도 애피타이저로 추천한다. 한국어 메뉴판을 구비하고, 저녁 예약 시 호텔 픽업, 드롭 서비스를 제공해 매우 편리하다.

지도 P.90-B4 **주소** 615 Marine Corps Dr., Tamuning **전화** 671-646-6061 **홈페이지** lonestarguam.com **영업** 월~일 11:00~22:00 **예산** $9.99~54.99 본 인 립아이 Bone in Ribeye $48.99, 텍사스 텀블위드 Texas Tumbleweed $9.99, 시금치 아티초크 딥 Spinach Artichoke Dip $9.99 **가는 방법** 안토니오 비 원 팻 국제공항에서 차로 10분. T 갤러리아 by DFS 에서 차로 11분. 괌 프리미어 아웃렛 근처에 위치.

LOCAL FLAVOR!
차모로의 맛 즐기기

▶ 바삭하게 튀긴 패럿 피시 한 접시.

1 스리 스퀘어 Three Squares

차모로 가정식을 선보이는 곳. 감각적인 인테리어가 돋보인다. 메뉴에 자주 등장하는 티낙탁 Tinaktaks이란 차모로어로 잘게 다진 고기라는 뜻인데, 소고기와 코코넛밀크, 그린 빈이 어우러진 비프 티낙탁 Beef 요리가 이곳의 대표 메뉴다. 생선 한 마리가 통째로 튀겨져 나오는 프라이드 패럿 피시 역시 강력 추천! 맥주 주문 시 $2를 추가하면 샐러드도 곁들일 수 있다.

 **지도 P.90-B3** ▶ **주소** 416 Chalan San Antonio, Tamuning **전화** 671-646-2652 **영업** 월 08:00~17:00, 화~일 08:00~22:00 **예산** $4.95~35.00(비프 티낙탁 스터프드 페퍼스 Beef Tinaktaks Stuffed Peppers $14.00, 바비큐 갈비 쇼트립 BBQ Kalbi Short Ribs $21.95, 프라이드 패럿 피시 Fried Parrot Fish $21.50) **가는 방법** 안토니오 비 원 팻 국제공항에서 차로 5분. T 갤러리아 by DFS에서 Pale San Vitores Rd를 타고 남쪽으로 직진, 플로레스 대주교 동상이 있는 원형 교차로(Archibishop Felixberto Flores Memorial Circle)에서 Hwy 14(Chalan San Antonio)로 진입, 왼쪽에 위치. 차로 9분.

2 프로아 Proa

항공사 승무원들의 소문난 단골집. 괌 현지식 바비큐를 제대로 맛볼 수 있는 공간으로, 타무닝에 1호점이 위치한다. 사실 괌 현지인들보다 한국인과 일본인 관광객들이 더 열광하는 곳. 대표 메뉴 쇼트립과 스페어립, 치킨 바비큐인 빅 펠러 트리오를 레드 라이스와 푸짐하게 곁들여 낸다. 미나고프 생맥주도 맛볼 수 있다. 저녁엔 1시간 이상으로 기다려야 한다는 점이 다만 아쉽다.

지도 P.90-B3 ▶ **주소** 429 Pale San Vitores Rd., Tamuning **전화** 671-646-7762 **홈페이지** www.facebook.com/proaguam **영업** 11:00~22:00 **예산** $5.95~52.95(빅 펠러 트리오 $22.95) **가는 방법** 안토니오 비 원 팻 국제공항에서 차로 5분. T 갤러리아 by DFS 등지고 왼쪽으로 도보 30분. 길 건너 이파오 공원 초입에 위치.

Mia's Advice

프로아 1호점에서 디너 메인 메뉴를 즐기려면 18시부터 입장해야 해요. 물론 18시 이전에도 입장은 가능하지만, 주문할 수 있는 메뉴가 한정적이거든요. 기다리지 않고 느긋하게 프로아의 메뉴를 즐기고 싶다면 2호점(주소 178 West Soledad Ave, Hagatna)을 추천해요.

SPECIAL : 차모로의 맛 즐기기

괌 전통 닭요리 카돈피카

3 더 카페테리아 The Cafeteria

괌 현지식을 다양하게 즐길 수 있는 곳. 우리의 닭볶음탕과 비슷해서 흥미로운 카돈피카 Kadon Pika는 한국인 입맛에도 잘 맞는다. 매운 고추 양념과 코코넛밀크가 더해지니 한껏 부드러운 식감을 느낄 수 있다. 괌 음식뿐 아니라 보편적인 브런치 메뉴도 맛볼 수 있고, 매장 한편에서는 코코넛의 풍부한 향과 달콤함이 곁들여진 코코넛 잼, 괌의 BBQ에 꼭 필요한 디난셰 소스 등을 판매하기도 한다. 메뉴 주문 시 $1을 추가하면 디난셰 소스를 곁들일 수 있다.

지도 P.91-D3 **주소** 213 Harmon Industrial Park Rd., Tamuning **전화** 671-646-9463 **홈페이지** www.facebook.com/thecafeteriaguam **영업** 월~토 07:00~15:00 **휴무** 일요일 **예산** $4.50~19.95, 카돈피카 kadon Pika $12.95, 디난셰 소스 Denanche Sauce $10, 코코넛 잼 Coconut Jam $10 **가는 방법** 안토니오 비 원 팻 국제공항에서 차로 4분. K Mart 뒤에 위치.

Mia's Advice

괌 사람들은 '고춧가루가 없다면 그건 괌 BBQ가 아니다'라고 주장할 만큼 매운맛을 즐겨요. 괌에는 매운맛을 내는 여러 가지의 피나데니 소스가 있거든요. 그중 하나인 피나데니 디난셰 소스는 괌 요리에 필요한 필수 소스인데, 잘게 다진 고추와 양념을 섞어 만든답니다. 카돈피카를 요리할 때 주로 사용하지요.

4 테리스 로컬 컴포트 푸드 Terry's Local Comfort Food

괌 중심가에 위치한 차모로 음식 전문점. 저렴한 가격에 맛깔스러운 음식을 즐길 수 있어 가성비 좋은 식당으로 인기가 치솟고 있다. 치킨과 립, 쇼트립이 어우러진 바비큐 콤보 플레이트는 한 테이블당 하나씩 주문할 정도로 인기 메뉴.

지도 P.91-C2 **주소** 901 Pale San Vitores Rd., Tamuning **전화** 671-646-3663 **영업** 11:00~22:00 **예산** $3.99~24.99(바비큐 콤보 플레이트 BBQ Combo Plate $14,85, 패럿 피쉬 Parrot Fish $15,65) **가는 방법** 안토니오 비 원 팻 국제공항에서 차로 5분. T 갤러리아 by DFS 등지고 왼쪽으로 도보12분. 길 건너 홀리데이 리조트 &스파 괌 옆.

5 리틀 피카스 Little Pika's

피카스 카페가 분점을 새로 오픈했다. 밥 위에 햄버거 패티, 달걀 프라이를 얹은 로코모코 Locomoco, 스팸 주먹밥 무수비 Spam Musubi 등 하와이안 메뉴에 충실한 것이 특징. 차모로의 풍미가 물씬한 티낙탁 버거도 만나볼 수 있다. 코코넛 밀크를 곁들인 패티에 구운 토마토와 발사믹 소스 등을 함께 얹어 풍미가 조화롭다. 한식을 찾는다면 코리안 바비큐 샌드위치가 제격.

지도 P.89-A2 **주소** 1300 Pale San Vitores Rd., Tamuning **전화** 671-647-7522 **영업** 일~목 07:30~22:00, 금~토 07:30~23:00 **예산** $4~ 15 로코모코 Locomoco $15, 티낙탁 버거 Tinaktak Burger $14 **가는 방법** 안토니오 비 원 팻 국제공항에서 차로 9분. T 갤러리아 by DFS 등지고 오른쪽으로 직진, 도보 3분.

❽ 나나스 카페 & 세일즈 바비큐 Nana's Café & Sail's BBQ

한 지붕 두 식당. 실내엔 해산물과 스테이크를 파는 나나스 카페, 야외엔 구워 먹는 재미가 쏠쏠한 세일즈 바비큐가 자리한다. 나나스 카페의 인기 메뉴는 크래킨 킹 크랩 Crack'in King Crab인데, 비닐 봉투 안에 갓 쪄낸 크랩과 케이준 스파이스 스튜, 감자 등을 넣고 섞은 메뉴로 우리 입맛에 잘 맞는다. 랍스터와 등심, 치킨과 새우 등을 함께 구워 내는 야외 전용 메뉴 세일즈 바비큐 Sail's BBQ는 종류를 선택할 수 있고 1시간 30분의 식사 시간 동안 (18:00, 19:45 1일 2회 진행) 생맥주와 음료, 샐러드 바를 무제한 즐길 수 있다. 예약은 필수. 해산물과 육류를 이용한 철판 요리 이외에도 생선 구이와 튀김, 연어와 장어덮밥 등을 스페셜 메뉴로 선보인다. 철판요리의 경우 키즈용으로 주문이 가능한 것도 이곳만의 특징.

지도 P.89-A2 ▶ **주소** 152 San Vitores Ln., Tamuning **전화** 671-649-7760, 671-649-6262 **홈페이지** www.guamplaza.com(인터넷 예약 시 할인) **영업** 06:30~10:30, 11:00~14:00, 18:00~22:00 **예산** $30~115(크래킨 킹 크랩 Crack'in King Crab $48, 세일즈 바비큐 Sail's BBQ $52) **가는 방법** 안토니오 비 원 팻 국제공항에서 차로 9분. T 갤러리아 by DFS 등지고 오른쪽으로 직진 후 첫 번째 사거리에서 좌회전. 도보 7분.

우리 입맛에도 부담 없는 크래킨 킹크랩

불맛 좋은 레스토랑
브라질리언 VS. 자메이칸

추라스코 Churrasco

브라질 전통 스테이크를 경험할 수 있다. 기다란 꼬치에 소고기, 돼지고기, 닭고기, 양고기 등을 통째로 꽂아 익힌 뒤 적당한 크기로 잘라 무한정 서빙하니, 고기를 좋아하는 이들에겐 그야말로 천국! 샐러드 바도 메뉴가 다채롭다. 차가운 해산물 샐러드인 시푸드 세비체 Seafood Ceviche를 비롯해 구운 연어, 크랩 샐러드, 빵과 수프, 각종 채소와 과일 등을 한데 낸다. 18:00~19:00에는 해피 아워를 진행하는데, 맥주와 와인을 $5~7에 즐길 수 있고, 이는 홈페이지에서 예약 가능하다.

$23, 어린이 $11.50) **가는 방법** 안토니오 비 원 팻 국제공항에서 차로 5분. T 갤러리아 by DFS 등지고 왼쪽으로 직진, 도보 9분.

지도 P.91-C2 **주소** 1000 Pale San Vitores Rd., Tamuning **전화** 671-649-2727 **홈페이지** churrascoguam.com **영업** 18:00~21:30 **예산** $23~40, 디너 성인 $40, 어린이 $20, 디너 샐러드 바

VS

자메이칸 그릴 Jamaican Grill

고기 양이 푸짐하고 가격대가 저렴해 현지인들에게 사랑받는 자메이칸 음식점. 내부 인테리어를 자메이칸 스타일로 꾸며 독특한 분위기를 자아낸다. 인기 메뉴는 바비큐립이나 꼬치새우구이지만, 좀 더 푸짐하게 즐기고 싶을 땐 스테이크&슈림프 콤보 메뉴를 주문해 괌 로컬 음식인 레드 라이스와 곁들여도 좋다. 주문 포장은 인터넷이나 애플리케이션으로도 가능하며, 차모로 빌리지와 데데도의 마이크로네시아 몰에도 분점이 있으니 참고할 것.

Potato Fry $4.95) **가는 방법** 안토니오 비 원 팻 국제공항에서 차로 4분. T 갤러리아 by DFS 등지고 왼쪽으로 도보 24분. 로열 오키드 괌 호텔 옆, PIC 건너편.

지도 P.91-C3 **주소** 616 Pale San Vitores Rd., Tamuning(근처 로열 오키드 괌 호텔 **주소**) **전화** 671-647-4000 **홈페이지** www.jamaicangrill.com **영업** 10:00~22:00 **예산** $4.50~55.95(스테이크&슈림프 콤보 Steak&Shrimp Combo $32, 고구마튀김 Sweet

⑨ 조이너스 레스토랑 케야키 Joinus Restaurant Keyaki

일본식 철판요리 전문점. 치킨, 등심 스테이크 새우, 랍스터 등으로 구성된 세트 메뉴는 기본적으로 샐러드와 밥, 미소 수프를 포함한다. 철판요리는 눈 앞에서 직접 요리하는 과정을 지켜볼 수 있어 흥미롭다. 점심에는 세트 가격이 저렴해 인기가 높으므로 예약이 필수다. 그 밖에 구이나 덮밥, 우동, 초밥 등 단품 메뉴의 종류도 다양하다.

지도 P.89-A4 **주소** 1082 Pale San Vitores Rd., Tumon **전화** 671-646-4087 **영업** 11:00~14:00, 17:30~21:00 **예산** $17.50~50.00(런치 세트 메뉴 Lunch Set Menu $22.95) **가는 방법** 안토니오 비 원 팻 국제공항에서 차로 8분. T 갤러리아 by DFS 등지고 왼쪽으로 직진, 도보 6분. 투몬 샌즈 플라자 내 1층.

⑩ 사무라이 해산물 스테이크&와인 컴퍼니 Samurai Seafood Steak&Wine Company

스테이크와 해산물을 철판 위에서 구워주는 곳. 런치가 디너보다 훨씬 저렴해 주로 점심시간에 손님이 몰린다. 해산물과 육류를 이용한 철판 요리 이외에도 생선구이와 튀김, 연어와 장어덮밥 등을 스페셜 메뉴로 선보인다. 철판요리의 경우 키즈용으로 주문이 가능한 것도 이곳만의 특징. 점심에 주문 가능한 런치 알파 세트 Alpha Set에는 소고기와 치킨, 새우가 제공된다.

지도 P.91-A2 **주소** 801 Pale San Vitores Rd., Tamuning **전화** 671-649-2333 **영업** 11:00~14:00, 18:00~22:00 **예산** $6.50~29(데판야키 콤보 Teppanyaki combos $20.95, 키즈밀 $15.95) **가는 방법** 안토니오 비 원 팻 국제공항에서 차로 5분. T 갤러리아 by DFS 등지고 왼쪽으로 직진, 도보 17분. 길 건너 피에스타 리조트 괌 1층.

오징어 토마토 스파게티

이탈리안 레스토랑을 만나는 법

조개 육수 스파게티

카프리초사 Capricciosa

1978년 시부야에 처음 오픈한 캐주얼 이탈리안 레스토랑. 1991년 괌에 문을 연 이래 푸짐한 양과 맛으로 사랑받아 왔다. 특별한 메뉴를 주문하고 싶다면, 해물 칼국수와 비슷한 맛과 만듦새를 자랑하는 조개 육수 스파게티나 담박한 풍미의 오징어 먹물 스파게티를 추천한다. 사랑의 절벽 입장권 구매 시 이곳의 라이스 크로켓을 무료로 맛볼 수 있는 쿠폰(메인 메뉴 주문 시에만 사용 가능)을 함께 제공하니 미리 알아둘 것. 점심시간이 저녁시간에 비해 덜 혼잡하다.

지도 P.89-B1 주소 1433 Pale San Vitores Rd., Tamuning 전화 671-647-3746 영업 11:30~22:00 예산 $6.75~32.50(조개 육수 스파게티 Clams in Delicate Broth $18.99, 오징어 먹물 스파게티 Squid Ink

Spaghetti $19.99) 가는 방법 안토니오 비 원 팻 국제공항에서 차로 7분. T 갤러리아 by DFS 등지고 오른쪽으로 직진, 도보 8분. 청록색 건물의 Pacific Place 2층에 위치. 타무닝점 이외에도 아가냐 쇼핑센터점, 로얄 오키드점 등 곳곳에서 카프리초사를 만날 수 있다.

가브리엘 레스토랑 Gabriel's Restaurant

하갓냐의 허름한 이탈리아 레스토랑이 입소문을 통해 유명해져 투몬으로 확장 이전했다. 캐주얼한 파스타와 폭찹 Pork Chop, 구운 연어 Seared Salmon 등이 스테디 셀러 메뉴. 티라미수 디저트는 메인 요리 못지않게 훌륭한 맛을 자랑한다. 일요일엔 특별히 프렌치 토스트와 와플 등 브런치 메뉴를 더한 '선데이 메뉴'를 마련한다. 좌석 규모는 크지 않지만, 오붓한 분위기 속에서 식사를 즐기기 좋다.

지도 P.89-A1 주소 1051 Pale San Vitores Rd., Tumon 전화 671-646-4223 홈페이지 zividdesigns. com/maintenance 영업 11:00~14:00, 18:00~22:00 예산 $11~37(스파게티 볼로냐 Spaghetti Bolognese $13.50, 화이트 와인으로 요리한 홍합 Mussels

Bianco $13, 티라미수 Tiramisu $7) 가는 방법 안토니오 비 원 팻 국제공항에서 차로 6분. T 갤러리아 by DFS 등지고 왼쪽으로 직진, 도보 6분. 투몬 샌즈 플라자 건너편.

브런치 & 버거 미국 정통의 풍미를 맛보고 싶다면 단연코 버거를 추천한다. 특히 괌에서는 매년 버거를 두고 인기 투표를 할 만큼 현지인들의 관심도가 높다. 한편, 줄을 서서 먹어야 하는 브런치 레스토랑도 인기다. 이미 널리 이름난 에그스 앤 띵스와 미국 전역에서 만날 수 있는 아이홉을 비롯, 선택지도 다채롭다.

1 아이홉 IHop

가성비 좋은 브런치 전문 프랜차이즈로 미국 내 여러 도시에서 대중적인 인기를 구가한다. 팬케이크, 와플, 스테이크, 오믈렛 등 메뉴의 종류도 다양하고, 아침에는 간편하게 스팸과 달걀 프라이, 밥을 주문할 수도 있다. 여러 가지를 골고루 먹고 싶다면 팬케이크와 프렌치 토스트에 달걀, 베이컨, 소시지를 한데 곁들인 스플리트 디시전 Split Decision을, 건강식을 즐기고 싶다면 시금치 버섯 오믈렛 Spinach & Mushroom Omelet을 추천한다. 더 플라자 1층에 입점해 쇼핑을 하면서 들르기 좋다. 타무닝에 위치한 또 다른 아이홉은 괌 프리미엄 아웃렛 인근에 자리하며, 규모는 훨씬 널찍하다.

지도 P.89-A2 **주소** 1275 Pale San Vitores Rd., Tamuning **전화** 671-989-8222 **홈페이지** www.ihop.com **영업** 07:00~22:00 **예산** $6.99~20(시금치 버섯 오믈렛 Spinach & Mushroom Omelet $17, 스플리트 디시전 Split Decision $16) **가는 방법** 안토니오 비 원 팻 국제공항에서 차로 7분. T 갤러리아 by DFS 건너편. 도보 1분. 더 플라자 1층에 위치.

2 에그스 앤 띵스 Egg's n Things

1974년 하와이에서 처음 선보인 이래 오늘날까지 꾸준히 인기를 얻어 온 브런치 카페다. 2014년 처음으로 괌에 들어선 에그스 앤 띵스는 오전엔 오믈렛과 베네딕트, 크레페, 팬케이크, 와플을 판매하고, 저녁엔 치킨과 생선, 스테이크 종류의 메뉴를 제공한다. 밥 위에 스테이크, 달걀 프라이 얹고 홈메이드 그레이비 소스를 곁들여 먹는 대중적인 하와이안 음식 로코모코 Loco Moco와 딸기 휩 크림 위드 너츠 팬케이크 Strawberry Whip Cream with Nuts Pancakes는 저녁 시간대 가장 인기 있는 메뉴로 꼽힌다.

지도 P.89-A2 **주소** 1317 Pale San Vitores Rd., Tamuning **전화** 671-648-3447 **홈페이지** www.eggsnthingsguam.com **영업** 07:00~14:00, 16:00~23:00 **예산** $9~31.25(딸기 휩 크림 팬케이크 Strawberry Whipped Cream Pancakes $13.25, 파니올로 로코모코 $13.50) **가는 방법** 안토니오 비 원 팻 국제공항에서 차로 8분. T 갤러리아 by DFS 등지고 오른쪽으로 직진, Jp슈퍼 스토어 건너편에 위치. 도보 4분.

3 메스클라 도스 Meskla Dos

괌에 여행 오면 누구나 한 번쯤은 맛보게 되는 수제 버거. 메스클라 도스의 버거는 육즙이 풍부하고 재료를 아낌 없이 투하한 것이 특징이다. 이곳에서 가장 인기 있는 메뉴로는 프렌치 토스트 슬래머 버거 French Toast Slammer Burger, 그릴드 치즈 버거 Grilled Cheese Burger, 그리고 우항 슈림프 버거 Uhang Shrimp Burger를 꼽는다. 주방에서 직접 구워 내는 패티를 보고 있노라면 주문하기도 전에 군침이 돌 정도. 주차 편의를 위해 많은 이들이 K마트 근처에 자리한 매장을 이용하지만, 투몬의 메인 거리에도 자그마한 분점이 있다.

지도 P.89-B1 주소 413 A&B N, Marine Corps Dr., 14A, Tamuning 전화 671-646-6295 영업 11:00~22:00 예산 $9~16(그릴드 치즈 버거 Grilled Cheese Burger $10.45, 프렌치 토스트 슬래머 버거 French Toast Slammer Burger $10.45) 가는 방법 안토니오 비 원 팻 국제공항에서 차로 3분. T 갤러리아 by DFS 등지고 왼쪽으로 직진 후 왼쪽 Gu 14A 방향으로 좌회전 후 직진. 도보 27분. K마트 건너편.

그릴드 치즈 버거 Grilled Cheese Burge

4 잇 스트리트 그릴 Eat Street Grill

호텔에서의 뷔페 조식이 부담스럽다면 이곳에서 아침을 시작해도 좋다. 프렌치 토스트처럼 단출한 조식 메뉴부터 수제 버거와 바비큐, 독특한 맥주 등을 다채롭게 선보이니 선택이 고민스러울 때 찾아갈 만하다. 추천 메뉴는 캘리포니아케이션 버거. 아보카도에 라임주스, 칠리, 고춧가루를 섞어 신선하게 만든 구아카몰이 듬뿍 들어간다. 여기에 위스콘신 산 꿀로 만든 아메리칸 밀 맥주 허니 비어스 Honey Beers, 열대과일과 시트러스 향을 더한 미나고프 녹차 IPA를 곁들이면 더할 나위 없겠다.

지도 P.89-A3 주소 1225 B Pale San Vitores Rd., Tamuning 전화 671-989-7327 영업 일~목 09:00~22:00, 금~토 09:00~23:00 예산 $6~30(캘리포니아케이션 버거 Californiacation Burger $16, 미나고프 녹차 IPA Minagof Green Tea IPA $7.50) 가는 방법 안토니오 비 원 팻 국제공항에서 차로 8분. T 갤러리아 by DFS 건너편. 도보 1분. 더 플라자 1층에 위치.

아시안 요리 투몬&타무닝 지역은 한국인과 일본인에게 인기가 많은 여행지인 만큼 그들 입맛에 딱 맞는 아시안 퀴진 레스토랑이 거리마다 넘쳐난다. 일식의 경우 이자카야, 우동, 라멘 전문집이 압도적으로 많고, 현지인들이 즐겨 찾는 한식당은 하몬 지역 근처에 모여 있다.

1 부가 Buga

괌에 거주하는 한인들이 즐겨 찾는 한식당. 여행 중에 한국 음식이 간절할 때면, 이곳에서 삼겹살과 묵은지의 오묘한 조화를 만끽하며 그리움을 달래 봐도 좋다. 특별 메뉴인 오리백숙, 오리 누룽지 영양탕, 그리고 오리 장수 영양탕을 즐기려거든 4인 기준으로 미리 예약 주문해야 한다. 맛깔스러운 칼국수 무침도 빼놓을 수 없는 별미.

지도 P.91-D3 ▶ **주소** 267 E Harmon Industrial Park Rd., Tamuning **전화** 671-646-4322, 671-747-5611 **영업** 월~토 11:00~22:00 **휴무** 일요일 **예산** $9.99~75(비빔 칼국수 $15, 돼지 생목살 1인분 $15, 오리백숙 $75) **가는 방법** 안토니오 비 원 팻 국제공항에서 차로 4분. K Mart 뒤에 위치. 구글 맵에서 찾으려면 근처 'san jung(산정)'을 입력한다.

2 엉클 심스 라면 Uncle Sim's Ramen

여행의 일과가 끝날 때쯤, 갑자기 출출함을 달랠 길이 없거나 얼큰한 국물이 생각난다면 엉클 심스 라면을 찾아가자. 김치라면과 짬뽕라면이 유명한 이곳은 한국인이 운영하는 라면 전문점이다. 맥주 한잔 곁들이면 더할 나위 없다. 술 안주로 간단한 튜나 포케 Tuna Poke, 칠리 새우도 함께 즐길 수 있다. 늦은 시간까지 영업해 새벽에 달려나가도 따스한 불빛이 반겨주는 곳.

지도 P.89-A3 ▶ **주소** 1275 Pale San Vitores Rd., Tamuning **전화** 671-646-4567 **영업** 11:00~15:00, 17:00~03:00 **예산** $8.95~23.95(김치라면 Kimchi Ramen $11, 짬뽕라면 Champon Ramen $13) **가는 방법** 안토니오 비 원 팻 국제공항에서 차로 7분. T 갤러리아 by DFS 등지고 왼쪽으로 직진, 도보 1분.

괌의 한인 타운, 하몬!

하몬은 투몬&타무닝 기준으로 마린 코프스 드라이브 건너편에 위치한 지역이다. 하몬과 주변 지역엔 한국 식당과 마트, 한국식 술집이 옹기종기 모여 있다. 김치가 그립거나, 치맥을 즐기고 싶을 땐 이곳을 찾아 볼 것. 늦은 밤이라면 길 찾기가 조금 힘들 수 있지만, K 마트 뒷골목인 E 하몬 인더스트리얼 파크 로드(E Harmon Industrial Park Rd)만 잘 찾아가면 한데 늘어선 반가운 가게들을 만날 수 있다.

① 다빈식당 Dabin Restaurant
차돌박이, 양념갈비, 돼지 목살 등 한국식 고기구이 전문점.

② 서울식당 Seoul Restaurant
뜨끈한 찌개와 불고기가 주 메뉴. 투몬 시내와 접근성이 좋다.

③ 미담식당 Mi Dam Restaurant
쾌적한 분위기, 정갈한 맛솜씨로 현지인들에게도 사랑 받는 한식당.

④ 짬뽕타임 Cham Pong Time
다양한 한국식 중화요리를 선보이는 곳. 배달과 포장도 가능하다.

⑤ 괌와가야88한식당 Wagaya 88 Korean Restaurant
삼겹살에 된장찌개 한 술 뜨고 싶을 때 찾기 좋은 곳.

⑥ 포촌치킨 Pochon Chicken
치맥하기 좋은 곳. KFC가 채워주지 못하는 한 곳을 느끼고 싶다면.

⑦ 청석골 Chung Suk Gol
김치전, 떡볶이 같은 한국식 주점 메뉴를 맛볼 수 있다.

⑧ 대장금 Dae Jang Keum
매콤달콤한 고기 볶음과 냉면, 샤브샤브를 즐길 수 있는 식당.

⑨ 반저 Vanjour
족발과 닭발, 전골과 두부김치 등 반주를 즐기기 좋은 공간.

⑩ 산정식당 San Jung
삼겹살, 부대찌개, 소주의 얼큰함이 그리울 때 찾아갈 만한 식당.

⑪ 세종식당 Sejong Restaurant
푸짐한 양, 깔끔한 맛을 자랑한다. 중국, 일본 여행자에게도 인기.

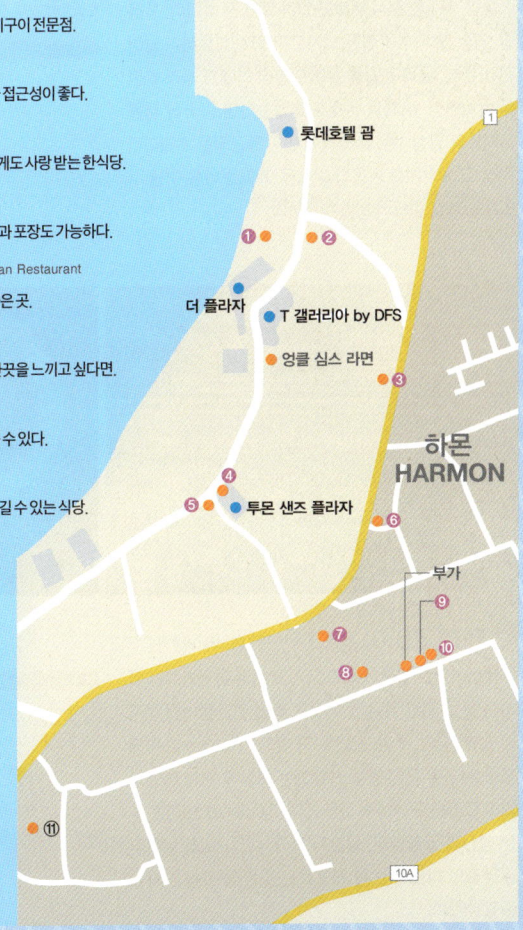

3 토리 Tohlee

투몬 비치를 파노라마 전망으로 즐길 수 있는 중식 레스토랑. 저렴한 런치 뷔페도 인기 요인 중 하나다. 볶음밥, 딤섬, 양배추에 볶은 돼지고기 등 중화요리가 늘어선 가운데, 유독 눈길을 끄는 일본식 라멘도 자리 한편을 차지한다. 뷔페를 선호하지 않는다면 중국식 해물 샐러드와 딤섬 4종, 칠리 새우 등이 제공되는 프리미엄 중식 코스나 게살 볶음밥과 해물 야끼 소바를 맛볼 수 있는 스페셜 런치 세트를 추천한다.

광둥식 바비큐와 7가지 메인 요리를 선보이는 금요일 디너 뷔페도 인기다.

지도 P.91-C1 **주소** 1355 Rte 1 N Marine Corp Dr., Tamuning **전화** 671-649-8815 **영업** 11:30~14:00, 18:00~21:30 **예산** $31~60(런치 뷔페 $28, 금요일 디너 뷔페 $38, 스페셜 런치 세트 $25) **가는 방법** 안토니오 비 원 팻 국제공항에서 차로 10분. T 갤러리아 by DFS 등지고 오른쪽으로 도보 15분, 길 건너편 호텔 니코 괌 16층에 위치.

4 텐테코마이 칸다 Tentekomai Kanda

텐테코마이란 일본어로 '이리저리 뛰며 야단법석인'이라는 뜻을 지닌 말이다. 이곳은 라멘 전문점이긴 하지만 초밥, 덮밥, 우동, 군만두 등 여러 가지 메뉴를 함께 제공한다. 푸짐한 양을 선호하는 이들을 위해 라멘과 커리 세트도 구성해 눈길을 끈다. 07:00~10:30에는 구운 생선과 달걀말이, 일본식 청국장인 낫토와 일본식 된장국인 미소 수프를 제공하는 일본식 아침 식사를 즐길 수 있다.

지도 P.89-A2 **주소** 1255 Pale San Vitores Rd., Tumon **전화** 671-647-7878 **영업** 07:00~22:30 **예산** $3.75~28.50(모듬 튀김 우동 세트 Tempura Udon Set $15, 조식 세트 Japanese Breakfast $13.50) **가는 방법** 안토니오 비 원 팻 국제공항에서 차로 9분. T 갤러리아 by DFS 건너편. 도보 2분. 더 플라자 2층에 위치.

5 반 타이 Ban Thai

괌 대표 태국 맛집. 초록 색깔의 외관이 멀리서도 한눈에 띈다. 특히 점심시간에는 새콤한 맛이 매력적인 쏨땀, 담백한 춘권, 한국인 입맛에도 잘 맞는 팟타이, 태국 대표 메뉴인 똠양꿍 외에도 치킨, 쌀국수 등을 자유롭게 맛볼 수 있는 런치 뷔페로 널리 이름나 있다. 리필이 가능한 아이스티도 꼭 즐겨 볼 만하다.

지도 P.91-C2 **주소** 971 Pale San Vitores Rd., Tamuning **전화** 671-649-2437 **홈페이지** www.banthaiguam.com **영업** 월~토 10:30~14:00(런치), 일 10:00~14:00(런치), 월~목 17:00~22:30(디너), 금~토 17:00~23:00(디너), 일 17:00~22:00(디너) **예산** $7~28.75(월~토 런치 뷔페 $13.95, 일요일 런치 뷔페 $18.95) **가는 방법** 안토니오 비 원 팻 국제공항에서 차로 5분. T 갤러리아 by DFS 등지고 왼쪽으로 직진, 도보 9분. 아칸타 몰 건너편에 위치.

Mia's Advice

333년 동안 스페인의 지배를 받은 영향으로 현재 괌의 종교는 로마 카톨릭이 85%를 차지하고 있어요. 그만큼 괌 사람들과 종교는 밀접한 연관을 가지고 있죠. 투몬 메인 도로에서도 작고 아담한 성당을 만날 수 있어요. 바로 디에고 루이스 산 비터 성당 Blessed Diego Luise San Vitor 인데요. 스페인에서 태어나 집안의 반대를 무릅쓰며 괌에서 선교사 활동을 하던 디에고의 업적을 기리기 위해 지어진 성당이에요. 투몬 경찰서 지나 블루 라군 플라자 Blue Lagoon Plaza 건너편에 위치해 있답니다.

주소 Pale San Vitores Rd, Tumon **전화** 671-647-5649 **운영** 09:00~18:00

7 후지 이치반 라멘 Fuji Ichiban Ramen

1984년 나고야에서 첫 개점 후 현재 일본 열도에서만 30여 개 점포가 들어섰을 만큼 인기 높은 라멘 전문점이다. 최고의 밀가루만을 엄선해 사용하고, 화학 조미료를 거의 쓰지 않는 것이 맛의 비결. 그 덕에 남녀노소 안전하게 즐길 수 있다. 고소한 미소 라멘과 매콤한 김치 라멘 등이 한국인 입맛에 잘 맞는다. 튀긴 마늘이나 차슈, 간장에 졸인 달걀 등을 토핑으로 추가해 기호에 맞게 즐겨도 좋다.

지도 P.91-C2 **주소** 15177 Pale San Vitores Rd., Tamuning **전화** 671-647-4555 **홈페이지** www.fujiichiban.jp **영업** 24시간 **예산** $8.50~9.50(미소라멘 Miso Ramen $9.50, 김치라멘 Kimchee Ramen $9.00) **가는 방법** 안토니오 비 원 팻 국제공항에서 차로 8분. T 갤러리아 by DFS 등지고 오른쪽으로 직진, 도보 6분.

← 후지 이치반 라멘 2호점

Mia's Advice

후지 이치반 라멘 1호점은 24시간 운영하는 곳이라 인기가 많고, 2호점은 DFS T 갤러리아 by DFS 면세점 근처에 위치해 있어 접근성이 좋아요.
주소 1317 Pale San Vitores Rd., Tamuning

8 멘쿠이 Menkui

골목 안쪽에 숨어 있어 일부러 찾아가야 하는 맛집. 핑크 컬러의 독특한 외관이 보이면 잘 찾아온 것이다. 간장 베이스에 부드러운 돼지고기를 듬뿍 올린 차슈 라멘과 담백한 맛의 미소 라멘을 비롯, 총 13가지에 이르는 라멘 메뉴를 선보이는 이곳은 괌 내 일본인 이주자들에게 아낌없는 사랑을 받고 있다. 특별 메뉴인 히야시 츠카 Hiyashi Chuka는 차가운 라멘 요리로 괌의 무더위를 잊게 만든다. 아이들도 좋아하는 볶음밥, 얼큰한 국물이 일품인 탄탄멘 또한 인기 메뉴.

지도 P.91-C2 **주소** 144 Fujita Rd., Tumon **전화** 671-649-0212 **영업** 월-수, 금, 토 11:30~14:00, 18:00~21:00, 일 11:30~13:30, 17:30~20:30 **휴무** 목요일 **예산** $9~15(히야시 츠카 Hiyashi Chuka $13, Cha Han 볶음밥 $9) **가는 방법** 안토니오 비 원 팻 국제공항에서 차로 7분. T 갤러리아 by DFS 등지고 왼쪽으로 직진, Mac & Marti's 끼고 우회전, 도보 9분.

9 쇼군 Shogun

TV 프로그램 〈맛있는 녀석들〉 괌 특집편에 소개된 곳. 눈앞에서 랍스터와 스테이크를 동시에 구워내는 철판 쇼가 꽤나 화려하다. 한국인이 운영하는 곳이라, 카카오톡으로 메뉴 상담을 받고 예약을 할 수 있어 편리하다. 음식 사진을 촬영해 SNS에 올리면 현장에서 바로 음료 서비스를 진행하고 있으며 15:00-17:00에는 해피아워 이벤트로 디너 메뉴를 15%할인된 가격에 맛볼 수 있다.

지도 P.90-B3 **주소** 210 Pale San Vitores Rd., Tamuning **전화** 671-649-0117(카카오톡 아이디 SHOGUNGUAM) **홈페이지** blog.naver.com/seoyun2012 **영업** 10:00~22:00 **예산** $17.50~175 (런치 세트 $17.50-19.50, 디너 콤비네이션 코스 $50~65) **가는 방법** 안토니오 비 원 팻 국제공항에서 차로 5분. T 갤러리아 by DFS 등지고 왼쪽으로 도보 25분. PIC 건너편.

10 우오마루 혼텐 Uomaru Honten

일본 선술집의 흥성거리는 분위기를 느낄 수 있는 곳. 낮에는 덮밥이나 초밥을 먹으러, 저녁에는 회와 튀김을 맛보러 갈 만하다. 여행 후 가볍게 한 잔 하고 싶을 땐, 신선한 회와 바삭바삭한 치킨을 안주 삼아 즐기기 좋다. 칼라만시 사워 Calamansi Sour라는 이름의 새콤달콤한 칵테일 소주도 시도해볼 만하다. 메뉴가 방대하니 취향껏 골라 주문하는 재미를 느낄 수 있다.

지도 P.89-B1 **주소** 1275 Pale San Vitores Rd., Tamuning **전화** 671-648-0901 **영업** 11:00~23:30 **예산** $5~35(오늘의 다양한 사시미 Today's Assorted Sashimi $15(스몰사이즈)) **가는 방법** 안토니오 비 원 팻 국제공항에서 차로 8분. T 갤러리아 by DFS 등지고 오른쪽으로 도보 6분, 웨스틴 리조트 괌 옆에 위치.

☕ **카페 & 디저트** 괌의 카페 양대 산맥은 하와이에서 물 건너온 호놀룰루 커피, 그리고 괌의 스타벅스로 불리는 포트 오브 모카다. 그런가 하면 도넛을 비롯, 달콤한 디저트를 전문으로 파는 상점들도 기세등등하다. 여행 중 피로가 몰려올 때, 잠시 들러 에너지를 충전하자.

1 호놀룰루 커피 Honolulu Coffee

하와이의 대표 커피 브랜드라 할 수 있는 호놀룰루 커피를 괌에서도 맛볼 수 있다. 세계 3대 커피 중 하나로 손꼽히는 코나 커피가 베스트 셀러지만, 이곳만의 특별한 음료에 도전하고 싶다면 견과류가 함유된 너티 하와이안 라테를 반드시 맛볼 것. 이곳만의 장점을 하나 더 꼽으라면 코나 커피의 최상위 품종인 엑스트라 팬시, 피베리 Peaberry 등의 원두를 구입할 수 있다는 것. 여행 도중 더운 괌 날씨에 갈증을 느낀다면 이곳에서 하와이 대표 맥주인 코나 브루잉 Kona Brewing 병맥주를 맛보는 것도 좋은 아이디어다.

지도 P.89-A4 ▶ **주소** 1082 Pale San Vitores Rd., Tumon **전화** 671-646-6802 **영업** 10:00~22:00 **예산** $3.00~10 (너티 하와이안 커피 $4.75~5.75, 아사이 볼 $10.95) **가는 (하와이안 아메리카노 Hawaiian Americano $5.75, 리아 by DFS 등지고 왼쪽으로 직진, 도보 6분. 투몬 샌즈 플라자 내 1층. 더 플라자와 T 갤러리아 by DFS 에서도 만날 수 있다.

CHECK! 괌의 별다방과 콩다방, 포트 오브 모카 VS 커피 비너리

괌 여행자들이 자주 마주치는 카페가 두 곳 있는데, 바로 포트 오브 모카 Port of Mocha 와 커피 비너리 Coffee Beanery 입니다. 현지인들도 즐겨 찾는 이곳들은 괌의 별다방과 콩다방으로 불릴 만큼 인기가 많고, 주로 쇼핑몰에 들어서며 입지를 다지고 있어요. 두 곳 모두 커피는 물론 다양한 메뉴를 선보이는데 포트 오브 모카에서는 샐러드나 베이커리를, 커피 비너리에서는 샌드위치를 추천합니다. 괌의 분위기가 물씬한 카페가 궁금하다면, 이 두 곳을 들러보세요.

③ 구드 먼치스 Gud Munchies

철판 아이스크림을 맛볼 수 있는 곳. 더 플라자 1층에 자리한다. 우유와 두유, 아몬드 우유 등 베이스 아이스크림을 선택한 뒤 에스프레소, 치즈 케이크, 초코칩 등 함께 섞어줄 재료와 아이스크림 위에 토핑 할 재료까지 선택하면 주문 완료. 철판 위에서 착착 고르게 섞으면 나만의 맛있는 맞춤 아이스크림이 탄생된다. 무얼 고를지 망설여진다면, 시그니처 메뉴를 참고할 것.

지도 P.89-A3 **주소** 1255 Pale San Vitores Rd,, Tamuning **전화** 671-969-2483 **영업** 11:00~22:00 **예산** $7(스위트 타르트 치즈 케이크 $7, 커피 하이 $7) **가는 방법** 안토니오 비 원 팻 국제공항에서 차로 8분. T 갤러리아 by DFS 건너편, 도보 1분.

나만의 맛있는 맞춤 아이스크림 ▶▶▶

④ 윈첼스 도넛 하우스 Winchell's Donut House

그야말로 도넛 천국. 달콤한 도넛과 와플, 머핀, 베이글을 비롯한 다채로운 베이커리를 한자리에서 즐길 수 있는 곳. 24시간 운영하니 한밤에 출출할 때 언제든 달려갈 수 있어 더 좋다. 무한 리필해주는 커피도 이곳만의 장점. 아침이라면 크램 차우더 수프나 밥과 햄&에그 스크램블이 곁들여진 조식 메뉴를 즐겨보자.

지도 P.90-B4 **주소** 443 marine Corps Dr,, Tamuning (근처 Car's Unlimited **주소**) **전화** 671-647-1531 **홈페이지** winchellsguam,com **영업** 24시간 **예산** $1~3,99(도넛 개당 $1, 조식 세트 Breakfast platters $4,99~6.99) **가는 방법** 안토니오 비 원 팻 국제공항에서 차로 4분. T 갤러리아 by DFS에서 Pale San Vitores Rd를 타고 남쪽으로 직진, GU

14A를 끼고 좌회전, Marine Corps Dr 끼고 우회전 후 직진, 오른쪽에 위치.

칵테일 바 & 펍 노을이 지고 어둠이 내리는 시간, 칵테일 한 잔은 여행의 피로를 말끔히 풀어준다. 투몬&타무닝 지역은 대부분 리조트 내에서 칵테일 바를 운영하는데, 대체로 호젓하고 깔끔한 분위기라 자리를 잡고 한 잔 즐기기 좋다. 길거리 펍은 보다 시끌벅적하고, 흥겨운 음악이 끊이지 않는다.

1 캐스트 어웨이즈 Cast Aways

자그마한 수영장이 있는 펍으로 괌의 이국적인 현지 분위기를 제대로 느낄 수 있다. 칵테일의 종류가 많아 골라 마시는 재미가 있는데, 특히 레드 와인에 오렌지와 파인애플, 라임 등을 넣어 달콤하게 만든 샹그리아의 일종인 레드 트로피카나 Red Tropicana는 누구든 부담없이 즐길 수 있다. 소고기의 육즙을 그대로 느낄 수 있는 버거와 다양한 종류의 나초는 식사 대용으로도 좋다.

지도 P.89-A3 **주소** 1260 Pale San Victores Rd., Tumon **전화** 671-647-7000 **홈페이지** castawaysguam.com **영업** 18:00~02:00 **예산** $6.49~15.99(레드 트로피카나 Red Tropicana $9.95, 볼케이노 이럽션 버거 Volcano Eruption $13) **가는 방법** 안토니오 비 원 팻 국제공항에서 차로 7분. T 갤러리아 by DFS 등지고 왼쪽으로 직진, 도보 1분.

2 뱀부 바 Bambu Bar

드넓게 펼쳐진 투몬 베이의 아름다운 물빛을 바라보며 하루를 마무리하기 좋은 칵테일 바. 18:30~22:00에는 라이브 공연이 열려 여행의 흥을 돋운다. 칵테일 외에도 스테이크나 파스타, 치킨 윙, 포테이토 칩 등 식사도 주문할 수 있으니 함께 곁들여 볼 것. 호텔 로비에 오픈 바 형태로 자리하기 때문에 아이들과도 부담 없이 머무를 수 있다.

지도 P.89-A2 **주소** 1255 Pale San Vitores Rd., Tamuning **전화** 671-649-9000 **영업** 18:30~23:00 **예산** $5~45(그릴드 스테이크&랍스터 Grilled Steak & Lobster $35, 치킨 카르보나라 Chicken Carbonara $18) **가는 방법** 안토니오 비 원 팻 국제공항에서 차로 9분. T 갤러리아 by DFS 건너편 아웃리거 괌 비치 리조트 로비에 위치.

Mia's Advice

클럽, 펍에 입장할 때 주의점!
신분증이 반드시 있어야 해요. 여권 혹은 한국 신분증이 없다면 입장을 거절당하거나 술 주문을 할 수 없으니 꼭 지참하세요. 펍과 클럽의 영업시간은 02:00까지이며, 이후는 술 판매를 할 수 없으니 여흥을 적당히 즐기고 귀가하는 것이 좋아요. 또한 만약의 불상사를 막기 위해 낯선 사람들의 접근은 피해야겠습니다.

③ 샴락스 펍 앤 이터리
Shamrocks Pub and Eatery

켈트족의 테마로 꾸민 펍. 맥주를 좋아하는 이들에게 특히 환영 받는 곳이다. 다양한 종류의 수제 맥주와 생맥주 탭을 마련해 골라 마시는 재미가 있다. 무엇을 마셔야 할지 모르겠다면 비어 플라이트 Beer Flight를 주문해보자. 자신이 고른 4개의 맥주를 미니사이즈의 컵에 담아 조금씩 시음해 볼 수 있다. 월~금요일 15:00~18:00에 맥주 가격이 $1~3까지 할인되는 해피 아워도 진행한다. 다트와 당구대가 한편에 자리해 술과 함께 간단한 게임을 즐길 수 있고, 안쪽에는 클럽이 있어 주말에는 문전성시를 이룬다. 클럽 이용 시에는 따로 입장료를 지불해야 한다.

지도 P.89-A3 **주소** 1180 Pale San Vitores Rd., Tamuning **전화** 671-969-7726 **영업** 토~목 17:00~02:00, 금 17:00~24:00 **예산** $11~30(비어 플라이트 Beer Flight $8~12) **가는 방법** 안토니오 비 원 팻 국제공항에서 차로 7분. T 갤러리아 by DFS 등지고 왼쪽으로 직진, 도보 2분.

④ 라이브하우스 괌 Livehouse Guam

괌 현지 밴드의 진짜배기 음악을 만나고 싶다면 이곳으로 달려갈 것. 왁자지껄한 분위기에 신나는 음악과 함께라면 금세 기분이 좋아진다. 규모는 작아도 괌에서 유명한 밴드들의 공연을 라이브로 감상할 수 있는 좋은 기회. 빅 웨이브 Big Wave 맥주나 상큼한 열대 과일 향이 물씬한 칵테일 한 잔과 함께라면 감상이 더 즐거워진다.

지도 P.89-A4 **주소** 1010 Pale San Vitores Rd., Tumon 또는 110 Pale San Vitores Rd., La Isla Plaza, Tumon **전화** 671-480-4342 **영업** 화~토 18:00~02:00 **휴무** 월,일요일 **예산** 공연에 따라 조금씩 다름. **가는 방법** 안토니오 비 원 팻 국제공항에서 차로 6분. T 갤러리아 by DFS 등지고 왼쪽으로 직진, 도보 8분.

CHECK! 블루 라군 플라자 Blue Lagoon Plaza

다양한 스타일의 펍이 한 곳에 모여 있다. 루트 66 Route 66, 몰리스 Molly's, 브릭스 Brix, 마스 펍 Mars Pub, 펜타곤 Pentagon에 이르는 여러 공간이 서로 연결되어 있다. 브릭스는 피자가 맛있기로 유명하고, 몰리스는 아이리시 스포츠 펍이며, 루트 66은 디스코 라운지다. 주말이 되면 현지인과 관광객이 뒤섞여 분주하다. 블루 라군 플라자 내 맥 & 마티 Mac & Marti는 매일 22:00에 재즈 공연을 펼치니, 편안하게 라이브 음악을 감상하고 싶다면 이곳으로. 가격대는 맥주 한 잔에 $5~8 정도다.

주소 997 Pale San Vitores Rd., Tamuning

SHOPPING
투몬&타무닝의 쇼핑

면세 천국, 쇼퍼홀릭의 작은 낙원. 괌 여행은 쇼핑에서 시작해서 쇼핑으로 끝난다고 해도 과언이 아니다. 명품 브랜드를 만날 수 있는 글로벌 면세점 T 갤러리아 by DFS ^{T Galleria by DFS}, 다양한 브랜드와 유명 맛집이 모여 있는 더 플라자 ^{The Plaza}와 괌 프리미어 아웃렛 ^{Guam Premier Outlets}, 다양한 생필품을 구입할 수 있는 최적의 장소 K 마트 ^{K mart} 까지. 24시간이 모자랄 쇼핑 스폿 리스트가 펼쳐진다.

1 T 갤러리아 by DFS T Galleria by DFS

규모와 위치, 입점된 명품 브랜드를 감안하면 괌 쇼핑의 기점, 투몬의 대표 랜드마크, 그리고 플레저 아일랜드 괌의 구심점이다. 투몬 지역의 랜드마크라고 할 수 있다. 160여 개의 브랜드가 들어섰으니 관광객이라면 한 번쯤 꼭 들르게 마련이다. 공항 면세가와 같은 가격으로 패션, 뷰티, 액세서리, 유아용품 등을 구입할 수 있으니 지갑이 활짝 열린다. 특히 샤넬 Chanel의 경우 국내에서 구하기 힘든 아이템을 이곳에서 만나볼 수 있다는 반가운 쇼핑 팁이 있다. 16:00 이전에 구매한 손님에 한해 호텔까지 무료 배송이 가능하며, 세계 어느 지점에서 구입하더라도 100% 품질 보증이 가능해, 괌에서 구매 후 제품에 문제가 있다면 한국 고객 서비스 센터에서 해결할 수 있다.

지도 P.89-A2 주소 1296 Pale San Vitores Rd., Tumon 전화 671-646-9640 홈페이지 www.dfs.com/en/guam 운영 10:00~23:00 가는 방법 레드 구아한 트롤리 셔틀 버스 승차, 레아레아 셔틀 버스 승차. 괌 국제공항에서 Hwy 10A를 타고 직진하다 S Marine Corps Dr를 끼고 우회전 후 Happy Landing Rd를 끼고 다시 좌회전 후 Pale San Vitores Rd를 끼고 우회전 후 직진. 오른쪽에 위치. 차로 10분.

Tip 공략해야 할 브랜드 & 제품

에스티 로더 Estée Lauder 어드밴스트 나이트 리페어, 조 말론 Jo Malone 향수, 몽클레어 Moncler 점퍼, 꼼 데 가르송 COMME des GARÇONS 티셔츠와 신발, 엠에스지엠 MSGM 맨투맨 티셔츠

최신 아이템이 모두 모여있어요!

Mia's Advice

셔틀 버스나 택시를 이용하려면 T 갤러리아 by DFS 지하 1층으로 향하는데 이곳에는 유나이티드 체크인 카운터와 각종 투어프로그램을 예약할 수 있는 한국 여행사 등이 모여 있답니다. 특히 르 프티 카페 Le Petit Café가 있어 휴식을 취하기 좋아요. 쇼핑에 지친 일행이 있다면 이곳에서 커피 한 잔 하기를 추천합니다.

❷ 더 플라자 The Plaza

괌의 유명 맛집인 슈림프와 잇 스트리트 그릴, 관광객으로서의 여흥을 마음껏 즐길 수 있는 하드 록 카페까지. 이름난 레스토랑과 명품 숍이 바로 이곳에 모여 있다. 그런가 하면 언더워터월드 Under Water World, 레아레아 라운지 Lea Lea Lounge, JCB 플라자 라운지 JCB Plaza Lounge도 한데 자리하며, 아웃리거 괌 리조트 Outrigger Guam Resort와는 로비를 공유한다. 호놀룰루 커피와 함께 최근 호놀룰루 쿠키 컴퍼니 Honolulu Cookie Company도 새로 입점해 더 많은 이들의 발길이 오간다. 평소에는 세일이 없지만 11월 블랙 프라이데이부터 연말까지는 최대 80%까지 세일을 진행하니 이 시기를 노릴 만하다. 무료 와이파이 등 방문객 편의를 제공하니 알아두면 좋다.

지도 P.89-A2 **주소** 1225-1275 Pale San Vitores Rd., Tumon **전화** 671-649-1275 **홈페이지** theplazaguam.com **운영** 10:00~23:00(일부 레스토랑이나 바는 시간이 연장될 수 있음) **가는 방법** 안토니오 비 원 팻 국제공항에서 차로 8분. T 갤러리아 by DFS 건너편, 도보 1분.

Tip 공략해야 할 브랜드 & 제품

폴 스미스 Paul Smith 의류와 신발, 리모와 Rimowa 캐리어, 보테가 베네타 Bottega Veneta 가방, 구찌 Gucci 버킷백, 비비안웨스트우드 Vivienne Westwood 가방, 롤렉스 Rolex 시계

Mia's Advice

쇼핑과 미식을 사랑하는 여행자라면 슈퍼패스 카드와 한나카드, 그리고 SK텔레콤의 T멤버십 카드를 이용하세요. 70곳이 넘는 레스토랑의 할인과 20개가 넘는 쇼핑 혜택을 누릴 수 있거든요. 슈퍼패스 카드는 '괌조아 닷컴' 공식 웹사이트에서 예약한 후, 괌 공항 하나투어 부스에서 예약번호를 제시하고 카드를 수령할 수 있고, 한나카드는 휴대전화로 모바일 카드를 만들 수 있어요. T멤버십 카드는 SKT 가입자에 한해 사용할 수 있는데, 세부 사용처가 적힌 지도를 괌 공항 1층 SK웰컴데스크에서 제공한답니다.

슈퍼패스 카드 guamjoa.com **한나카드** www.hannacard.com **T멤버십 카드** tmembership.tworld.co.kr

❸ ABC 스토어스 ABC Stores

하와이에 가면 거짓말 조금 보태 건물마다 하나씩 있을 만큼 유명한 체인 쇼핑센터로, 괌에서도 만나볼 수 있다. 화장품, 기념품, 각종 비상약, 먹거리, 수영용품 이외에도 여행에 필요한 간단한 생필품까지 그야말로 없는 게 없다. 특히 뷰티 코너는 일본의 드러그 스토어를 그대로 옮겨 놓은 것 같은 착각마저 든다. 출국 전 미처 사지 못한 기념품을 사려면 마지막으로 둘러봐도 좋을 곳. 늦은 시간까지 영업한다는 것도 이곳만의 매력이다. 괌에는 특히 투몬&타무닝 지역에 매장이 몰려 있는데, 각 지점에서 구입한 영수증을 모두 모아 합산 $100 이상이 되면 기념품을 제공하며(구매일로부터 14일 이내의 영수증에 한함), 더 플라자 The Plaza에 위치한 ABC 스토어스의 경우 $60 이상 구매 시 호텔까지 무료 배송이 가능하다. 더 플라자 이외에도 괌 프리미어 아웃렛 Guam Premier Outlets, 아가냐 쇼핑 센터 Agana Shopping Center, 퍼시픽 플레이스 Pacific Place, 마이크로네시아 몰 Micronesia Mall 등 주요 쇼핑몰에 자리한다.

지도 P.89-A2 **주소** 1255 Pale San Vitores Rd., Tamuning **전화** 671-646-0911 **홈페이지** www.abcstores.com **운영** 07:30~01:00 **가는 방법** 안토니오 비 원 팻 국제공항에서 차로 8분. T 갤러리아 by DFS 건너편 더 플라자 1층.

❹ JP 슈퍼스토어 JP Superstore

한국인들 사이에서 인기 있는 브랜드와 우리나라에서는 만나기 힘든 브랜드 매장이 모여 있어 인기가 높은 쇼핑센터. 특히 하루 일정이 끝난 밤, 관광객들이 산책 삼아 매일 들르는 인기 쇼핑 명소이기도 하다. 특히 우리나라 엄마들 사이에서 유명한 유아 브랜드와 명품 브랜드, 그 외에도 괌에서만 구입할 수 있는 기념품과 인테리어 소품, 개성 강한 주방용품까지 백화점을 그대로 옮겨 놓았다. 특히 다양한 명품 브랜드의 키즈 라인을 입점시켜 다른 매장과 차별화를 두었다. 또한 텀블러계의 샤넬이라 일컫는 하이드로 플라스크 Hydro Flask도 이곳에서 만날 수 있다. 미국 젊은이들 사이에서 핫한 아이템인데, 차가운 음료는 24시간, 뜨거운 음료는 6시간까지 온도를 유지하기 때문에 선물로도 훌륭하다. 단, 쇼핑 전 한국에서 판매하는 가격과 비교해 보고 더 저렴한 제품 위주로 구입하도록 하자.

지도 P.89-B2 **주소** 1328 Pale San Vitores Rd., Tamuning **전화** 671-646-7887 **홈페이지** www.jpshoppingguam.com **운영** 09:00~23:00 **가는 방법** 안토니오 비 원 팻 국제공항에서 차로 8분. T 갤러리아 by DFS 등지고 오른쪽에 위치. 도보 5분.

Tip 공략해야 할 브랜드 & 제품

톰 포드 Tom Ford 선글라스, 스킵홉 Skip Hop 장난감, 멜리사&더그 Melissa&Doug 장난감, 폴스미스 주니어 Paul Smith Junior 의류, 겐조 Kenzo · 모스키노 Moschino 키즈 의류 · 끌로에 Chloe 키즈 의류

보온 보냉 기능이 훌륭한 하이드로 플라스크

5 괌 프리미어 아웃렛 Guam Premier Outlets(GPO)

한국인들 사이에선 괌 여행을 오면 반드시 들러야 하는 쇼핑 명소로 손꼽히는 곳. 흔히 GPO라고 줄여서 부르며, 쇼핑과 식사, 엔터테인먼트까지 한 번에 즐길 수 있는 대형 쇼핑센터다. 개장과 동시에 한국인들이 제일 먼저 달려가는 곳은 여러 가지 제품을 놀랍도록 저렴한 가격에 구입할 수 있는 대형 할인 매장 로스 ROSS. 특히 여행용 캐리어와 어린이 옷, 장난감 코너는 제일 먼저 동이 난다. 게임 센터가 함께 있는 피자 전문점 척 이 치즈 Chuck E Cheese's나 무료 실내 놀이터인 키즈 플레이 코너 Kids Play Corner가 있어 어린이를 동반한 가족 여행자들이 함께 즐기기 좋다. 없는 게 없는 잡화점 ABC 스토어 ABC Store까지 꼼꼼하게 구경하려면 24시간이 부족하다.

지도 P.90-B4 **주소** 199 Chalan San Antonio, Tamuning **전화** 671-647-4032 **홈페이지** www.gpoguam.com **운영** 10:00~21:00 **가는 방법** 안토니오 비 원 팻 국제공항에서 차로 5분. T 갤러리아 by DFS에서 Pale San Vitores Rd를 타고 남쪽으로 직진, 플로레스 대주교 동상이 있는 원형 교차로(Archibishop Felixberto Flores Memorial Circle)에서 Hwy 14(Chalan San Antonio)로 진입 후 직진. 오른쪽에 위치. 차로 10분.

어디부터 가 볼까?
GPO 쇼핑 공략 지도

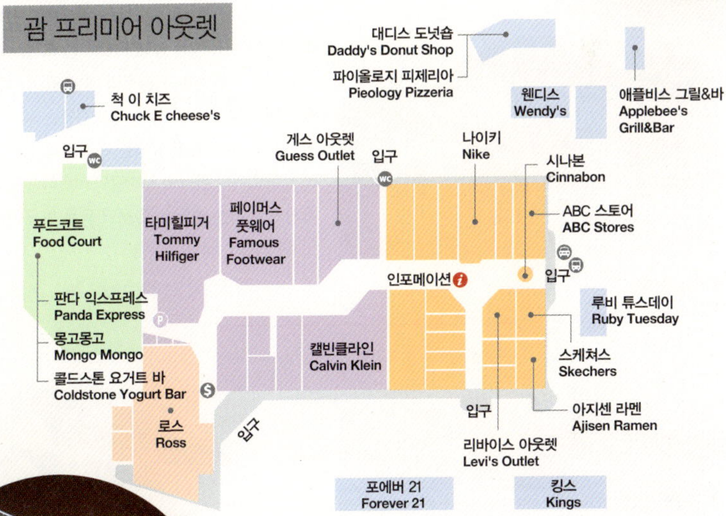

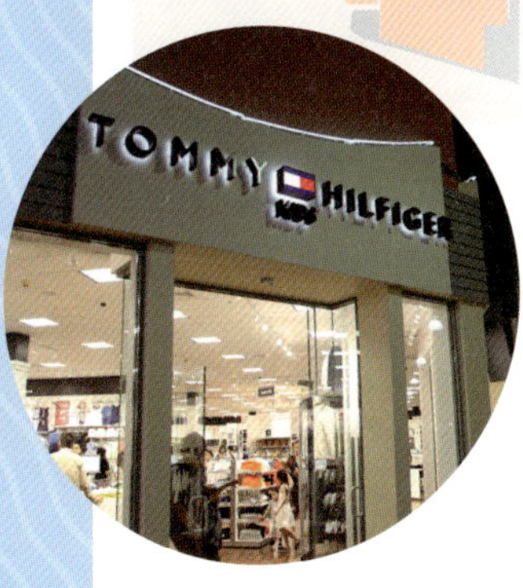

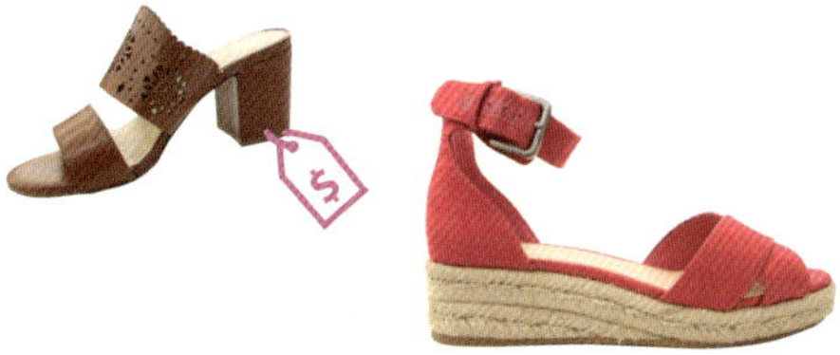

곰 프리미어 아웃렛

- 척 이 치즈 Chuck E cheese's
- 입구
- 푸드코트 Food Court
- 판다 익스프레스 Panda Express
- 몽고몽고 Mongo Mongo
- 콜드스톤 요거트 바 Coldstone Yogurt Bar
- 로스 Ross
- 타미힐피거 Tommy Hilfiger
- 페이머스 풋웨어 Famous Footwear
- 캘빈클라인 Calvin Klein
- 입구
- 대디스 도넛숍 Daddy's Donut Shop
- 파이올로지 피제리아 Pieology Pizzeria
- 게스 아웃렛 Guess Outlet
- 입구
- 나이키 Nike
- 인포메이션
- 포에버 21 Forever 21
- 웬디스 Wendy's
- 시나본 Cinnabon
- ABC 스토어 ABC Stores
- 입구
- 루비 튜스데이 Ruby Tuesday
- 스케쳐스 Skechers
- 아지센 라멘 Ajisen Ramen
- 리바이스 아웃렛 Levi's Outlet
- 킹스 Kings
- 애플비스 그릴&바 Applebee's Grill&Bar

Tip 공략해야 할 브랜드 & 제품

타미 힐피거 Tommy Hilfiger 온 가족 의류, 나이키 Nike 운동화, 로스 Ross 매장 내 장난감 & 샘소나이트 Samsonite 캐리어

괌 프리미어 아웃렛 유명 맛집

괌 프리미어 아웃렛 내에는 미국 프랜차이즈 레스토랑은 물론, 어린이 놀이공간을 겸비한 레스토랑, 정식부터 버거, 피자, 디저트까지 다양한 종류의 음식이 있어 선택 범위도 넓다. 괌 프리미어 아웃렛의 추천 맛집을 소개한다.

1 킹스 KING'S

40년 동안 현지인들의 사랑을 듬뿍 받고 있는 패밀리 레스토랑. 푸짐한 양에 음료 무한 리필, 600칼로리 미만을 자랑하는 저칼로리 메뉴, 양이 적은 사람을 위한 미니 밀 Mini Meal 등을 마련하는 세심한 배려가 돋보인다. 킹스를 유명한 레스토랑으로 만든 알라 볶음밥이나 한국의 갈비탕과 비슷한 맛이라 친근하게 느껴지는 카돈 비프 섕크 등은 한국인 입맛에도 잘 맞는다. 24시간 운영.

지도 P.90-B4 전화 671-646-5930 홈페이지 www.gpoguam.com/kings 영업 24시간 예산 $4.99~27.99(알라 볶음밥 Fried Rice Ala $11.30, 카돈 비프 쉥크 Kadon Beef Shank $14.30)

담백한 맛이 일품인 슈림프 퐁뒤

2 루비 튜스데이 Ruby Tuesday

미국 전역에서 만날 수 있는 프랜차이즈 패밀리 레스토랑. 루비 튜스데이의 매력은 바로 샐러드바에 있다. 샐러드바만 이용할 수도 있고, 메인 메뉴에 $6.99를 더 내면 샐러드바를 추가로 이용할 수 있다. 그 외 립과 스테이크, 햄버거가 대표 메뉴.

지도 P.90-B4 전화 671-647-7829 홈페이지 www.rubytuesday.com 영업 10:30~23:00 예산 $11~30(슈림프 퐁뒤 Shrimp Fondue $14.79, 뉴욕 스트립 NY Strip $27.79)

SPECIAL : GPO 맛집

3 척 이 치즈 Chuck E Cheese's

어린이들의 게임센터. 미국에서는 어린이들의 생일 파티 때 단골 장소이기도 하다. 돈을 토큰으로 바꿔서 각종 게임도 즐기고, 피자나 음료수도 주문할 수 있다. 아이들이 이곳을 좋아하는 이유는 게임의 결과에 따라 쿠폰이 지급되는데, 그 쿠폰을 모으면 장난감으로 교환할 수 있기 때문. 게다가 매 시 30분마다 척 이 치즈 캐릭터가 등장해 쿠폰을 제공하는 '쇼 타임'이 있다. 작은 피자 하나와 음료수 두 잔 주문 시 15개의 토큰이 필요하다.

지도 P.90-B4 **전화** 671-647-4544 **홈페이지** www.cecguam.com **영업** 일~목 10:00~21:00, 금~토 10:00~22:00 **예산** $10~30(10$ 30Tokens, 30$ 130 Tockens)

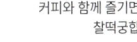
커피와 함께 즐기면 찰떡궁합

4 시나본 Cinnabon

2017년 가을, 한국에도 상륙한 시나본. 마카라 시나몬과 바닐라, 레몬 향이 어우러진 크림치즈 프로스팅을 듬뿍 올린 시나본 롤은 커피와 함께 즐기면 찰떡궁합. 대부분의 쇼핑센터에 자리하고 있어, 쇼핑 중 잠깐의 휴식이 필요할 때 제 몫을 톡톡히 하고 있다.

지도 P.90-B4 **전화** 671-969-9224 **영업** 11:00~22:00 **예산** $5,99~10,99

⑤ 파이올로지 피제리아
Pieology Peria

내 입맛에 맞게 원하는 토핑 재료와 소스를 고른 뒤 스톤 오븐에서 구워 주는 시스템이다. 때문에 1인 1피자를 주문하게 되는 곳. 피자 하나당 굽는 데 소요되는 시간은 단 3분. 탄산음료는 무한 리필이고, 남은 피자는 박스에 포장도 가능하다. 깔끔한 외관과 인테리어, 저렴한 가격 때문에 현지인들도 열광한다.

지도 P.90-B3 **전화** 671-969-9224 **홈페이지** locations.pieology.com/site-map/GU/GUAM **영업** 11:00~22:00 **예산** $5.99~11.99

남은 피자는 박스에 포장도 가능

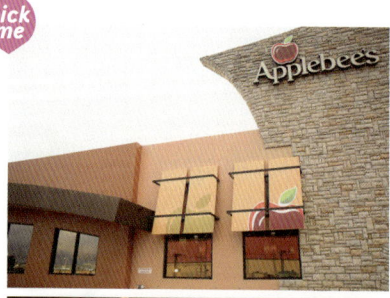

⑥ 애플비즈 그릴 & 바
Applebee's Grill & Bar

정통 미국 음식을 맛볼 수 있는 곳. 햄버거와 스테이크, 치킨 메뉴 등이 사랑받는 곳. 특히 햄버거는 빵 위에 애플 도장이 찍혀 서빙 되는데 보는 재미를 더한다. 경제적인 메뉴들이 많은 곳. 취향에 맞게 세트 메뉴를 구성해서 즐길 수도 있고, 점심시간 역시 런치 콤보로 보다 저렴한 식사가 가능하다. 17:00~폐점시간까지는 해피 아워로 이 시간에는 생맥주가 $5, 타코나 슈림프, 에그롤 등 간단한 핑거 푸드가 $5.50~9.50이며, 매주 수요일에는 여성 방문자에 한해 50% 할인도 해준다.

지도 P.90-B4 **전화** 671-648-2337 **홈페이지** restaurants.applebees.com/guam **영업** 11:00~23:00 **예산** $4.99~45(카우보이 버거 Cowboy Burger$15.49, 바삭한 맥주집 치킨 Crispy Brewhouse Chicken $17.99)

SPECIAL : GPO 맛집

7 웬디스 Wendy's

주근깨 양갈래 머리를 딴 캐릭터가 인상적인 패스트 푸드. 아주 오래전에 한국에 상륙했다 일찌감치 퇴장한 브랜드지만, 미국 내에서는 인기가 높다. 특히 아침에 간단히 조식을 해결하려는 사람들에게는 최고의 장소. 햄버거 전문점이지만 소시지와 스크램블, 밥을 곁들인 조식 메뉴 Local Breakfast Platters(포르투갈 소시지, 에그&라이스 Portuguese Sausage Eggs&Rice $3.85, 베이컨 프라이드 라이스 Bacon Fried Rice $1.99)가 인기!

지도 P.90-B3 **전화** 671-647-0282 **홈페이지** www.wendys.com **영업** 06:00~22:00(조식 월~금 07:00~10:30, 토~일 07:00~11:00) **예산** $4.69~6.99

한 입에 넣기 힘들 정도로 큰 치킨 너겟.

8 아지센 라멘 Ajisen Ramen

저렴하면서도 시원한 고기 국물을 베이스로 한 일본식 라면을 먹고 나면 속까지 든든하다. 라면 한 그릇으로 부족하다면 볶음밥을 추가($4.75)하자. 담백한 고기 국물을 원한다면 차슈 라멘을, 매운맛을 원한다면 볼케이노 라멘을, 한국 맛이 그립다면 김치 라멘도 좋다.

지도 P.90-B4 **전화** 671-649-8896 **영업** 11:00~22:00 **예산** $3.00~15,00(차슈 라멘 Chasu Ramen $10.75, 볼케이노 라멘 Volcano Ramen $10.75)

매콤한 맛이 일품! 볼케이노 라멘.

❻ 투몬 샌즈 플라자 Tumon Sands Plaza

투몬 메인 거리에서 조금 떨어져 있긴 하지만 한적하게 쇼핑하기 안성맞춤. 한국인들에게 입소문난 철판구이 전문점 조이너스 레스토랑 케야키 Joinus Restaurant Keyaki, 하와이의 100% 코나 커피를 맛볼 수 있는 호놀룰루 커피까지 있어 쇼핑과 식사, 디저트까지 논스톱으로 해결할 수 있다. 사전 예약 시 BMW 차량으로 호텔(타무닝 내 위치한 호텔에 한함) 무료 픽업 서비스가 있으며, 쇼핑몰 내 휠체어&유모차 무료 대여와 괌 프리미어 아웃렛 Guam Premier Outlets을 오가는 셔틀 버스(P.68~69 참조) 운행 등 편리한 서비스를 많이 갖추고 있다.

지도 P.89-A4 **주소** 1082 Pale San Vitores Rd., Tumon **전화** 671-646-6802 **홈페이지** www.tumonsandsguam.com **운영** 10:00~22:00 **가는 방법** 안토니오 비원 팻 국제공항에서 차로 7분. 레드 구아한 트롤리 셔틀 버스 승하차, 레아레아 셔틀 버스 승하차, 투몬 샌즈 플라자 셔틀 버스 승하차, T 갤러리아 by DFS 등지고 왼쪽에 위치, 도보 5분.

Tip 공략해야 할 브랜드 & 제품

* 폴 스미스 Paul Smith 의류 및 소품, 마리메꼬 Marimekko(본보야지 Vonvoyage 매장 내) 인테리어 소품, 발렌시아가 Balenciaga, 보테가 베네타 Bottega Veneta, 겐조 Kenzo, 끌로에 Chloe, 지방시 Givenchy, 구찌 Gucci의 가방을 비롯한 각종 잡화, 롤렉스 Rolex 시계

Mia's Advice

투몬 샌즈 플라자 후문에서는 괌 프리미어 아웃렛을 오가는 무료 셔틀 버스를 운행하고 있어요. 오전 10시부터 밤 10시까지 운행하며, 10~15분 정도 소요된답니다.
정거장 투몬 샌즈 플라자 – 퍼시픽 스타 리조트 Pacific Star Resort – 퍼시픽 아일랜드 클럽 Pacific Island Club – 괌 프리미어 아웃렛 – PIC 맞은편 – 로얄 오키드 호텔 Royal Orchid
시간표 www.tumonsandsguam.com/tsp-gpo-bus-schedule

7 케이 마트 Kmart

괌 쇼핑 코스의 마지막 보루라고 해도 과언이 아닌곳. 우리나라에서 흔히 볼 수 있는 대형 마트처럼 보이지만, 국내에서 찾아보기 힘든 물건들을 저렴하게 구할 수 있다. 한국인 여행자 사이에서는 이곳에서 구매한 알짜배기 아이템을 서로 공유하기도. 비타민과 상비약, 육아용품과 장난감, 식료품과 주방용품 등 둘러보기만 해도 시간이 훌쩍 지나갈 정도다. 종합영양제 센트룸 Centrum, 진통제인 애드빌 Advil과 천연 소화제인 텀즈 Tums 등 의약품, 자외선 차단제와 아쿠아슈즈, 스노클링 장비 뿐 아니라 괌 맥주와 말린 망고, 김치 대용으로 먹으면 제격인 망고 피클, 이지치즈 등이 추천할 만한 아이템이다. 그외 추천 제품은 P.50를 참고할 것.

지도 P.91-C3 **주소** 404 North Marine Dr., Tamuning **전화** 671-649-9878 **홈페이지** www.kmart.com **운영** 24시간 **가는 방법** 안토니오 비 원 팻 국제공항에서 차로 3분. T 갤러리아 by DFS에서 Pale San Vitores Rd를 타고 남쪽으로 직진, 14A(GU 14A)를 끼고 좌회전 후, 다시 S Marine Corps Dr를 끼고 우회전, 왼쪽에 위치. 차로 7분.

8 코스트 유 레스 Cost U Less

대형 물류 창고형 마트. 우리에게 익숙한 코스트코와 얼핏 비슷해 보이는데, 회원카드가 필요 없어 여행객들도 부담 없이 둘러볼 수 있다는 사실. 초콜릿이나 작은 사이즈의 스낵 묶음, 지인들에게 대량으로 선물할 기념품을 구입할 때 특히 요긴한 곳. 숙소에서 바비큐가 가능하다면 이곳에서 저렴하게 많은 양의 육류를 구입할 수 있으니 알아두면 좋다. 자정까지 영업하니 늦은 밤, 마트 쇼핑을 원한다면 이곳으로 향할 것.

지도 P.90-B4 **주소** 265 Chalan San Antonio Rd., Tamuning **전화** 671-649-4744 **홈페이지** www.costuless.com/tamuning/about-us **운영** 07:00~12:00 **가는 방법** 안토니오 비 원 팻 국제공항에서 차로 6분. T 갤러리아 by DFS에서 Pale San Vitores Rd를 타고 남쪽으로 직진, 플로레스 대주교 동상이 있는 원형 교차로(Archibishop Felixberto Flores Memorial Circle)에서 Hwy 14(Chalan San Antonio)으로 진입 후 직진, 오른쪽에 위치. 차로 10분. 괌 프리미어 아웃렛 옆에 위치.

north guam

현지인들의 삶을 엿볼 수 있는
북부

관광객들이 모여 있는 투몬과 타무닝 지역을 벗어나면, 꾸미지 않은 자연 그대로의 괌을 만날 수 있다. 이곳은 괌 국립 야생 동물 보호지역으로 지정되어 섬의 풍부한 생태계가 펼쳐지기 때문이다. 섬 북단에 위치한 사화산인 산타로사산에 오르면 그 아름다운 풍광을 한눈에 바라볼 수 있다. 북부에서 반드시 마주해야 할 명소는 다음과 같다. 투명하고 눈부신 파이파이 파우더 샌드 비치, 기상조건에 따라 출입이 통제되는 날카롭고 매혹적인 바다 리티디안 비치, 그리고 연인들이 꼭 들러 사랑을 맹세한다는 사랑의 절벽이다. 이토록 매력적인 자연을 배경으로 ATV와 스카이 다이빙 등 액티비티를 즐기는 재미도 쏠쏠하다. 가족 여행자라면 아이들을 위한 소규모 놀이터인 판타스틱 파크를 거느린 마이크로네시아 몰도 놓쳐선 안 되겠다. 사실, 가장 인상적인 풍경은 주말 새벽, 데데도 벼룩시장에서 펼쳐진다. 괌 사람들 틈에 섞여 이 땅에서 나고 자란 과일과 채소, 꼬치구이 등을 맛볼 수 있는 기회다.

CHECK! 남태평양 기념공원 South Pacific Memorial Park

괌의 역사가 궁금하다면 지고 Yigo 지역의 남태평양 기념공원을 방문해보자. 규모는 작지만, 제2차 세계대전이 휩쓸고 간 상흔이 여행자를 압도한다. 일본이 주둔하던 괌을 미국이 재탈환하기 위해 폭격기와 함포사격의 타깃이 되었던 장소로, 1941년부터 1945년까지 약 50만 명의 일본군과 미군, 괌 현지인들이 목숨을 잃은 자리다. 이후 1970년, 전쟁으로 인해 목숨을 잃은 수많은 병사와 일반인들을 위로하기 위해 남태평양 기념공원을 조성했다. 평화사라는 이름의 절간엔 불상과 함께 전쟁 당시 사용되었던 물건들이 자리한다(괌의 85%가 로마 가톨릭교임에도 이곳만큼은 불상이 기념공원을 지키고 있는데, 일본인들이 법인을 세우고 관리하는 까닭이다). 기념비 오른쪽 계단으로 내려가면 당시 일본군에서 지휘본부로 사용했던 토굴 2개가 있다.

주소 Milalak Dr., Yigo 홈페이지 www.spmaguam.org 운영 08:00~17:00(12:00~13:30 점심시간)

사랑의 절벽, ©괌정부관광청

LOOK INSIDE
들여다보기

괌의 중심지인 투몬&타무닝 다음으로 인기가 많은 지역. 진정한 괌의 매력을 알고 싶다면, 북부를 놓쳐선 안 된다. 때 묻지 않은 괌의 청정한 해변가는 물론이고 데데도 벼룩시장을 통해 현지인들의 삶을 보다 가까이에서 엿볼 수 있기 때문. 적당히 느긋한 괌 사람들의 템포에 맞춰 유유자적, 북부를 여행해보자.

리티디안 비치 Ritidian Beach

투몬에서 험난한 도로를 40~50여 분가량 달려야 만날 수 있는 바다. 괌 국립 야생 동물 보호구역으로 지정된 이곳은 그야말로 자연이 인간을 위해 빚어낸 최고의 선물이다. 아름다운 백사장을 걸어도 좋고, 인적 드문 해변에서 물놀이를 즐겨도 좋다. 물론, 기념 촬영은 필수! 단 파도가 높거나 날씨가 좋지 않으면 입장을 제한할 수 있으니 미리 운영 여부를 체크할 것.

더 비치 레스토랑 & 바 The Beach Restaurant & Bar

건 비치 Gun Beach를 끼고 있는 바 & 레스토랑. 이곳에서 칵테일 한 잔과 함께 뜨거운 노을을 바라보기를. 이 시간대에는 라이브 공연도 함께 즐길 수 있어 금상첨화. 레스토랑에 딸린 비치발리볼 코트에서 공놀이를 즐기거나, 해변에 비치된 선베드에 누워 평화로운 해변을 느끼는 것 또한 여행자로서 누릴 수 있는 호사다.

사랑의 절벽 Two Lovers Point

괌을 소개하는 책자나 기념품에 빠지지 않고 등장하는 사랑의 절벽은 북부 지역의 대표 관광 명소다. 전망대에서 바라보는 바다가 아름다운데, 특히 일몰 시간에는 곳곳에서 셔터 누르는 소리가 들릴 정도로 많은 인파가 몰려든다. 근처 기념품 숍은 냉방시설을 갖췄고, 사랑의 종 근처의 야외 매점에서는 망고 생과일 주스를 판매하니 더위를 식히기에도 제격이다.

데데도 벼룩시장 Dededo Flea Market

게을러지기 쉬운 주말 새벽, 데데도 벼룩시장은 단잠을 떨치고라도 반드시 둘러봐야 할 북부 여행의 핵심 코스다. 괌 전통 의상부터 기념품, 액세서리, 장난감, 과일은 물론이고 즉석에서 구운 꼬치 바비큐까지 향토색 짙은 볼거리와 즐길 거리를 한데 경험할 수 있기 때문. 가족 단위로 구경 나온 현지인들 사이에 섞여 주말 오전을 활기차게 시작할 수 있다.

TRAVEL COURSE
추천 여행 코스

1DAY

괌의 천혜 자연을 만끽하는 에코 투어

오전 일찍 부지런히 출발해 리티디안 비치를 제대로 즐겨보자. 그런 뒤에는 스타 샌드 비치로 이동, 취향에 맞게 ATV, 집라인 등의 액티비티와 함께 스타 샌드 해변가에서 바비큐를 즐기며 유유자적한 시간을 보낸다. 해 지기 전 사랑의 절벽을 들러 전망대에서 바라보는 파노라마 오션 뷰를 감상한 뒤 더 비치 레스토랑 & 바에서 아름다운 일몰과 더불어 저녁 식사로 하루를 마감한다.

1 COURSE
리티디안 비치
P.163

차로 23분

2 COURSE
스타 샌드 비치
P.168

차로 49분

3 COURSE
사랑의 절벽
P.165

차로 9분

4 COURSE
더 비치 레스토랑 &
P.173

북부

1DAY
쇼핑과 스릴 만점 액티비티를 동시에

스카이다이빙을 제일 이른 시간으로 예약한다면 데데도 벼룩시장까지도 둘러볼 수 있다. 근처 마이크로네시아 몰까지 쇼핑을 끝낸 후, 해 질 무렵 시작되는 타오타오씨 비치 디너 쇼를 즐기면 하루가 알차게 끝난다. 마이크로네시아 몰에서 식사할 예정이라면, 타오타오씨 비치 디너쇼는 식사를 제외하고 쇼만 관람하는 티켓으로 보다 저렴하게 즐겨보자.

1 COURSE
스카이 다이브 괌
P.171

차로 15분

2 COURSE
데데도 벼룩시장
P.176

차로 2분

3 COURSE
마이크로네시아 몰
P.177

차로 6분

4 COURSE
타오타오씨 비치 디너 쇼
P.171

INFORMATION
여행에 유용한 정보

 쇼핑 데데도 벼룩시장은 직접 기른 식물이나 입지 않는 옷, 그날 새벽에 잡은 생선들도 가지고 나온다. 누구나, 아무것이나 판매할 수 있는 이곳에서 가장 큰 구경거리는 바로 개성 넘치는 판매자들이다. 무엇을 반드시 사지 않더라도, 그저 둘러보는 것만으로 쏠쏠한 곳이다. 다만 늦어도 08:00 전에는 도착하는 것이 좋다. 북적거리던 시장도 09:00 이후로는 파장 분위기로 일순 조용해지기 때문. 그런가 하면 마이크로네시아 몰 Micronesia Mall 은 다양한 캐주얼 브랜드가 모여 있는 복합 쇼핑몰이다. 옷을 구입할 예정이라면 마이크로네시아 몰 내에 있는 백화점, 메이시스 Macy's 부터 공략하는 것이 좋다. 랄프 로렌 Ralph Lauren, 타미 힐피거 Tommy Hilfiger 등은 필수로 체크해야 하는 브랜드. 타미 힐피거의 경우 괌 프리미어 아웃렛보다 제품의 질도 좋고, 쇼핑하기 쾌적하다(괌 프리미어 아웃렛의 경우 계산하는 데만 30분가량 소요된다. 그만큼 사람이 많다). 슈퍼패스 카드나 한나카드를 이용하면 15%가량 할인된 가격으로 메이시스에서 구매할 수 있다. 다양한 장난감, 유아용품 등을 구비해 한국 엄마들이 반드시 들르는 필수 코스이기도 하다.

 와이파이 마이크로네시아 몰을 제외하고는 무료로 와이파이를 이용할 수 있는 곳이 거의 없다. 렌터카를 이용해 북부를 둘러볼 계획이라면 포켓 와이파이는 필수다. 특히 가는 길이 험한 비포장 도로인 리티디안 해변 쪽도 포켓 와이파이만 있으면 유용하게 해변을 찾을 수 있다. 포켓 와이파이는 괌 국제공항에서 빌릴 수 있다.

 택시 투어 택시회사에 따라 조금씩 다르나 괌한인친구택시(카카오톡 아이디 @괌한인친구택시)의 경우 사랑의 절벽과 리티디안 비치를 둘러보는 데 총 3시간 소요되며, 4인 기준 $150다. 돗자리와 아이스박스를 무료로 대여해주는 서비스도 포함되어 있으며 리티디안 비치에서 물놀이도 가능하다. 괌의 대표 택시인 미키 택시를 이용, 투몬에서 출발해 사랑의 절벽만 방문할 경우 5인 기준으로 왕복 $40~50다.

ACCESS
가는 방법

공항에서 북부의 대표 관광지인 사랑의 절벽까지는 11분, 북부 끝에 위치한 리티디안 비치까지는 35분이 소요된다. 북부의 경우 리티디안 비치로 향하는 길이 비포장 도로인 점을 감안해서 여행 계획을 짜는 것이 좋다.

 택시 공항에 상주할 수 있는 택시회사는 미키 택시뿐이다. 따라서 공항에서 바로 나와 북부를 둘러보고 싶다면 공항 내 대기하고 있는 미키 택시를 이용하면 된다. 공항에서 바로 북부의 사랑의 절벽으로 향할 경우 대략 $40~60 예산을 잡으면 된다(5인 기준).

Mia's Advice

시내의 호텔에서 북부 투어를 할 경우 헬로미키 택시(미키 택시와 다른 회사)를 이용하면 다양한 혜택이 있어요. 프로아 Proa, 비치인 슈림프 Beachin'Shrimp, 론스타 스테이크 하우스 Lone Star Steakhouse, 아이홉 IHOP 등 레스토랑뿐 아니라 타미 힐피거(괌 프리미어 아웃렛) 등의 브랜드와 연계되어 있어, 헬로미키 택시 영수증을 제시할 경우 5~10%가량 할인받을 수 있거든요. 카카오톡 아이디 헬로미키를 통해 직접 카카오톡으로 금액을 알아볼 수 있고, 예약을 요청할 수 있다는 것도 장점이죠.

 렌터카 공항에 내려서 북부로 바로 이동하려면 우선 공항에서 렌터카를 픽업하자. 렌터카 업체에 따라 공항에서 바로 차량 픽업이 불가능한 곳(셔틀 버스를 타고 시내로 이동해 시내에서 차량을 인도받는 경우)도 있으니 예약 전 미리 체크하는 것이 중요하다. 중심지인 투몬&타무닝에서 북부로 이동한다면, 메인 도로인 페일 샌 비토레스 로드 Pale San Vitores Rd에서 투몬 경찰서가 있는 남쪽 방향으로 직진한 후 투몬 샌즈 플라자 Tumon Sands Plaza를 지나 왼쪽의 해피 랜딩 로드 Happy Landing Rd를 끼고 좌회전 후 다시 왼쪽의 마린 코프스 드라이브 Marine Corps Dr를 끼고 좌회전 후 직진하면 북쪽으로 향하게 된다. 가장 먼저 만나는 곳은 북쪽의 대표적인 쇼핑센터 마이크로네시아 몰이며, 투몬 중심에서 약 7분 소요된다.

 셔틀 버스 공항에서 바로 북부로 향하는 셔틀 버스는 없다. 단 투몬&타무닝 시내에서 북부를 오가는 셔틀 버스는 있다. 마이크로네시아 몰, 사랑의 절벽, 주말에만 운행하는 데데도 벼룩시장은 레드 구아ھ 트롤리 셔틀 버스나 레아레아 셔틀 버스가 운행되고 있다. 투몬&타무닝 지역 다음으로 관광객에게 인기가 많은 것은 바로 편리한 셔틀 버스가 운행되고 있기 때문.

TRANSPORTAION
지역 교통 정보

북부는 리티디안 비치를 제외하면 대부분 대중 교통을 이용해 쉽게 오갈 수 있다. 레드 구아한 트롤리 셔틀 버스와 레아레아 셔틀 버스를 이용하면 마이크로네시아 몰(1일 $9~12)과 사랑의 절벽(왕복 $10, 입장료 포함), 주말 아침 데데도 벼룩시장(왕복 $7)을 방문할 수 있다. 그 외 건 비치와 파이파이 파우더 샌드 비치는 픽업 서비스를 운영하는 더 비치 레스토랑 & 바 The Beach Restaurant & Bar를 끼고 있어 비교적 접근이 쉽다.

셔틀 버스
북부에서 인기가 많은 곳인 마이크로네시아 몰, 더 비치 레스토랑 & 바, 데데도 벼룩시장, 사랑의 절벽 등은 레드 구아한 트롤리 셔틀 버스 Red Guahan Trolley Shuttle Bus와 레아레아 셔틀 버스 LeaLea Shuttle Bus의 승하차가 가능하다. 티켓을 미리 구입하거나 예약하고 싶다면 아래의 사이트를 클릭해 볼 것.
문의 www.lamlamguam.com, Guamjoa.blog

Mia's Advice
T 갤러리아 by DFS, 마이크로네시아 몰, 괌 프리미어 아웃렛에서 버스 탑승 시 현금으로 결제 가능해요.

레드 구아한 트롤리 셔틀 버스
Red Guahan Trolley Shuttle Bus
버스 티켓은 휴대전화 애플리케이션(람람 트롤리 버스)을 통해 구매하거나, T 갤러리아 by DFS 의 레드 트롤리 승차장 또는 괌 프리미어 아웃렛 정문에서 구매할 수 있다. 편도 $4, 1일 패스($12, 애플리케이션 이용 시 $10), 2일 패스($15), 3일 패스($20, 한국에서만 판매), 5일 패스 ($25, 괌에서만 판매)가 있으나 북부의 경우에는 앞서 언급한 패스로는 투몬 셔틀과 쇼핑몰 노선의 버스에만 탑승할 수 있고 사랑의 절벽과 데데도 벼룩시장은 따로 티켓을 구입해야 한다. 사랑의 절벽은 왕복 $10(입장료 $3 포함)이며, 데데도 벼룩시장은 왕복 $7다. 데데도 벼룩시장의 티켓은 T 갤러리아 by DFS 의 레드 트롤리 승차장에서 금요일에만 구입할 수 있다.

투몬 셔틀 Tumon Shuttle

> 배차 간격 15분
> 괌 프리미어 아웃렛 기준 첫차/막차 10:05/21:05
> 마이크로네시아 몰 기준 첫차/막차 10:30/21:00

북부노선 괌 프리미어 아웃렛 Guam Premier Outlets (GPO) → 온워드 비치 리조트 Onward Beach Resort → 쉐라톤 라구나 괌 리조트 Sheraton Laguna Guam Resort → 힐튼 괌 앤 리조트 스파 Hilton Guam & Resort Spa → 퍼시픽 아일랜드 클럽 건너편 Across Pacific Island Club(PIC) → 파운틴 플라자 Fountain Plaza → 홀리데이 리조트&스파 괌 건너편 Across Holiday Resort & Spa Guam → 퍼시픽 베이/그랜드 플라자 Pacific Bay/Grand Plaza → 투몬 샌즈 플라자 Tumon Sands Plaza → 하얏트 리젠시 괌 건너편 Across Hyatt Regency Guam → T 갤러리아 by DFS T Galleria by DFS → JP 슈퍼 스토어 JP Super Store → 퍼시픽 플레이스 Pacific Place → 호텔 니코 괌 Hotel Nikko Guam → 롯데호텔 괌 Lotte Hotel Guam → 마이크로네시아 몰 Micronisia Mall

남부노선 마이크로네시아 몰 Micronisia Mall → 퍼시픽 플레이스 Pacific Place → 퍼시픽 플레이스/웨스틴 리조트 괌 건너편 Pacific Place/Across Westin Resort Guam → 더 비치 레스토랑 & 바 The Beach Restaurant & Bar → 호텔 니코 괌 Hotel Nikko Guam → 롯데호텔 괌 Lotte Hotel Guam → 웨스틴 리조트 괌 Westin Resort Guam → 아웃리거 괌 비치 리조트/더 플라자 Outrigger Guam Beach Resort/The Plaza → 샌드 캐슬 괌 매직 쇼 /하얏트 리젠시 괌 Guam Sand Castle Magic Show/Hyatt Regency Guam → 투몬 샌즈 플라자 건너편 Across Tumon Sands Plaza → 홀리데이 리조트&스파 괌/피에스타 리조트 괌 Holiday Resort & Spa Guam/Fiesta Resort Guam → 퍼시픽 아일랜드 클럽 Pacific Island Club(PIC) → 이파오 공원/괌 방문자 센터 Ypao Park/GVB → 힐튼 괌 앤 리조트 스파 Hilton Guam & Resort Spa → 쉐라톤 라구나 괌 리조트 Sheraton Laguna Guam Resort → 온워드 비치 리조트 Onward Beach Resort → 괌 프리미어 아웃렛 Guam Premier Outlets(GPO)

쇼핑몰 셔틀 Shopping Mall Shuttle

> 배차 간격 25분
> 마이크로네시아 몰 기준
> 첫차/막차 11:00/20:20

마이크로네시아 몰 Micronesia Mall → K 마트 K Mart → 괌 프리미어 아웃렛 Guam Premier Outlets (GPO)

데데도 벼룩시장 Dededo Flea Market

> 배차 간격 15분(2회 출발)
> 온워드 비치 리조트 기준 첫차/막차 06:00/06:15
> 데데도 벼룩시장 기준 첫차/막차 08:00/08:15

호텔 출발 온워드 비치 리조트 Onward Beach Resort → 쉐라톤 라구나 괌 리조트 Sheraton Laguna Guam Resort → 힐튼 괌 앤 리조트 스파 Hilton Guam & Resort Spa → 퍼시픽 아일랜드 클럽 건너편 Across Pacific Island Club(PIC) → 파운틴 플라자 Fountain Plaza → 홀리데이 리조트&스파 괌 건너편 Across Holiday Resort & Spa Guam → 퍼시픽 베이/그랜드 플라자 Pacific Bay/Grand Plaza → 하얏트 리젠시 괌 건너편 Across Hyatt Regency Guam → JP 슈퍼 스토어 JP Super Store → 퍼시픽 플레이스 Pacific Place → 호텔 니코 괌 Hotel Nikko Guam → 롯데호텔 괌 Lotte Hotel Guam → 웨스

틴 리조트 괌/ 괌 리프&올리브 스파 리조트 Westin Resort Guam/Guam Reef & Olive Spa Resort → 데데도 벼룩시장 Dededo Flea Market

> 데데도 벼룩시장 출발 데데도 벼룩시장 Dededo Flea Market → 퍼시픽 플레이스 Pacific Place → 호텔 니코 괌 Hotel Nikko Guam → 롯데호텔 괌 Lotte Hotel Guam → 웨스틴 리조트 괌/ 괌 리프&올리브 스파 리조트 Westin Resort Guam/Guam Reef & Olive Spa Resort → 아웃리거 괌 비치 리조트/더 플라자 Outrigger Guam Beach Resort/The Plaza → 샌드 캐슬 괌 매직 쇼 /하얏트 리젠시 괌 Guam Sand Castle Magic Show /Hyatt Regency Guam → 홀리데이 리조트&스파 괌/피에스타 리조트 괌 Holiday Resort & Spa Guam/Fiesta Resort Guam 퍼시픽 아일랜드 클럽 Pacific Island Club(PIC) → 이파오 공원/괌 방문자 센터 Ypao Park/GVB → 힐튼 괌 앤 리조트 스파 Hilton Guam & Resort Spa → 쉐라톤 라구나 괌 리조트 Sheraton Laguna Guam Resort → 온워드 비치 리조트 Onward Beach Resort

사랑의 절벽 Two Lovers Point

> 배차 간격 35~40분
> T 갤러리아 by DFS 기준 첫차/막차 09:30~18:00

T 갤러리아 by DFS T Galleria by DFS → JP 슈퍼 스토어 JP Super Store → 마이크로네시아 몰 Micronesia Mall → 사랑의 절벽 Two Lovers Point → T 갤러리아 by DFS T Galleria by DFS

레아레아 셔틀 버스 LeaLea Shuttle Bus

레아레아 셔틀 버스 티켓은 더 플라자 쇼핑센터 내 레아레아 라운지, 온워드 비치 리조트 앞 HIS 티켓 판매 부스, 괌 리프&올리브 스파 리조트 와 힐튼 괌 앤 리조트 스파, 플라자 등의 호텔과 T 갤러리아 by DFS, 괌 프리미어 아울렛 레아레아 투어 데스크에서 구매할 수 있다. 북부 노선의 경우 마이크로네시아 몰에서 출발해 여러 호텔을 거쳐 괌 프리미어 아울렛, JP 슈퍼 스토어를 승하차하는 호텔 순환 코스, 마이크로네시아 몰과 K마트, 괌 프리미어 아울렛을 오가는 쇼핑 센터 순환 버스가 있으며 편도 $4, 1일권 $10, 3일권 $15, 5일권 $20다. 5세 미만은 무료이며 어린이(6~11세)일 경우 편도 금액은 성인과 같고, 1~5일권 모두 동일하게 $8에 판매한다. 데데도 벼룩시장은 1일권, 7일권으로 탑승할 수 없고 따로 구입해야 하는데 레아레아 데스크에서 미리 구입 시 $7, 당일 버스에 승차하면서 구입 시 $8다. 모두 왕복.

호텔 코스 Hotel Course

> 배차 간격 10분
> T 갤러리아 by DFS 출발 기준
> 첫차/막차 09:08/21:29

T 갤러리아 by DFS By DFS T Galleria By DFS → 괌 플라자 리조트 & 스파/JP 슈퍼 스토어 Guam Plaza Resort & Spa /JP Superstore → 마이크로네시아 몰 Micronesia Mall → 타가다 놀이공원 Tagada Amusement → 퍼시픽 플레이스 Pacific Place → 더 비치 레스토랑 & 바 The Beach Restaurant & Bar → 호텔 니코 괌 Hotel Nikko Guam → 롯데호텔 괌 Lotte Hotel Guam → 웨스틴 리조트 괌 Westin Resort Guam → 괌 리프&올리브 스파 리조트 Guam Reef & Olive Spa Resort → 아웃리거 괌 비치 리조트/더 플라자 Outrigger Guam Beach Resort/The Plaza → 샌드 캐슬 괌 매직쇼/하얏트 리젠시 괌 Sand Castle Guam Magic Show/Hyatt Regency Guam →투몬 샌즈 플라자 건너편 Across Tumon Sands Plaza → 홀리데이 리조트&스파 괌/피에스타 리조트 괌 Holiday Resort &

Spa Guam/Fiesta Resort Guam ↔ 퍼시픽 아일랜드 클럽 Pacific island Club (PIC) ↔ 이파오 공원/괌 방문자 센터 Ypao Park/GVB ↔ 힐튼 괌 앤 리조트 스파 Hilton Guam & Resort Spa ↔ 쉐라톤 라구나 괌 리조트 Sheraton Laguna Guam Resort ↔ 온워드 비치 리조트 Onward Beach Resort ↔ 괌 프리미어 아울렛 Guam Premier Outlets(G-PO) ↔ 온워드 비치 리조트 Onward Beach Resort ↔ 쉐라톤 라구나 괌 Sheraton Laguna Guam Resort ↔ 힐튼 괌 앤 리조트 스파 Hilton Guam & Resort Spa ↔ 퍼시픽 아일랜드 클럽 건너편 Across Pacific Island Club(PIC) ↔ 파운틴 플라자 Fountain Plaza ↔ 홀리데이 리조트 앤 스파 괌 건너편 Across Holiday Resort & Spa Guam ↔ 퍼시픽 베이 Grand Plaza ↔ 투몬 샌즈 플라자 Tumon Sands Plaza ↔ 하얏트 리젠시 괌 건너편 Across Hyatt Regency Guam ↔ T 갤러리아 By DFS/레아레아 라운지 T galleria By DFS/Lealea Lounge ↔ 괌 플라자 리조트 & 스파 /JP 슈퍼 스토어 Guam Plaza Resort & Spa /JP Super Store

쇼핑 센터 코스 Shopping Center Course

> 배차 간격 20분
> 마이크로네시아 몰 기준 첫차/막차 11:00/20:20
> 괌 프리미어 아울렛 기준 첫차/막차 11:00/20:20

마이크로네시아 몰 Micronesia Mall ↔ K 마트 K Mart ↔ 괌 프리미어 아울렛 Guam Premier Outlets (GPO)

데데도 벼룩시장 Dededo Flea Market

> 배차 간격 2회
> 타가다 놀이공원 기준 첫차/막차 06:00/06:30
> 데데도 벼룩시장 기준 첫차/막차 08:15/08:45

타가다 놀이공원 Tagada Amusement ↔ 호텔 니코 괌 Hotel Nikko Guam ↔ 웨스틴 리조트 괌 Westin Resort Guam ↔ 괌 리프&올리브 스파 리조트 Guam Reef & Olive Spa Resort ↔ 아웃리거 괌 비치 리조트/더 플라자 Outrigger Guam Beach Resort/The Plaza ↔ 샌드 캐슬 괌 매직쇼/하얏트 리젠시 괌 Sand Castle Guam Magic Show/Hyatt Regency Guama ↔ 홀리데이 리조트&스파 괌/피에스타 리조트 괌 Holiday Resort & Spa Guam/Fiesta Resort Guam ↔ 퍼시픽 아일랜드 클럽 Pacific island Club (PIC) ↔ 힐튼 괌 앤 리조트 스파 Hilton Guam & Resort Spa ↔ 쉐라톤 라구나 괌 리조트 Sheraton Laguna Guam Resort ↔ 온워드 비치 리조트 Onward Beach Resort ↔ 데데도 벼룩시장 Dededo Flea Market

마이크로네시아 몰 무료 셔틀 버스 Micronesia Mall Free Shuttle Bus

> 배차 간격 20분
> 마이크로네시아몰 기준 첫차/막차 10:10/21:005

마이크로네시아 몰 Micronesia Mall → 롯데 호텔 괌 Lotte Gotel Guam → 아웃리거 괌 비치 리조트 Outrigger Guam Beach Resort → 퍼시 픽 아일랜드 클럽 Pacific Island Club(PIC)

 택시 북부 택시투어를 이용할 예정이라면 미리 예약을 하는 것이 좋다. 한인 택시회사의 경우 카카오톡 (@괌한인친구택시, @헬로미키, @ guam7788, @guam5004) 등으로 예약이 가능하며, 미리 금액과 일정 등을 문의할 수 있다. 호텔에서 출발, 편도로 목적지를 가고 싶다면 호텔 컨시어지에서 택시를 부탁하면 된다. 괌에서는 택시가 무조건 콜택시로 운영된다는 것도 알아 두자.

 렌터카 렌터카를 이용해 리티디안 비치를 방문할 계획이라면 비포장 도로를 조심하자. 북쪽으로 접근할수록 도로가 거친데, 이 때문에 리티디안 비치로 가는 길에 타이어가 파손되거나 손상됐을 경우 보험 처리가 불가능하다. 따라서 운전이 버거운 여행객이라면 한인 택시회사를 이용하거나 리티디안만 오가는 투어를 이용하는 방법도 있다(2시간 대기, 대략 $170).

ATTRACTION
북부의 볼거리

북부에는 호기심 어린 여행자들을 사로잡는 명소가 곳곳에 자리한다. 연인의 애절한 이야기를 전설로 간직한 사랑의 절벽, ATV와 집라인, 바비큐까지 논스톱으로 즐길 수 있는 스타 샌드 비치, 북부의 최고 볼거리라 할 만한 리티디안 비치에 이르는 수많은 명소가 펼쳐지니 한 나절 동안 바지런히 둘러보자.

1 건 비치 Gun Beach

투몬 비치의 북쪽 끄트머리에 자리한 해변. 탁 트인 전망과 특히 일몰에 아름다운 전망이 펼쳐져 관광객들이 알음알음 찾아오는 명소다. '총Gun' 이라는 독특한 이름을 갖게 된 것은 제2차 세계대전에서 패한 일본군의 대포가 이곳에 남아 있기 때문. 산호초가 많아 물속에 들어갈 땐 반드시 아쿠아 슈즈를 신어야 한다. 관광객들이 많은 투몬 비치에 비해 한적하고 열대어가 많아 스노클링을 즐기기에 제격. 해변가에 자리한 더 비치 레스토랑 & 바 The Beach Restaurant & Bar에서 설치한 선베드에 누우면 해변 전망을 벗삼아 칵테일과 맥주를 마시기 좋다.

지도 P.153-A3 **주소** 14A, Gun Beach Rd., Tamuning **운영** 24시간(운영 시간이 정해져 있지 않으나, 이른 새벽이나 늦은 밤에는 출입을 삼가) **가는 방법** 안토니오 비 원팻 국제공항에서 차로 10분. T 갤러리아 by DFS 등지고 오른쪽으로 Pale San Vitores Rd를 지나 Gun Beach Rd로 진입. 도보 19분. 더 비치 레스토랑 & 바 앞 해변.

② 리티디안 비치 Ritidian Beach

괌 국립 야생동물 보호구역으로 지정되어 있어, 천혜의 자연을 바라보면서 힐링하기 좋은 곳. 하지만 가는 길이 비포장 도로라 매우 험난하고, 투몬에서 차로 40~50분이 소요되는 거리라는 단점이 있다. 괌 여행자들은 '이 모든 것을 감내하고도 리티디안 비치를 갈 것인가?'를 고민하지만 '고생 끝에 낙이 온다'는 말처럼, 모든 수고로움을 잊고 그저 아름다움에 넋놓게 되는 곳이기도 하다. 보호구역으로 지정된 탓에 매점, 샤워시설, 화장실 등의 시설이 없고, 구조요원도 없으니 물놀이에 각별히 조심하고 간단한 먹거리는 꼭 챙겨가야 한다. 파도가 높으면 바로 입장을 금지시키기 때문에 출발 전 미리 전화해서 입장을 체크하는 것이 좋다.

지도 P.153-A1 **주소** Ritidian Point, Yigo **운영** 07:30~16:00 (국가 지정 공휴일과 날씨가 안 좋은 경우 폐쇄) **전화** 671-355-5096 **가는 방법** T 갤러리아 by DFS에서 Pale San Vitores Rd를 타고 남쪽으로 직진, Happy Landing Rd를 끼고 좌회전 후, 다시 S Marine Corps Dr를 끼고 좌회전 후 직진. 왼쪽에 uuu(Hwy 9) 도로 끼고 좌회전, 직진 후 삼거리에서 3A(Hwy 3A) 끼고 좌회전, 차로 35분.

③ 탕기슨 비치 파크 Tanguisson Beach Park

북부의 대표 관광 명소인 사랑의 절벽에서 북쪽으로 좀 더 올라가면 나타난다. 널리 알려진 곳이 아니라 비교적 사람의 손을 덜 탄, 자연스러운 풍경을 만끽할 수 있는 해변이다. 보석처럼 반짝이는 백사장이 유독 아름답지만, 자갈이 많아 맨발로 다니는 것은 피해야 하고 역시 아쿠아 슈즈를 착용하는 편이 좋다. 바다를 마주 보고 오른쪽으로 15분 정도 해변가를 걷다 보면 버섯 모양의 바위가 자리하는데, 현지인들은 버섯 바위 Mushroom Rock 라는 애칭으로 부르며 즐겨 찾는다. 이 바위는 바닷물의 간조와 만조 때 신비로운 형상을 사진으로 담을 수 있어 특히 유명하다.

지도 P.153-A3 **주소** Tanguisson Beach, Dededo **운영** 24시간 (운영 시간이 정해져 있지 않으나, 이른 새벽이나 늦은 밤에는 출입을 삼가) **가는 방법** 안토니오 비 원 팻 국제공항에서 차로 13분. T 갤러리아 by DFS에서 Pale San Vitores Rd를 타고 남쪽으로 직진, Happy Landing Rd를 끼고 좌회전 후, 다시 S Marine Corps Dr를 끼고 좌회전 후 직진. 왼쪽에 HWY34번 도로 끼고 좌회전 후 직진. 사랑의 절벽 지나서 해안가에 위치. 차로 14분.

④ 파이파이 파우더 샌드 비치 Faifai Powder Sand Beach

입자가 곱고 아름다운 모래사장으로 이름 높은 프라이빗 비치. 그 눈부신 풍광은 세계적으로도 손꼽힌다. 과거 부유한 차모로족의 거주지이기도 했던 이곳은 건 비치와 절벽을 사이에 두고 맞닿아 있는데, 산호 부스러기가 곱게 부서져 모래로 바뀌는 바람에 '파우더 샌드'라는 이름을 갖게 됐다. 특히 괌 현지 관광청에서는 파이파이 파우더 샌드 비치의 물이 식수로 이용해도 될 만큼 깨끗하다고 보고하기도 했는데, 그만큼 청정한 자연 환경을 자랑한다.

지도 P.153-A3 **주소** Gun Beach Rd., Tamuning **운영** 24시간 (운영 시간이 정해져 있지 않으나, 이른 새벽이나 늦은 밤에는 출입을 삼가) **가는 방법** 안토니오 비 원 팻 국제공항에서 차로 10분. 건 비치에서 바다를 마주 보고 오른쪽으로 도보. 절벽을 지나면 바로 파이파이 파우더 샌드 비치.

5 사랑의 절벽 Two Lovers Point

괌 여행자들 사이에서 꼭 들러야 하는 관광 코스로 꼽히는 북부 지역의 대표 랜드마크. 사랑의 절벽 곳곳의 볼거리는 모두 무료지만, 2층으로 연결되어 있는 절벽 위의 전망대는 입장료를 내야 들어갈 수 있다. 전망대에서는 투몬 베이와 탁 트인 바다를 볼 수 있는데, 이곳의 진정한 매력은 일몰 시간에 드러난다. 계절에 따라 약간의 차이는 있지만 대략 18:00경, 전망대에서 바라본 환상적인 일몰은 절로 감탄을 불러 일으킨다. 공원 내 설치된 사랑의 종은 연인이 함께 치면 영원한 사랑이 이뤄지고, 혼자 치면 애인이 생긴다는 속설이 있다. 곳곳에 자물쇠로 영원한 사랑을 맹세하는 커플들의 모습도 이곳만의 볼거리. 전망대에 올라갔다면 입장권과 함께 제공 받는 쿠폰을 잘 챙겨 둘 것. 레스토랑, 상점 등 할인 & 서비스 혜택을 누릴 수 있다. 참고로 T멤버십 회원에게는 통신사 홈페이지(tmembership.tworld.co.kr)에서 대폭 할인된 금액으로 입장권을 판매한다.

지도 P.153-A3 **주소** Tumon **전화** 671-647-4107 **홈페이지** www.puntandosamantes.com **운영** 07:00~19:00 **요금** $3(6세 미만 무료) **가는 방법** 안토니오 비 원 팻 국제공항에서 차로 10분. T 레드 구아한 셔틀 버스 승하차, 갤러리아 by DFS에서 Pale San Vitores Rd를 타고 남쪽으로 직진, Happy Landing Rd를 끼고 좌회전 후, 다시 S Marine Corps Dr를 끼고 좌회전 후 직진. 왼쪽에 HWY34번 도로 끼고 좌회전 후 직진.

Mia's Advice

사랑의 절벽에 얽힌 슬프고 아름다운 전설

오래전 스페인이 괌을 통치할 당시, 부유한 스페인 귀족 남자와 차모로 족장의 딸이었던 여자가 만나 아름다운 딸을 낳았어요. 어느 날, 남자는 강력한 힘을 가진 스페인 선장과 자신의 딸이 결혼할 수 있도록 주선했죠. 하지만 그 사실을 알고 화가 잔뜩 난 딸은 섬의 북쪽 끄트머리까지, 힘 닿는 대로 도망쳤답니다. 문득 달빛이 비치는 해안가에 닿았을 때, 그녀는 차모로 가문의 젊은 전사와 사랑에 빠지고 말았습니다. 둘의 사랑은 완강한 반대에 부딪혔고, 연인들은 결국 그들의 머리를 한 매듭으로 묶어 마지막 키스를 나눈 뒤 깊은 낭떠러지를 넘어 포효하는 파도 속으로 뛰어들었어요. 두 연인은 삶과 죽음 사이에서 영원히 얽혀 진정한 사랑의 상징으로 남았답니다. 그 후로 이 절벽을 일컬어 '투 러버스 포인트 Two Lovers Point'라고 부르게 되었습니다.

6 코코 팜 가든 비치 Coco Palm Garden Beach

코코 팜 가든 비치는 일본인이 운영하는 프라이빗 비치다. 식당, 샤워실, 냉방 라운지 등 다양한 해변 시설을 제공하니 가족 단위의 여행자들이 오래 머물며 놀기 좋다. 투어 프로그램을 운영하기도 하는데, 투어 A, 투어 B, 프리미엄 Premium 등 총 세 가지로 코스가 나뉜다. 프로그램에 따라 스노클링, 바비큐 런치, 프라이빗 카바나 등의 혜택이 갈린다. 식사보다는 물놀이에 집중하고 싶은 이들이 머물기 좋겠다.

지도 P.153-A1 **주소** Dededo, Guam **전화** 671-477-4166 **홈페이지** www.cocopalm-guam.com **운영** 월~토 10:00~15:00(첫 호텔 픽업 08:40, 마지막 호텔 드롭 16:30) **휴무** 일요일 **요금** 성인 $65~250, 어린이(3~11세) $30~125 **가는 방법** 안토니오 비 원 팻 국제공항에서 차로 52분. T 갤러리아 by DFS에서 Pale San Vitores Rd를 타고 남쪽으로 직진, Happy Landing Rd를 끼고 좌회전 후, 다시 S Marine Corps Dr를 끼고 좌회전 후 직진. 왼쪽에 uuu(Hwy 9) 도로 끼고 좌회전, 직진 후 삼거리에서 3A(Hwy 3A) 끼고 좌회전. 길 끝에서 왼쪽으로 좌회전(직진하면 리티디안 비치). 차로 55분.

투어명	내용	가격	시간
투어 A Tour A	바비큐 런치, 웰컴 드링크, 스노클링 장비 등 물놀이에 필요한 장비 대여, 타월 렌탈, 물고기 먹이 제공, 호텔 픽업 & 드롭	성인 $95, 어린이 $45, 35개월 이하 무료	08:40~16:00
투어 B Tour B	웰컴 드링크, 스노클링 장비 등 물놀이에 필요한 장비 대여, 호텔 픽업 & 드롭	성인 $65, 어린이 $30, 35개월 이하 무료	08:40~16:00
프리미엄 Premium	바비큐 런치, 웰컴 드링크, 스노클링 장비 등 물놀이에 필요한 장비 대여, 타월 렌탈, 물고기 먹이 제공, 코코 팜 가든 비치 카바나 이용, 호텔 픽업 & 드롭	성인 $250, 어린이 $125, 35개월 이하 무료	08:40~16:00

Mia's Advice

코코 팜 가든 비치의 프로그램은 일괄적으로 호텔 픽업·드롭 차량을 제공합니다. 5시간 가량 물놀이를 하고 나면 온몸이 노곤해질 테니, 편안한 귀가 서비스가 고맙게 느껴집니다. 예약한 프로그램에 따라 체험 내용이 달라지니 위의 표를 꼼꼼히 살피세요. 참고로, 외부 음식과 음료는 반입 금지라 투어B의 경우 점심 불포함이라는 점을 감안하세요. 음식을 포함한 프로그램일 경우 바비큐와 생선 튀김, 카레가 1인 1접시로 제공되고 샐러드와 과일은 뷔페 식으로 즐길 수 있습니다.

7 마보 동굴 Marbo Cave & 마보 클리프사이드 Marbo Cliffside

중부에서 가장 아름다운 자연을 만날 수 있는 곳. 고대에 형성된 마보 동굴은 맑고 투명한 수질을 자랑한다. 때문에 아이들도 구명조끼만 착용한다면 얼마든 물놀이를 즐길 수 있다. 수영을 실컷 즐기고 나면 근처 마보 클리프사이드를 걸으며 대자연의 눈부신 풍광을 만끽해보자. 렌터카 등을 통해 개별적으로도 갈 수 있지만, 최근 이 지역에 사고가 잦은 만큼 여행사 투어를 이용하는 편이 좀 더 안전하다. 트로피컬 투어 괌 Tropical Tours Guam에서 마보 동굴 탐험과 마보 클리프사이드, 스노클링 투어를 운영한다. 오전과 오후 프로그램에 조금씩 가격 차이가 있으니, 예약 전 홈페이지에서 세부 내역을 확인해 볼 것.

지도 P.153-A3 **주소** 26-Macheche Rd., Mangilao **전화** 671-483-2235(Tropical Tours Guam) **홈페이지** www.tropicaltoursguam.com **운영** Cave Exploring/Snorkeling Tour 호텔 픽업 08:30~09:00, 호텔 드롭 14:00~14:30(식사 포함), Cave Exploring 호텔 픽업 15:00, 호텔 드롭 17:00(식사 불포함) **요금** Cave Exploring/Snorkeling Tour $100, Cave Exploring $50 **가는 방법** 안토니오 비 원 팻 국제공항에서 차로 11분. 갤러리아 by DFS에서 Pale San Vitores Rd를 끼고 남쪽으로 직진 후 왼쪽의 Happy Landing Rd를 끼고 좌회전. 다시 왼쪽의 Marine Corps Dr를 끼고 좌회전 후 직진. 오른쪽 26-Macheche Rd를 끼고 우회전 후 직진. 차로 19분.

Mia's Advice

트로피컬 투어 괌을 통해 마보 동굴을 즐기고 호텔에 가는 길, 현지 가이드에게 근처 슈퍼에 들르자고 부탁해보세요. 운이 좋다면 현지인들이 직접 만든 망고 피클과 열대 과일인 브레드푸르트를 튀겨 설탕으로 버무린 스낵(통칭 '브레드푸르트 칩스')을 맛볼 수 있어요. 괌 최고의 간식 중 하나랍니다.

8 스타 샌드 비치 Star Sand Beach

리티디안 비치의 출입이 통제되거나 혹은 리티디안 비치로 렌터카를 직접 운전해 가는 길이 걱정된다면, 스타 샌드 비치가 좋은 대안이 될 수 있다. 해변에는 한국인이 운영하고 괌 현지인들이 스태프로 상주하는 다양한 투어 프로그램이 있는데, 프로그램에 픽업 서비스가 포함돼 있어 숙소에서 비치까지 안전하게 이동할 수 있다. 가장 인기가 많은 프로그램으로는 정글과 비치를 모두 즐길 수 있는 스타샌드 스타팩 Star Sand Star Pack. 오전에는 정글에서 집라인 Zip Line과 사륜구동 차를 타고 도는 오프로드 Off Road를, 오후에는 스타 샌드 비치에서 바비큐와 스노클링을 즐기는 코스다. 투어 프로그램은 홈페이지를 통해 예약하면 더 저렴하게 즐길 수 있다.

지도 P.153-A2 **주소** Dededo, Guam **전화** 671-689-6829 **(카카오톡 아이디** guamstarsand) **홈페이지** www.guamstarsand.com **운영** 09:00~19:00 **요금** 성인 $85~155, 어린이(3~11세) $55~110 **가는 방법** 안토니오 비 원 팻 국제공항에서 차로 55분. T 갤러리아 by DFS에서 Pale San Vitores Rd를 타고 남쪽으로 직진, Happy Landing Rd를 끼고 좌회전 후, 다시 S Marine Corps Dr를 끼고 좌회전 후 직진. 왼쪽에 uuu(Hwy 9) 도로 끼고 좌회전, 직진 후 삼거리에서 3A(Hwy 3A) 끼고 좌회전. 길 끝에서 왼쪽으로 좌회전(직진하면 리티디안 비치). 차로 57분.

투어명	내용	가격	시간
스타샌드 스타팩 Star Sand Star Pack	오전 투어 - 정글 어드벤처 (집라인, 오프로드, 원주민 쇼 관람) 오후 투어 - 바비큐, 스노클링, 프라이빗 비치 즐기기	성인 $155, 어린이 $110, 35개월 이하 무료 (호텔 픽업 & 드롭 포함)	09:00~16:30
정글 어드벤처 Jungle Adventure	집라인, 오프로드, 원주민 쇼 관람	성인 $85, 아동 $55, 35개월 이하 무료 (호텔 픽업 & 드롭 포함)	09:00~12:30
비치투어&바비큐 Beach Tour & BBQ	스타 샌드 비치 카바나 이용, 스노클링, 바비큐	성인 $95, 아동 $65, 35개월 이하 무료 (호텔 픽업 & 드롭 포함)	09:00~14:30
선셋비치&바비큐 Sunset Beach & BBQ	스타 샌드 비치 카바나 이용, 스노클링, 바비큐, 음료&와인	성인 $110, 아동 $75, 35개월 이하 무료 (호텔 픽업 & 드롭 포함)	13:20~19:00

Mia's Advice

스타 샌드 비치에서 진행하는 바비큐는 뷔페식이 아닌 개인별로 숯불에 직접 구워 먹을 수 있는 상품이라 훨씬 프라이빗하고, 바비큐의 퀄리티도 좋은 편이에요. 바비큐 마니아라면 스타 샌드 비치의 바비큐 상품을 놓치지 마세요!

ENTERTAINMENT
북부의 엔터테인먼트

마음만 먹으면 카레이서부터 경비행기 조종사까지, 원하는 모든 것에 도전할 수 있는 곳. 바로 괌 북부다. 천혜의 자연을 무대로 하늘을 날고, 땅을 구르고, 바다를 누빈다.

1 스카이 괌 Sky Guam

괌에서 경비행기 조종사가 되어보는 건 어떨까? 하늘 높은 곳에서 섬을 한눈에 바라보는 짜릿한 경험을 할 수 있다. 탑승 시간은 20분~2시간 10분까지 다양하며, 프로그램에 따라 직접 조종해보는 '체험 조종'과 관광을 목적으로 하는 '유람 비행'으로 나뉜다. 홈페이지를 통해 최소 1주일 전에 예약해야 하고, 여권 사본을 필히 지참해야 한다. 항공 의학상의 이유로 탑승 전 18시간 이내에 스쿠버 다이빙은 금지하고 있으며, 체중이 100kg 이상일 경우에는 따로 문의해야 한다는 점, 유의해야겠다. 투몬 중심가에서 무료 픽업&드롭 서비스를 운영한다.

지도 P.153-A3 주소 Admiral Sherman Blvd., Barrigada 전화 671-477-0737 홈페이지 kr.skyguam.us 운영 08:00~18:00(마지막 예약은 14:00) 요금 $60~290(체험 프로그램의 경우 조종사 외 2인이 무료 탑승 가능한 프로그램도 있다. 유람 비행 시에는 최소 2인 이상이어야 예약 가능) 가는 방법 안토니오 비 원 팻 국제공항에서 차로 10분. T 갤러리아 by DFS에서 Pale San Vitores Rd를 타고 남쪽으로 직진, Happy Landing Rd를 끼고 좌회전 후, 다시 S Marine Corps Dr를 끼고 좌회전. 첫 번째 골목에서 우회전(도로명 없음) 후 Army Dr(Hwy 16) 도로를 끼고 우회전 후 직진. 도로명이 Hwy 8로 바뀌면, 계속 직진 후 Admiral Sherman Blvd로 진입. 차로 17분.

2 타오타오타씨 비치 디너 쇼 Taotao Tasi Beach Dinner Show

건 비치를 배경으로 한 야외 디너 쇼. 공연 전 셰프가 직접 구운 바비큐와 뷔페로 식사를 즐긴 뒤, 화려한 괌 원주민 쇼를 관람할 수 있다. 30명이 훌쩍 넘는 배우 군단이 '바다의 사람들'이라는 주제로 공연을 펼치는데, 각양각색의 섬 사람들이 펼치는 춤사위와 불 쇼가 매우 이채롭다. 후반부로 갈수록 이야기와 볼거리가 더 흥미진진해져서 집중도가 올라간다. 웅장한 무대와 규모, 화려한 연기는 더할 나위 없이 훌륭하고, 공연 전 감상할 수 있는 일몰의 아름다움 또한 감동적이다.

지도 P.153-A3 주소 Gun beach, Tumon 전화 671-646-8000(카카오톡 @bgtours) 홈페이지 www.bestguamtours.kr 운영 목~화 17:45~20:30 휴무 수요일 요금 성인 $49~235(식사 유무, 호텔 픽업 유무, 좌석에 따라 가격 차등), 어린이(만 6~11세) $25~70 가는 방법 안토니오 비 원 팻 국제공항에서 차로 10분. T 갤러리아 by DFS 등지고 오른쪽으로 Pale San Vitores Rd를 지나 Gun Beach Rd로 진입. 도보 19분. 비치 바 & 그릴 옆. 레드 구아한 트롤리 셔틀 버스 승하차, 레아레아 셔틀 버스 승하차.

3 스카이 다이브 괌 Sky Dive Guam Inc

익스트림 스포츠 마니아들을 위한 체험. 2,400m~4,200m 높이에서 시속 200km 속도로 자유낙하하는 프로그램이다. 걱정할 필요는 없다. 전문가와 한 몸이 되어 비행기에서 뛰어내리는 탠덤 스카이 다이빙 방식으로 진행한다. 15초~1분간 낙하 후, 6~7분간은 낙하산을 타고 괌의 하늘을 누빈다. 일출 무렵에는 압도적으로 아름다운 하늘을 품에 안고 비행할 수 있다. 단, 스카이 괌과 마찬가지로 24시간 이내 스쿠버 다이빙 이용자는 불가능하 역시 이용자의 체중은 100kg으로 제한하며, 여권 사본을 지참해야 한다.

지도 P.153-A3 주소 ACI Pacific Hanger, 17-3404 Neptune Blvd., Barrigada 전화 671-475-5555 홈페이지 www.skydiveguam.com 운영 06:00~18:00 요금 $299~538(견학 요금 $10~20) 가는 방법 안토니오 비 원 팻 국제공항에서 차로 11분. T 갤러리아 by DFS에서 Pale San Vitores Rd를 타고 남쪽으로 직진, Happy Landing Rd를 끼고 좌회전 후, 다시 S Marine Corps Dr를 끼고 좌회전. 첫 번째 골목에서 우회전(도로명 없음) 후 Army Dr(Hwy 16) 도로를 끼고 우회전 후 직진. 도로명이 Hwy 8로 바뀌면서, 계속 직진 후 Admiral Sherman Blvd로 진입. Mariner Ave 끼고 우회전 후, Corsair Ave 끼고 좌회전. Neptune Ave 끼고 우회전. 차로 19분.

4 괌 어드벤처 Guam Adventures

오프로드 어드벤처Off Road Adventure는 모터 달린 탈 것에 올라 스피드와 짜릿함을 체험해 볼 수 있는 스포츠다. 초보자들도 쉽게 도전해 볼 수 있는 프로그램은 ATV와 솔로 버기, 더블 버기 등 세 종류로 나뉜다. 오프로드의 험난한 지형에서도 속도를 낼 수 있도록 고안된 사륜 구동 바이크를 타고 달린다. 좀 더 난도 높은 라이딩에 도전하고 싶다면 슈퍼 카 익스피어리언스 Super Car Experience를 추천한다. 드라이빙 교육을 받은 뒤 카레이싱 전용 코스에서 직접 달려 보는 프로그램인데, 그야말로 속도가 주는 쾌감을 만끽할 수 있다. 운전이 미숙해도 괜찮다. 숙련자의 보조석에 앉아 드리프트를 체험할 수 있기 때문이다. 고 카트 레이싱 Go Cart Racing은 놀이동산의 '범퍼카'와 비슷해 누구나 쉽게 도전할 수 있다(다만 짧은 하의를 입은 경우 탑승이 불가능할 수 있다). 그 밖에도 에코 하이킹, 다운힐 바이크 어드벤처를 비롯한 흥미로운 액티비티 메뉴가 가득하다.

지도 P.153-B3 **주소** Guam Adventure, Yigo **전화** 671-989-0900 **홈페이지** www.guamadventures.com **운영** 09:00~16:30 **요금** 슈퍼 카 익스피어리언스 $229, 고 카트 레이싱 $55, 더블 버기 $75, 솔로 버기 $85, ATV $85(운전자와 함께 ATV 탑승할 경우 $75) **가는 방법** 안토니오 비 원 팻 국제공항에서 차로 20분. T 갤러리아 by DFS에서 Pale San Vitores Rd를 타고 남쪽으로 직진, Happy Landing Rd를 끼고 좌회전 후, 다시 S Marine Corps Dr를 끼고 좌회전. chin Josefan Felix Galio 끼고 우회전, Jesse Dydasco Perez St 끼고 좌회전, Gu-15에서 우회전. 차로 22분.

RESTAURANT
북부의 식당

괌 북부의 레스토랑은 바다를 끼고 있거나, 현지인들이 즐겨 찾는 대형 쇼핑센터인 마이크로네시아 몰에 몰려 있다. 특히 마이크로네시아 몰에는 한국인 여행자에게 인기 많은 시나본 Cinnabon, 한국 식당인 코리아 플레이스 Korea Place, 비치인 슈림프 Beachin' Shrimp, 중식 프랜차이즈인 판다 익스프레스 Panda Express 가 한데 자리한다.

1 더 비치 레스토랑 & 바 The Beach Restaurant & Bar

괌 최고의 일몰 포인트를 거느린 건 비치 Gun Beach의 유일한 바. 현지인과 관광객 모두에게 인기 있는 곳으로 선 베드, 비치 발리볼 코트를 자유롭게 즐길 수 있다. 메뉴로는 간단한 식사와 바비큐 등을 마련한다. 그중 클래식 로컬 플래터는 치킨 켈라구엔(치킨과 양파, 고추, 소금, 레몬즙, 간 코코넛을 섞어 만든 샐러드 요리), 폭립, 레드 라이스(아초테라는 열매 즙을 이용해 붉게 지은 밥)를 푸짐하게 내는 한 상 메뉴로 괌 현지식의 진수를 맛볼 수 있다. 매주 목요일은 레이디스 나이트 Lady's Night! 이날 만큼은 21:00~02:00까지 클럽 분위기로 흥성거리는데, 여성들에게는 음료 메뉴 일부를 무제한으로 제공하기까지 한다.

지도 P.153-A3 **주소** Gun Beach Rd., Tamuning **전화** 671-646-8000 **홈페이지** www.guambeachbar.com **운영** 월~수, 금~일 11:00~12:00, 목 11:00~02:00 **예산** $4.95~49.95 **가는 방법** 안토니오 비 원 팻 국제공항에서 차로 9분. T 갤러리아 by DFS 등지고 오른쪽으로 Pale San Vitores Rd를 지나 Gun Beach Rd로 진입. 도보 19분. 레드 구아한 트롤리 셔틀 버스 승하차. 레아레아 셔틀 버스 승하차.

❷ 데니스 Denny's

괌에 몇 안 되는 24시간 브런치 카페. 미국에서는 전역에서 만날 수 있는 흔한 체인점이지만 이곳이 특별한 건 바로 괌에서만 만날 수 있는 익스클루시브 메뉴가 있기 때문. 우리의 꼬리곰탕에 가까운 메뉴 옥스테일 수프 Oxtail Soup, 필리핀 버전의 삼계탕인 치킨 티놀라 Chicken Tinola, 돼지 뼈를 이용해 국물을 낸 필리핀 전통 수프인 포크 시니강 Pork Sinigang 등이 바로 그것이다. 뿐만 아니라 육즙을 가득 품은 두꺼운 패티의 부드러운 질감을 고스란히 느낄 수 있는 버거, 철판 요리인 닭가슴살 스킬릿 Skillet 등의 메뉴가 인기다. 바닐라 아이스크림을 주문하면 괌의 인기 디저트인 바나나 룸피아(도넛)를 덤으로 곁들여 준다.

지도 P.153-A3 **주소** 1088 W Marine Corps Dr., Dededo **전화** 671-635-1804 **홈페이지** mobile.dennysguam.com/local-menu.shtml **운영** 24시간 **예산** $6.99~19.99 닭가슴살 스킬릿 Chicken Skillet $13 **가는 방법** 안토니오 비 원 팻 국제공항에서 차로 8분. T 갤러리아 by DFS에서 Pale San Vitores Rd를 타고 남쪽으로 직진, Happy Landing Rd를 끼고 좌회전 후, 다시 S Marine Corps Dr를 끼고 좌회전 후 직진. 오른쪽 마이크로네시아 몰 1층. 차로 9분.

❸ 스시 록 Sushi Rock

회와 초밥, 우동과 라멘, 메밀국수 등 메뉴가 다양해 골라 먹는 재미가 있다. 대표 메뉴인 캘리포니아 롤만 해도 무려 46가지 종류다. 그중 특히 현지인들이 좋아하는 롤은 바로 크리스피 알래스카 롤 Crispy Alaska Roll. 연어와 크림치즈로 속을 채운 뒤에 튀겨내니, 속은 부드럽고 겉은 바삭하다. 꽃게를 튀겨 속 재료로 넣은 소프트 셸 크랩 롤 Soft Shell Crab Roll은 고추냉이 소스에 절인 날치알을 넣어 매콤하고 톡 쏘기 때문에 한국인 입맛에도 잘 맞는다. 매장 입구에 음식 모형을 두어 원하는 메뉴를 쉽게 선택할 수 있으니 편리하다.

지도 P.153-A3 **주소** 1088 W Marine Corps Dr., Dededo **전화** 671-637-1110 **홈페이지** www.sushirockguam.com **운영** 월~토 11:00~22:00, 일 11:00~21:00 **예산** $3.99~49.99(소프트 셸 크랩 롤 Soft Shell Crab Roll $9.99, 크리스피 알래스카 롤 Crispy Alaska Roll $13.99. **가는 방법** 안토니오 비 원 팻 국제공항에서 차로 8분. T 갤러리아 by DFS에서 Pale San Vitores Rd를 타고 남쪽으로 직진, Happy Landing Rd를 끼고 좌회전 후, 다시 S Marine Corps Dr를 끼고 좌회전 후 직진. 오른쪽 마이크로네시아 몰 1층. 차로 9분.

북부 : 식당

4 아라시 볼 Arashi Bowl

참치 회덮밥과 미소라멘, 혹은 데리야키 치킨덮밥과 뜨거운 우동. 한 번에 두가지 메뉴를 맛볼 수 있는 2 in 1 데일리 스페셜 메뉴가 매력적이다. 매운 참치 회무침, 해산물 오코노미야키, 소프트 셀 크랩 템뿌라, 포테이토 고로케에 이르는 애피타이저(이곳에서는 푸푸 Pupu 라고 칭한다) 메뉴 또한 알차고 다양하니 주머니가 가벼운 여행자들도 배부르게 한 끼를 해결할 수 있다. 한국인 오너 셰프가 선보이는 갈비 세트 역시 일품!

지도 P.153-A3 주소 562-27 #105, Dededo **전화** 671-633-4443 **홈페이지** arashiguam.com **운영** 11:00~21:00 **예산** $3~15 매운 참치 회무침 Spicy Tuna Poke $7, 2 in 1 데일리 스페셜 2 in 1 Daily Special $12 **가는 방법** 안토니오 비 원 팻 국제공항에서 차로 5분. T 갤러리아 by DFS에서 Pale San Vitores Rd를 타고 남쪽으로 직진, Happy Landing Rd를 끼고 좌회전 후, 다시 S Marine Corps Dr를 끼고 좌회전 후 직진. Route 27을 끼고 우회전 후, 첫 번째 골목에서 다시 우회전. 차로 12분.

필리핀 식 카스텔라, 마몬

5 괌 베이커리 Guam Bakery

괌을 대표하는 필리핀 스타일 빵집이다. 이곳에선 새벽부터 빵 굽는 고소한 냄새가 진동한다. 달콤한 케이크, 필리핀식 카스텔라인 마몬 mammon, 빵 속에 돼지고기를 넣어 만두처럼 빚은 호피아 포크 Hopia Pork, 사과 파이의 미국식 표현인 애플 턴오버 apple turnover, 신비로운 보랏빛의 타로 롤 Taro roll까지 디저트를 좋아하는 이들이라면 흥분을 감출 수 없을 만큼 다양한 종류의 베이커리로 가득하다.

지도 P.153-A3 주소 140 Kayen Chando St., Dededo **전화** 671-632-1161 **홈페이지** www.guambakery.com **운영** 월~토 05:30~21:00, 일 05:30~20:00 **예산** 대략 $10 미만(케이크는 주문에 따라 천차만별) **가는 방법** 안토니오 비 원 팻 국제공항에서 차로 7분. T 갤러리아 by DFS에서 Pale San Vitores Rd를 타고 남쪽으로 직진, Happy Landing Rd를 끼고 좌회전 후, 다시 S Marine Corps Dr를 끼고 좌회전 후 직진. 오른쪽 West Liguan Ave를 끼고 우회전 후 첫 번째 골목인 Kayen Chando St를 끼고 다시 우회전. 차로 11분.

SHOPPING
북부의 쇼핑

괌 현지 사람들이 즐겨 드나드는 쇼핑 스폿은 북부 지역에 밀집해 있다. 데데도 벼룩시장에 가면 언제나 여유로운 괌 사람들의 모습을, 마이크로네시아 몰에 가면 실용적인 브랜드 제품들을 어렵지 않게 만날 수 있다.

1 데데도 벼룩시장 Dededo Flea Market

여행에서 가장 큰 즐거움은 현지인들의 삶을 체험해보는 것. 이른 새벽부터 부지런히 움직이는 활기찬 괌 사람들을 만나고 싶다면, 주말에만 운영되는 벼룩시장으로 발걸음을 옮겨보자. 참가비 $6만 내면 누구나 와서 어떤 물건이든 판매할 수 있기 때문에, 괌 전통 의상부터 기념품, 액세서리, 장난감, 현지 과일, 신선한 생선과 직접 만든 망고 피클 등 온갖 잡동사니가 한자리에 모인다. 그 모습이 흡사 우리나라 시골 장터를 연상시킨다. 무엇보다 데데도 벼룩시장의 하이라이트는 불에 직접 구워 낸 닭고기와 돼지고기 꼬치. 적당히 달콤한 양념이 혀를 즐겁게 하니, 하나만 먹고 관두긴 아쉽다. 필리핀, 스페인, 멕시코 등 전 세계의 먹거리도 한자리에 모인다. 바비큐를 즐긴 뒤 현지 과일로 만든 주스로 디저트까지 즐기면 완벽한 주말 브런치 코스가 완성된다.

지도 P.153-A3 **주소** (GTA Teleguam) 344 Marine Corps Dr., Dededo(근처 GTA Teleguam 주소) **운영** 토~일 06:00~10:00 **가는 방법** 안토니오 비 원 팻 국제공항에서 차로 9분. T 갤러리아 by DFS에서 Pale San Vitores Rd를 타고 남쪽으로 직진, Happy Landing Rd를 끼고 좌회전 후, 다시 S Marine Corps Dr를 끼고 좌회전 후 직진, West Liguan Ave 끼고 우회전 후 다시 우회전, 오른쪽에 위치. 차로 13분. 레드 구아한 트롤리 셔틀 버스 승하차.

CHECK! 데데도 벼룩시장에서 맛볼 수 있는 먹거리

이곳에서 누리는 가장 큰 즐거움은 필리핀, 스페인, 멕시코, 괌의 풍미를 느낄 수 있는 다양한 먹거리다. 차모로 야시장에 비해 덜 붐비는 곳이라 여유롭게 맛볼 수 있다.

룸피아 Lumpia
돼지고기가 들어 있는 춘권 스타일로 바나나가 들어간 바나나 룸피아도 있다. $3.50

엠파나다 Empanada
빵 반죽 안에 고기나 해산물, 채소와 과일 등의 속재료를 다져서 넣고 반죽을 반으로 접어 튀긴 스페인 전통 요리. $4

수만 Suman
필리핀의 찹쌀떡. 설탕을 살짝 넣어 지은 찹쌀밥을 야자 잎에 싸서 판매한다. $1

치킨 꼬치
숯불에 직접 구워 불맛이 좋다. 한번 맛보면 중독된다. 개당 $2

❷ 마이크로네시아 몰 Micronesia Mall

미국의 중저가 브랜드가 많이 입점해 있어 가격 부담 없이 쇼핑할 수 있을 뿐 아니라 게임센터, 영화관, 푸드 코트 등이 한데 모여 있어 한국인 여행자에게 인기가 많은 대규모 쇼핑센터다. 우리에게 친숙한 미국 대표 백화점 메이시스 Macy's에서는 아이들 옷을 사기 좋다. 케이디토이즈 K·D toys에서는 바비와 레고 등 한국보다 저렴한 장난감을, 로스 Ross에서는 온 가족 패션 아이템과 캐리어, 물놀이용품을, 페이 레스 슈퍼마켓 Pay-Less Supermarkets 에서는 식료품을 구매하자. 감각적인 패션 소품과 생활용품들을 취급하는 JP 슈퍼 스토어 JP Super Store 매장도 살펴볼 수 있다. 비타민 월드의 레티놀 크림 Retinol Cream ($44.94)은 대표 인기 아이템. 2층에는 게임센터인 판타스틱 파크 Fantastic Park, 마이크로네시아 몰 영화관 Maicronesia Mall Theater, 푸드 코트 등이 모여 있다. 아웃리거, 롯데호텔과 PIC, 홀리데이/피에스타 리조트를 경유하는 무료 셔틀 버스를 약 20분 간격으로 운행하니 홈페이지에서 이용 시간표를 참고하자.

지도 P.153-A3 **주소** 1088 West Marine Corps Dr., Dededo **전화** 671-632-8881 **운영** 10:00~21:00 **홈페이지** www.micronesiamall.co.kr **가는 방법** 안토니오 비 원 팻 국제공항에서 차로 6분. T 갤러리아 by DFS에서 Pale San Vitores Rd를 타고 남쪽으로 직진, Happy Landing Rd를 끼고 좌회전 후, 다시 S Marine Corps Dr를 끼고 좌회전 후 직진, 오른쪽 마이크로네시아 몰 1층. 차로 9분. 레드 구아한 트롤리 셔틀 버스 승하차, 레아레아 셔틀 버스 승하차.

> **Tip** 공략해야 할 브랜드 & 제품
>
> 메이시스 Macy's 백화점 매장 내 랄프 로렌 Ralph Lauren, 카터스 Carter's, 타미 힐피거 Tommy Hilfiger 의류, 로스 Ross 매장 내 장난감&샘소나이트 Samsonite 캐리어, JP 슈퍼 스토어 JP Superstore 매장 내 하이드로 플라스크 Hydro Flask 텀블러

central guam
& hagatna

곽의 행정, 경제, 종교, 교육의 중심지
중부 & 하갓냐

차모로어로 하갓냐, 스페인어로는 아가냐로 불리는 이곳은 괌의 주도다. 18세기에서 20세기 중반까지 명실상부한 괌의 중심지였으나, 현재는 정부 청사가 소재한 작은 마을(괌의 19개 마을 중 두 번째로 규모가 작다)로 그 위상이 축소됐다. 그럼에도 괌을 상징하는 문장紋章에는 여전히 하갓냐 앞 바다가 그려져 있고, 섬의 주요 상업지구도 이곳에 남아 있다. 유구한 역사의 자취도 올올하다. 스페인 강점기 총독 관저가 세워졌던 스페인 광장, 태평양 전쟁 때 일본군 기지로 사용되었던 산타 아구에다 요새, 차모로족의 통일을 이룬 수장을 기리는 대추장 키푸하 상, 괌을 대표하는 돌기둥인 라테 스톤 등 과거와 마주할 수 있는 명소들이 즐비하다. 그런가 하면 아델럽곶에서 하갓냐만의 너른 품을 바라보거나, 다양한 해양 액티비티의 집합소 피시 아이 마린 파크에서 자연을 온몸으로 부딪고, 수요일 저녁에 열리는 괌 최대 규모의 야시장 차모로 빌리지에서 섬 고유의 문화와 전통을 느껴볼 수도 있다. 차모로풍의 바비큐와 신선한 참치 회 한 접시도 놓쳐선 안 될 묘미다.

Mini Box

하갓냐일까, 아가냐일까? 표기법 정리!
이 책에서는 지역을 가리킬 때 차모로어를 근간으로 하는 '하갓냐 Hagatna'로 통일해 표기했다(대한민국 재외공관도 '주 하갓냐 대한민국 출장소'로 표기하고 있다). 다만, '아가냐 쇼핑센터 Agana Shopping Center'와 같이 상업적으로 명명한 고유명사의 경우 원어를 살려 '아가냐 Agana'라고 썼다.

자유의 라테, ⓒ괌정부관광청

LOOK INSIDE
들여다보기

괌의 과거와 현재를 조화롭게 아우르는 중부. 스페인 광장과 정부 청사부터 이어지는 역사 여행 코스를 비롯해 하갓냐만을 조망할 수 있는 아델럽곶, 그리고 차모로 빌리지 야시장까지 한데 엮어 둘러본다. 관광을 마치고 나면 현지인들이 사랑하는 레스토랑과 펍에서 여흥을 즐겨도 좋다.

스페인 광장 Spain Plaza

333년 동안 스페인 치하에 있었던 괌의 아픈 역사를 돌아보는 곳. 1734년부터 1898년까지 스페인 총독의 관저로 사용된 이곳은 오늘날 터만 남아 자리를 지킨다. 집무실과 무기저장실, 사무실 등이 있었던 관저 이외에도 총독의 부인이 응접실로 사용한 초콜릿 하우스 등 스페인 양식의 건물들을 볼 수 있다. 주변에 하갓냐 대성당, 스키너 광장 등 볼거리가 모두 모여 있다.

차모로 빌리지 & 야시장
Chamorro Village & Night Market

평범한 시장이지만 매주 수요일 저녁, 현지인과 관광객이 모여 북새통을 이루는 곳이다. 곳곳의 바비큐 코너에서 길게 늘어선 줄이 그 인기를 실감하게 한다. 괌의 공예품이나 기념품 등도 눈길을 끌지만, 뭐니 뭐니해도 다양한 먹거리로 가득하다. 중앙 홀에서는 라이브 공연과 괌 전통 춤 공연이 줄을 이어 흥겨운 분위기를 더한다.

키친 링고 Kitchen Lingo

하갓냐에서 가장 핫한 분위기를 자랑하는 레스토랑이다. 오너 셰프인 링고의 이름을 따 간판으로 달았다. 로맨틱한 장소를 원하는 신혼 부부나 연인이라면 무조건 이곳으로 향하길. 메뉴의 종류가 다양하지 않지만 갓 잡은 생선으로 요리를 하고, 괌에서 나고 자란 채소를 사용해 신선함을 더했다. 예약은 필수.

리카르도 J. 보르달로 주정부 종합청사
Ricardo J. Bordallo Governor's Complex (아델럽곶)

여행자들이 괌 행정의 중심인 이곳을 찾는 까닭은 자유의 라테 전망대에 있다. 라테는 차모로족의 독특한 주거 양식을 대표하는 돌기둥이자, 괌의 문화적인 상징물이다. 주지사 관저에 괌의 정신적 지주인 라테를 커다랗게 세우고 관광 명소로 만든 까닭이다. 탁 트인 바다를 감상한 뒤엔 바로 옆 괌 박물관에서 이곳의 역사를 더듬어 볼 것.

TRAVEL COURSE
추천 여행 코스

1DAY
마젤란을 찾아 떠나는 여행

중부지역의 특징은 역사적인 랜드마크가 한데 모여 있다는 것. 때문에 하나하나 샅샅이 둘러보더라도 시간이 꽤 넉넉하다. 하나 더, 이 동네에는 유독 다양한 종류의 음식점이 늘어서 있으므로, 해 질 무렵 리카르도 J. 보르달로 주정부 종합청사의 자유의 라테 전망대에서 일몰을 감상하는 것으로 하루를 마무리한 뒤 푸짐한 저녁을 즐겨 볼 것.

1 COURSE
대추장 키푸하 동상
P.192

도보 3분

2 COURSE
파세오 드 수산나 공원
P.192

도보 13분 OR 차로 4분

3 COURSE
라테 스톤 공원
P.193

도보 3분 OR 차로 1분

스키너 광장
P.194

도보 4분 OR 차로 2분

6 COURSE
스페인 광장
P.195

도보 7분 OR 차로 2분

4 COURSE
시레나 파크
P.194

도보 3분 OR 차로 2분

7 COURSE
하갓냐 대성당
P.196

차로 5분

8 COURSE
리카르도 J. 보르달로 주정부 종합청사
P.196

1 DAY
어린이와 함께 액티비티 투어

가족이 함께 움직이는 괌 여행이라면 중부지역이 정답이다. 피시 아이 마린 파크에서 수심 10m까지 내려가 경험하는 수중 액티비티나, 200여 종의 물고기를 찾아 나서는 스노클링은 아이들에게 특별한 추억을 선사할 것이다. 아가냐 쇼핑센터의 신규 어트랙션인 스카이 존에서 시간을 보내는 것도 좋은 방법. 수요일이라면 차모로 빌리지 야시장에서 저녁을 해결할 것!

1 COURSE 피시 아이 마린 파크 P.201

차로 5분

2 COURSE 아가냐 쇼핑 센터 P.216

도보 2분

3 COURSE 스카이 존 P.216

4 COURSE 차모로 빌리지 야시장 P.219

도보 16분 OR 차로 5분

INFORMATION
여행에 유용한 정보

 쇼핑 아가냐 쇼핑 센터에서는 하나 스마트 카드 Hana Smart Card, 하나 슈퍼패스 카드 Hana Superpass Card, 하파다이 코리아 카드 HKT Card 등을 제시할 경우 다음의 브랜드에서 다양한 할인 혜택을 받을 수 있다.
***아가냐 쇼핑센터 내 보디 시크릿 Body Secret, 차 타임 Chatime, 시나본 Cinnabon, 에스프릿 Esprit, 피자 헛 Pizza Hut, 스카이 존 Sky Zone, SM 아일랜드 Sm Island, 타코 벨 Taco Bell, 비타민 월드 Vitamin World, 요거트랜드 Yogurtland 등.

식재료 하갓냐 지역은 식재료 쇼핑에 적합하다. 투몬&타무닝 지역에 위치한 K마트가 관광객들의 필수코스라면 괌 현지인들은 페이리스 슈퍼마켓을 더 선호한다. 이유는 덜 붐비면서 채소, 과일뿐 아니라 고기 등 질 좋은 식재료를 구입할 수 있기 때문. 그러니 직접 바비큐를 하거나, 요리를 할 예정이라면 여기서 장을 보는 게 좋다. 아가냐 쇼핑 센터 내 페이리스 슈퍼마켓은 24시간 운영이라 더 편리하다. 다만 간단히 도시락으로 끼니를 해결할 예정이라면 도쿄 마트로 향하자. 이곳에선 도시락과 밑반찬, 참치를 주로 판다. 같은 제품군을 파는 곳으로 피셔맨즈 코업(차모로 빌리지 근처)이 좀 더 널리 알려져 있지만, 도쿄 마트도 이곳 못지않게 신선한 회를 구입할 수 있다.

 와이파이 중부에서는 아가냐 쇼핑 센터 내에서 무료 와이파이가 가능하다. 단, 속도가 느리고 접속이 잘 안 되는 게 흠.

 택시 투어 T 갤럭시 투어로 중부를 둘러볼 경우 북부의 사랑의 절벽을 둘러본 뒤, 리카르도 J. 보르달로 주정부 종합청사(아델럽곶), 하갓냐 대성당, 스페인 광장, 산타 아구에다 요새, 파세오 공원 등을 둘러보는 순서로 진행된다. 택시회사에 따라 조금씩 다르나 괌한인친구택시(카카오톡 아이디 @괌한인친구택시)의 경우 총 2시간 30분가량 소요되며 4인 기준 $100다. 택시회사에 따라 금액 차이가 있으며, 음료 및 생수를 제공하거나 타미힐피거와 OK 할인 쿠폰을 증정하기도 한다. 관광 후 공항에 내려주는 '귀국 투어'도 유용하다.

> **CHECK!** **피고 가톨릭 묘지** Pigo Catholic Cemetery

리카르도 J. 보르달로 주정부 종합청사(아델럽곶)로 향하는 길, 도로 왼편에 커다란 예수의 12제자 동상과 대규모 묘지가 늘어서 있다. 우리나라와 달리 미국은 동네 한복판에 공동 묘지를 세우고, 마치 공원처럼 그곳에서 가볍게 산책이나 조깅을 즐기는 문화를 가지고 있다. 그러니 방문객을 방해하지 않는 선에서 편한 맘으로 둘러봐도 좋다.

ACCESS
가는 방법

 항공 공항에서 중부 지역의 중심이자 볼거리가 모여 있는 스페인 광장까지는 약 12분이 소요된다. 도로가 복잡하지 않고, 소요시간도 짧아 공항에서 바로 향하는 데 문제가 없다.

 렌터카 업체에 따라 공항에서 바로 차량 픽업이 불가능한 곳(셔틀 버스를 타고 시내로 이동해 시내에서 차량을 인도받는 경우)도 있으니 예약 전 미리 체크하는 것이 중요하다. 중심지인 투몬&타무닝에서 중부의 스페인 광장까지 이동하는 길은 어렵지 않다. 공항에서 나와 메인 도로인 사우스 마린 코프스 드라이브 S Marine Corps Dr를 타고 직진하다 왼쪽에 Hwy 4를 끼고 좌회전, 다시 차란 산토 파파 후안 파블로 도스 Chalan Santo Papa Juan Pablo Dos 를 끼고 우회전하면 왼쪽에 하갓냐 대성당을 지나 스페인 광장이 나온다.

택시 공항에 상주할 수 있는 택시회사는 미키택시뿐이다. 따라서 공항에서 바로 나와 중부를 둘러보고 싶다면 공항 내 대기하고 있는 미키택시를 이용하면 된다. 공항에서 바로 중부의 스페인 광장으로 향할 경우 대략 $40~60 예산을 잡으면 된다(5인 기준).

셔틀 버스 공항에서 바로 중부로 향하는 셔틀 버스는 없다. 단 투몬&타무닝 시내에서 중부를 오가는 셔틀 버스는 있다. 아가냐 쇼핑센터와 피시 아이 마린 파크, 수요일 저녁에만 여는 차모로 빌리지 야시장은 레드 구아한 트롤리 셔틀 버스나 레아레아 셔틀 버스를 이용하면 된다.

TRANSPORTAION
지역 교통 정보

중부를 둘러보는 방법은 세 가지다. 셔틀 버스, 택시, 렌터카. 선택의 폭이 넓으니 여행 인원수와 여행의 목적에 맞게 알맞은 교통 수단을 선택하자. 차모로 야시장 투어를 원한다면 레드 구아한 트롤리 셔틀 버스(왕복 $7)나, 레아레아 셔틀 버스(왕복 $7~8), 택시(편도 $25, 4인 기준)를 이용해 이동할 수 있다. 그 밖에도 중부의 유명 관광지는 길이 한적하고, 어렵지 않으니 렌터카로 움직이는 것도 좋다. 초보자도 손쉽게 렌터카를 이용, 드라이브에 도전해볼 수 있는 코스다.

레드 구아한 트롤리 셔틀 버스
Red Guahan Trolley Shuttle Bus

버스 티켓은 T 갤러리아 by DFS 의 레드 트롤리 승차장 또는 괌 프리미어 아웃렛 정문에서 구매할 수 있다. 편도($4), 1일 패스($12, 애플리케이션 이용 시 $10), 2일 패스($15), 3일 패스($20, 한국에서만 판매), 5일 패스 ($25, 괌에서만 판매)가 있다. 다만, 차모로 야시장의 경우에는 앞서 언급한 패스로는 버스에 탑승할 수 없으니 따로 티켓을 구입해야 한다(차모로 빌리지 야시장은 왕복 $7다).

CHECK! 중부의 또 다른 볼거리

이동 중 잠시 둘러볼 만한 명소들을 추천합니다. 첫 번째는 미 해군 묘지 옆에 위치한 파드레 팔로모 기념 공원 Padre Palomo Park입니다. 차모로족 최초로 성직자가 된 돈 호세 베르나르도 팔로 모 토레스를 기리기 위해 조성한 공간인데요, 말년에 투병을 하면서도 부족 사람들에게 아낌 없이 자비를 베풀어 큰 존경을 받았다고 전해집니다. 두 번째로 소개할 곳은 1952년 설립된 태평양 지역 유일의 4년제 괌 대학교(University of Guam)인데요, 하갓냐에서 4번 도로를 따라 가면 펼쳐지는 파고만 옆에 자리합니다. 호젓하게 바다를 굽어볼 수 있는 숨은 명소지요. 괌에서 영어 연수를 받을 수 있도록 마련한 학 내 특별 어학연수 프로그램도 이름이 높답니다. 3월 초에 열리는 축제 차터 데이 Chater Day도 볼만 합니다. 괌 대학교에서 가장 큰 행사로, 다채로운 볼거리와 함께 먹음직스러운 요리도 즐길 수 있어요.

위치 169 157 Padre Palomo St, Hagatna (파드레 팔로모 기념 공원) 32 University Dr, Mangilao (괌 대학교)

셔틀 버스 중부 볼거리의 핵심은 매주 수요일에 열리는 차모로 빌리지 야시장이다. 근처에 주차할 곳이 마땅하지 않고, 워낙 사람이 많아 붐비기 때문에 렌터카 보다는 셔틀 버스를 추천한다. 특히 중심가와 떨어져 있는 레오 팰리스 리조트 괌에 투숙하는 여행자들에게 차모로 빌리지 야시장 버스는 중심지를 둘러볼 수 있는 유일한 셔틀 버스다. 티켓은 미리 웹사이트(www.lamlamguam.com)나 모바일 애플리케이션 '람람 트롤리 버스 Lamlam Trolley Bus'를 통해 예매한다.

차모로 빌리지 야시장 버스
Chamorro Village Night Market

> 배차 간격 매주 수요일 20분 (레오 팰리스 호텔 기준 배차 약 30분~1시간)
> T 갤러리아 By DFS 기준 첫차/막차 18:00/19:00
> 괌 프리미어 아웃렛 기준 첫차/막차 18:00/19:00
> 차모로 빌리지 기준 첫차/막차 시간 19:30/20:30 , 레오 팰리스 리조트 괌 기준 첫차/막차 17:00/19:00

코스 1 T 갤러리아 by DFS T Galleria by DFS → 차모로 빌리지 Chamorro Village

코스 2 괌 프리미어 아웃렛 Guam Premier Outlets(GPO) → 차모로 빌리지 Chamorro Village

코스 3 차모로 빌리지 chamorro Village → 괌 프리미어 아웃렛 → T 갤러리아 by DFS

코스 4 레오 팰리스 리조트 괌 Leo Palace Resort Guam → 차모로 빌리지 Chamorro Village → 레오 팰리스 리조트 괌 Leo Palace Resort Guam

Mia's Advice
차모로 빌리지 야시장 버스는 인기가 많은 편이에요. 줄을 선 순서대로 탑승하니 일찍 서두르는 것이 좋아요. T 갤러리아 by DFS T Galleria by DFS 이나 괌 프리미어 아웃렛 Guam Premier Outlets(GPO) 에서 차모로 빌리지 야시장까지 약 20분이 소요된답니다.

레아레아 셔틀 버스 LeaLea Shuttle Bus
레아레아 셔틀 버스 티켓은 더 플라자 쇼핑센터 내 레아레아 라운지, 온워드 비치 리조트 앞 HIS 티켓 판매부스, 괌 리프 앤 올리브 스파 리조트와 힐튼 괌 앤 리조트 스파, 플라자 등의 호텔과 T 갤러리아 by DFS에서 구매할 수 있다. 중부 노선의 경우 차모로 빌리지 야시장 셔틀이 유일하다. 차모로 빌리지 야시장 셔틀은 레아레아 데스크에서 미리 구입 시 $8다 (모두 왕복). 단, 5세 미만은 무료이며 어린이(6~11세)일 경우에는 성인과 같다.

차모로 빌리지 야시장 셔틀
Chamorro Village Night Market Shuttle

> 배차 간격 30~45분(수요일 4회만 운영)
> 괌 리프 앤 올리브 스파 리조트 기준 첫차/막차 17:00/18:45
> 차모로 빌리지 기준 첫차/막차 19:00/21:00

괌 리프 & 올리브 스파 리조트 Guam Reef & Olive Spa Resort ← 괌 프리미어 아웃렛 Guam Premier Outlets ← 차모로 빌리지 Chamorro Village

택시 택시는 두 가지 방법으로 관광이 가능하다. 첫째는 택시 투어를 통해 일정 시간 동안 정해진 관광지를 둘러보는 것. 둘째는 편도를 이용해 원하는 목적지에서 하차하는 것. 전자는 짧은 시간 여러 곳을 둘러볼 수 있다는 장점이 있다. 다만, 관광과 쇼핑을 곁들이고 싶다면 후자가 대안이 될 수 있다. 이 경우에는 추가로 셔틀 버스 비용을 감안해야 한다. 시간, 가격을 비교해 여행자에 맞는 방법을 선택하자.

렌터카 렌터카를 이용해 중부를 둘러볼 예정이라면 포켓 와이파이는 필수품이다. 단, 유명한 장소나 카페 등의 주소가 불분명한 경우가 많다. 따라서 구글맵 이용 시 명칭이나 카페명을 기입하는 편이 더 편리하다는 것도 중부 지방을 둘러볼 때 알아둬야 할 팁.

ATTRACTION
중부의 볼거리

유구한 역사를 간직한 괌 중부를 둘러본다. 대추장 키푸하 동상부터 리카르도 J. 보르달로 주정부 종합청사에 이르는 주요 사적들이 한데 모여 있으니 효율적으로 산책하기 좋다. 짬이 난다면 하갓냐만의 아름다운 해변에서 걸음을 쉬어 갈 것.

1 대추장 키푸하 동상 Statue of Chief Quipuha

7세기 차모로족의 통일을 이룬 대추장 키푸하를 기리는 동상이다. 그는 차모로인 최초로 스페인 성직자인 피드레 산 비토레스 신부에게 세례를 받은 것으로 알려져 있는데, 스페인 광장의 하갓냐 대성당 부지를 기증해 1669년 괌 최초의 성당을 지을 만큼 신앙심이 깊었다. 이후 그의 유해는 하갓냐 대성당에 안치됐고, 지금까지도 차모로인들의 존경을 받고 있다. 파세오 공원 초입에 위치한 키푸하 동상은 3.7m의 높이로 제작됐는데, 마주 서서 바라보기만 해도 움찔할 만큼 카리스마를 뿜어낸다.

지도 P.184-B2 **주소** 169 West Marine Dr., Hagåtña **운영** 24시간 **가는 방법** T 갤러리아 by DFS에서 Pale San Vitores Rd를 타고 남쪽으로 직진, Happy Landing Rd를 끼고 좌회전 후, 다시 S Marine Corps Dr를 끼고 우회전 후 직진. 오른쪽에 위치. 차모로 빌리지와 1분 거리. 차량 15분.

2 파세오 드 수산나 공원 Paseo De Susanna Park

스페인어로 '수산나의 산책로'라는 뜻을 가지고 있는 이 공원은 2차대전 후 미국이 일본으로부터 괌을 탈환, 전쟁의 잔해를 바다에 매립한 뒤 인공적으로 조성한 공간이다. 바다 가까이에 위치한 자유의 여신상은 뉴욕 리버티 섬의 진품(햇불까지 93.5m)을 약 1/20로 축소해서 만든 것으로, 높이는 약 5m 정도다. 1950년 미국 보이스카우트 창립 40주년을 기념, 괌에 기증한 우정의 선물로 이 공원의 하이라이트다. 매년 7월에는 괌 독립기념일을 맞아 이곳에서 다채로운 축제와 퍼레이드가 열린다.

지도 P.184-B1 **주소** Paseo Looop, Hagåtña **전화** 671-475-6354 **운영** 24시간(이른 새벽, 늦은 밤에는 출입 자제) **가는 방법** T 갤러리아 by DFS에서 Pale San Vitores Rd를 타고 남쪽으로 직진, Happy Landing Rd를 끼고 좌회전 후, 다시 S Marine Corps Dr를 끼고 우회전 후 직진. 오른쪽 Paseo Loop으로 우회전 후 첫 번째 골목에서 우회전. 대추장 키푸하 동상 뒤편. 차량 15분.

3 라테 스톤 공원 Latte Stone Park

라테 스톤은 차모로어로 할리기 Haligi라고 하는 지주 위에 반구형 돌인 타사 Tasa를 올린 구조물로, 고대 차모로 사람들이 건축물을 지을 때 사용되던 돌기둥을 일컫는 표현이다. 과거 차모로 사회에서 이 라테 스톤은 높이나 크기에 따라 소유주의 사회적 지위와 부를 나타내곤 했다. 대부분의 라테 스톤은 마리아나 제도에서 발견됐다. 현재 공원 안에 있는 8개의 라테 스톤은 약 2m 높이로, 1956년 괌 남부 페나강 근처에서 발견된 후 옮겨졌다. 공원 옆 허름한 방공호도 눈여겨보아야 한다. 제2차 세계 대전 당시 일본군인이 차모로인과 한국인을 강제 징용해 만든 것이다.

지도 P.184-B4 주소 W O'Brien Dr., Hagåtña 운영 일~수요일 08:00~20:00, 토·목요일 08:00~14:00 가는 방법 방법 T 갤러리아 by DFS에서 Pale San Vitores Rd를 타고 남쪽으로 직진, Happy Landing Rd를 끼고 좌회전 후, 다시 S Marine Corps Dr를 끼고 우회전 후 직진, 왼쪽 Hwy 4를 끼고 우회전 후 Hwy 33을 끼고 우회전, 왼쪽에 위치. 차량 17분.

Mia's Advice

라테 스톤은 서기 약 800년경부터 사용되기 시작했어요. 1521년 스페인의 마젤란이 이곳에 도착한 뒤 보다 널리 쓰이기 시작하다가, 1700년 이후에는 갑작스레 자취를 감췄어요(Craib, Jphn L. 의 〈Contents of Latte Village〉 참고). 해수가 가옥을 침투하지 않도록 이와 같은 건축 양식을 고안했다는데, 차모로인들의 지혜를 엿볼 수 있지요.

4 하갓냐 필박스 Hagatna Pillbox

필박스는 일종의 군사 방어시설이다. 약통처럼 생겨졌다고 해서 붙여진 이름으로, 총을 쏠 수 있는 구멍을 만든 뒤 시멘트 혹은 콘크리트 등의 소재로 단단히 쌓아 놓은 구조물이다. 하갓냐 필박스는 1941부터 1944년까지 사용된 것으로, 제2차 세계대전 당시 괌을 점령한 일본 수비대원들에 의해 지어졌다. 6면각 콘크리트 구조물의 입구는 현재 가려져 있다. 내부는 2개의 공간으로 나누어져 있는데, 각각 대포의 탄알이 나가는 구멍으로 쓰였다고 기록돼 있다. 오늘날 하갓냐 필박스 앞은 평화로운 카누 정박지로 쓰인다. 1991년 미국 국가 사적지로 등록됐다.

지도 P.184-B2 주소 Paseo Looop, Hagåtña 운영 24시간(운영 시간이 정해져 있지 않으나, 이른 새벽이나 늦은 밤에는 출입을 삼가) 가는 방법 T 갤러리아 by DFS에서 Pale San Vitores Rd를 타고 남쪽으로 직진, Happy Landing Rd를 끼고 좌회전 후, 다시 S Marine Corps Dr를 끼고 우회전 후 직진, 오른쪽 Paseo Loop으로 우회전 첫 번째 골목에서 우회전, 피셔맨즈 코옵 옆 해안가에 위치. 차량 18분.

⑤ 시레나 파크 Sirena Park

작고 소박한 규모라 그냥 지나치기 쉽지만, 역사적 가치가 높은 건축물인 산 안토니오 브리지 San Antonio Bridge를 지닌 공원이다. 오늘날 물이 없는 다리 Waterless bridge, 하갓냐 스페인 다리 Agana Spanish Bridge 등의 별칭으로도 불리는 이 구조물은 1890년 스페인 총독인 마누엘 무로 Manuel Muro가 세운 것인데, 당시만 해도 이곳에 하갓냐강의 지류가 흘렀다고 한다. 이 다리는 1944년 일본이 괌을 탈환하는 동안 폭격으로 손상되었으나 1966년 다시 복원되었고, 그 과정에서 교량 일부를 콘크리트 벽으로 교체해 지금의 모습이 되었다. 하갓냐에 유일하게 남아 있는 스페인 다리라는 점 때문에 1974년 미국 국가 사적지로 등재됐다. 다리 아래엔 슬픈 전설을 간직한 시레나 인어상 Sirena Statue이, 다리 앞에는 괌의 유명한 사업가이자 가난한 사람을 도운 기부 천사 돈 페드로 판겔리 마르티네즈 Don Pedro Pangeli Martinez 동상이 세워져 있다.

지도 P.184-B3 **주소** Aspinall Ave., Hagåtña **운영** 24시간 (이른 새벽, 늦은 밤에는 출입 자제) **가는 방법** T 갤러리아 by DFS에서 Pale San Vitores Rd를 타고 남쪽으로 직진, Happy Landing Rd를 끼고 좌회전 후, 다시 S Marine Corps Dr를 끼고 우회전 후 직진. 왼쪽 Aspinall Ave를 끼고 좌회전 후 오른쪽에 위치. 차량 15분.

Mia's Advice

슬픈 눈의 시레나 인어상엔 오래전부터 얽혀 내려온 전설이 있어요. 물놀이를 좋아하던 소녀 시레나가 집안일을 돕지 않자, 화가 난 엄마는 "그렇게 물만 좋아하면 나중에 물고기가 될 거야"라며 저주를 내뱉고 말았어요. 순간, 시레나는 정말 물고기로 변신했고, 이에 놀란 할머니가 저주를 풀어보려고 노력했답니다. 하지만 역부족이었는지, 시레나는 반절만 원래 모습을 되찾고 끝내는 반인반어의 상태로 남게 됐다고 해요.

⑥ 스키너 광장 Skinner Plaza

1949년 괌 최초의 민간 지사인 칼턴 스키너 Carlton F. Skinner의 이름을 딴 광장. 칼턴 스키너는 지금까지 사용되고 있는 괌의 헌법을 제정한 사람이다. 하지만 보다 더 중요한 것은 그가 흑인차별 폐지에 앞장선 이들 중 하나라는 사실이다. 광장 내에는 제2차 세계대전에서 괌을 위해 싸운 용사들을 기리는 기념비도 세워져 있다.

지도 P.184-B3 **주소** Murray Blvd., Hagåtña **운영** 24시간 (이른 새벽, 늦은 밤에는 출입 자제) **가는 방법** T 갤러리아 by DFS에서 Pale San Vitores Rd를 타고 남쪽으로 직진, Happy Landing Rd를 끼고 좌회전 후, 다시 S Marine Corps Dr를 끼고 우회전 후 직진. 왼쪽 Aspinall Ave를 끼고 좌회전 후 W soledad Ave를 끼고 좌회전, Murray Blvd를 끼고 우회전. 왼쪽에 위치. 차량 16분.

7 스페인 광장 Spain Plaza

하갓냐에서 가장 눈여겨봐야 하는 곳. 괌은 1565년에서 1898년까지 약 333년간 스페인의 지배를 받았는데, 이 광장은 1734년부터 미국-스페인전쟁(미서전쟁)에서 스페인이 패한 1898년까지 스페인 총독의 관저로 사용됐다. 지금은 형태는 사라지고 골조만 남아 있으나, 집무실과 무기저장실, 사무실 등이 있었던 관저와 더불어 총독의 부인이 응접실로 사용한 초콜릿 하우스, 야외 음악당인 키오스크 등 스페인 양식의 건축물들을 만날 수 있다. 일본의 통치에서 해방된 1944년을 기점으로 건물 대부분이 붕괴됐으나, 1980년 복원사업을 거쳐 지금의 모습을 갖추었다.

지도 P.184-B3 ▶ **주소** Plaza de Espana, Hagåtña **운영** 24시간(이른 새벽, 늦은 밤에는 출입 자제) **가는 방법** T 갤러리아 by DFS에서 Pale San Vitores Rd를 타고 남쪽으로 직진, Happy Landing Rd를 끼고 좌회전 후, 다시 S Marine Corps Dr를 끼고 우회전 후 직진. Hwy 4를 끼고 좌회전 후, Chalan Santo Papa Juan Pablo 를 끼고 우회전, 세 번째 골목에서 좌회전, 오른쪽에 위치. 차량 17분.

Mia's Advice

이곳은 스냅 작가들의 포토존으로도 유명해요. 기념사진을 촬영하고 싶다면 독특한 건축 양식이 살아 있는 스페인 광장 곳곳에서 셀프 촬영에 도전하는 건 어떨까요? 뿐만 아니라 간혹 스페인 광장 옆에는 코코넛 음료수를 판매하는 트럭이 등장하는데, 코코넛 속살을 한 입 크기로 자른 뒤 간장과 고추냉이에 찍어 먹는 '코코넛 사시미'가 남다른 별미랍니다. 쫄깃한 식감에 담백한 풍미, 한번 맛보면 잊을 수 없답니다. 놓치지 마세요!

8 하갓냐 대성당
Dulce Nombre de Maria Cathedral Basilica

괌 최초의 가톨릭 성당이자 주교의 공식적인 자리가 있는 대성당. 스페인 광장 근처에 통나무와 야자로 초가지붕을 만든 것이 시초였으나, 1669년 스페인 여왕이었던 마리아 안나가 300페소를 기부하고 차모로 대추장인 키푸하가 부지를 기증해 번듯한 건축물로 지어졌다. 이후 제2차 세계대전 때 폭격을 당했고, 1959년 4월 오늘날의 모습으로 재건됐다. 성당 앞에 선 성모 마리아 카마린 상은 괌에 불행한 사건이 생겼을 때마다 눈물을 흘린다는 일화로 이름이 높다. 하갓냐 대성당과 스페인 광장, 스키너 광장 사이에는 1981년 이곳을 처음 방문한 교황 요한 바오로 2세의 동상도 세워져 있다. 미사 30분 전에는 관광객의 출입이 통제되며, 일부 미사는 차모로 언어로 집전된다. 예수와 성모를 상징하는 아름다운 스테인드글라스 장식이 관람 포인트.

하갓냐 대성당에서 판매하는 빅사이즈의 묵주.

지도 P.184-B3 **주소** 207 Archbishop Felixberto C. Flores St., Hagåtña **전화** 671-472-6201 **운영** 월~수, 금 08:00~12:00, 13:00~16:00(오피스), 월~일 05:45, 화, 수 18:00, 토 17:00, 일 07:30, 09:30, 11:30, 18:00(미사) **요금** $1 **가는 방법** T 갤러리아 by DFS에서 Pale San Vitores Rd를 타고 남쪽으로 직진, Happy Landing Rd를 끼고 좌회전 후, 다시 S Marine Corps Dr를 끼고 우회전 후 직진. Hwy 4를 끼고 좌회전, Chalan Santo Papa Juan Pablo를 끼고 우회전, Archbishop FC Flores St 끼고 좌회전. 오른쪽에 위치. 차량 16분.

9 리카르도 J. 보르달로 주정부 종합청사
Ricardo J. Bordallo Governor's Complex (아델럽곶)

아델럽곶에 자리한 주정부 종합청사는 스페인과 차모로의 전통 건축 양식이 혼재된 독특한 모습을 띤다. 1952년 완공 당시 태풍 파멜라로 인해 파손되어 1954년 재건한 것이 현재의 건물이다. 정부 종합청사, 총독 관저와 함께 관광객들의 시선을 끄는 것은 바로 자유의 라테 전망대. 이곳에서 드넓은 바다를 온몸으로 마주한 뒤, 바로 옆에 괌의 역사와 공예품을 전시한 괌 박물관으로 걸음을 옮겨 사색에 잠겨보자. 건물 한편에 제2차 세계대전 당시 사용되었던 대포가 바다를 향하고 섰는데, 그 모습이 괌의 지난 역사를 돌아보게 한다.

지도 P.182-A3 **주소** 1 Asan, Marine Corps Dr., Hagåtña **전화** 671-472-8931 **운영** 월~금 08:00~17:00, 토, 일 09:00~12:00 **휴무** 7월 21일(괌 독립기념일) **가는 방법** T 갤러리아 by DFS에서 Pale San Vitores Rd를 타고 남쪽으로 직진, Happy Landing Rd를 끼고 좌회전 후, 다시 S Marine Corps Dr를 끼고 우회전 후 직진. 오른쪽에 위치. 차량 17분.

아델럽곶의 명물, 자유의 라테 & 보르달로 동상

미국의 기념물이자 차모로의 심벌, 자유의 라테 Latte of Freedom

1976년 3월, 당시 주지사였던 리카르도 J. 보르달로는 미국의 기념비적인 건축물이자 차모로의 심벌인 자유의 라테 계획을 공표했다. 자유의 라테로 이름 지은 것은, 건국 100주년을 기념해 지어진 동부 자유의 여신상처럼 영토 서쪽 끄트머리의 괌에도 그와 동등한 상징물이 있기를 원했던 까닭이다. 당초 계획은 투몬만을 내려다보는 사랑의 절벽에 약 61m 크기로 짓는 것이었다. 건축가이자 엔지니어인 토머스 J. 데이비스 Thomas J. Davis에게 설계를 맡긴 뒤 1976년 건국 200주년을 기념하며 완공 기념 행사를 열 작정이었다. 하지만 예산 부족으로 2004년에 이르러서야 24.3m 규모로 크기를 축소하고, 위치도 정부 종합청사의 박물관 옆으로 밀려났다. 끝내 2010년 3월, 리카르도 J. 보르달로가 사망한 지 33년이 지난 뒤에야 빛을 봤다.

괌 주지사, 리카르도 J. 보르달로

리카르도 J. 보르달로는 1975~1978년, 그리고 1983~1986년 두 번의 주지사직을 역임한 정치가다. 그는 정치가가 되기 이전엔 자동차 세일즈를 하면서 탁월한 비즈니스 감각을 키웠다. 이를 기반으로 누구보다 괌의 미래에 대한 비전을 유능하게 제시하던 사람이다. 하지만 임기가 끝난 이듬해인 1987년 주지사로 부임할 당시 저지른 부정부패 등으로 1990년 최종 4년 징역형을 선고 받았고, 감옥으로 이송되기 3시간 전 괌 깃발을 몸에 감싸고 키푸하 대추장 동상 아래에서 총기 자살로 생을 마감했다. 1997년 1월, 괌 정부 행정기관은 그를 추모하며 공식적으로 주정부 종합청사 앞에 그의 이름을 붙였다.

BEST BEACH WALKS
유유자적, 중부의 해변 즐기기

하갓냐만 비치 Hagåtña Bay Beach

리카르도 J. 보르달로 주정부 종합청사에서 내려다보이는 바다. 해변에서 물놀이를 원하는 가족들에게 가장 이상적인 해변이다. 긴 모래사장이 인상적이며, 얕은 산호초들은 스노클링 하기 좋다. 근처에서 문어를 잡는 낚시꾼들도 만날 수 있다.

지도 P.182-A3 **주소** Marine Corps Dr., Hagåtña **운영** 24시간(이른 새벽, 늦은 밤에는 출입 자제) **가는 방법** T 갤러리아 by DFS에서 Pale San Vitores Rd를 타고 남쪽으로 직진, Happy Landing Rd를 끼고 좌회전 후, 다시 S Marine Corps Dr를 끼고 우회전 후 직진. 오른쪽에 위치. 차량 17분.

알루팡 비치 Alupang Beach

늘 평화롭고 조용한 해변. 도로를 바로 옆에 끼고 있어 접근성이 좋은 게 장점. 화장실과 샤워시설은 없으나 지붕이 있는 피크닉 테이블이 마련되어 있고, 주차장도 넉넉하다. 단, 음주는 불가. 이곳에 있으면 근처 알루팡 비치 클럽에서 진행되는 해양 스포츠를 관람할 수 있다.

지도 P.183-C2 **주소** Alupang Beach, Tamuning **운영** 24시(이른 새벽, 늦은 밤에는 출입 자제) **가는 방법** T 갤러리아 by DFS에서 Pale San Vitores Rd를 타고 남쪽으로 직진, Happy Landing Rd를 끼고 좌회전 후, 다시 S Marine Corps Dr를 끼고 우회전 후 직진. 왼쪽의 태국 식당인 까오홈 태국 레스토랑 Khaohom Thai Restaurant 지나서 오른쪽에 위치. 차량 12분.

Mia's Advice

해양 스포츠를 즐기는 모험가라면 알루팡 비치 클럽 Alupang Beach Club을 만나 보세요. 알루팡 비치 옆 사유 해변에서 제트스키, 패러세일링, 바나나보트, 돌핀 크루즈와 스노클링 등 다양한 액티비티를 진행한답니다.

지도 P.183-C3 **주소** 997 S Marine Corps Dr., Tamuning **전화** 671-649-5200 **홈페이지** www.abcguam.com **운영** 08:00-17:00 **휴무** 토요일 **요금** $60-170 (어린이 6-11세 $40-65, 2-5세의 경우 대부분 무료이나 옵션에 따라 $10이 부과되는 프로그램도 있음)

SPECIAL : 중부의 해변 즐기기

둥카스 비치 Dungca's Beach

관광객들에게는 다소 낯설게 느껴지는 곳이지만 물놀이를 사랑하는 현지인들에게는 더없이 사랑스러운 해변으로 알려져 있다. 인적이 드물어 투몬 비치보다 한결 여유롭고, 근처 지미 디스 비치 바 Jimmy Dee's Beach Bar 에 들러 맥주 한 잔을 마신다면 가슴속까지 뻥 뚫릴 것이다.

지도 P.183-C2 **주소** 150 Tranquilo St., Tamuning **운영** 24시간(운영 시간이 정해져 있지 않으나, 이른 새벽이나 늦은 밤에는 출입을 삼가) **가는 방법** T 갤러리아 by DFS에서 Pale San Vitores Rd를 타고 남쪽으로 직진, Happy Landing Rd를 끼고 좌회전 후, 다시 S Marine Corps Dr를 끼고 우회전 후 직진, 오른쪽 Hwy 30 끼고 우회전 후, 왼쪽 Trankilo St로 진입, 왼쪽 해변가, 차량 12분.

알루팟 아일랜드 Alupat Island

쉐라톤 라구나 괌 리조트에서 카약으로 10분 정도 거리의 무인도. 하루에 두 번 정도 물이 빠지는데, 이때는 도보로 다녀올 수 있다. 수심이 낮아 아이들도 쉽게 열대어를 볼 수 있으며, 서핑과 무동력 해양 스포츠, 제트 스키 등도 즐길 수 있다. 단, 산호가 있으니 아쿠아 슈즈는 필수!

지도 P.183-C2 **주소** 470 30A, Tamuning(쉐라톤 라구나 괌 리조트 주소) **운영** 24시간(운영 시간이 정해져 있지 않으나, 이른 새벽이나 늦은 밤에는 출입을 삼가) **가는 방법** 방법 T 갤러리아 by DFS에서 Pale San Vitores Rd를 타고 남쪽으로 직진, 플로레스 대주교 동상이 있는 원형 교차로(Archibishop Felixberto Flores Memorial Circle)에서 Hwy 14(Chalan San Antonio)로 진입 후 직진, 오른쪽 Hwy 30A로 우회전, 왼쪽 Condo Ln으로 좌회전. 차량 12분.

Mia's Advice

쉐라톤 라구나 괌 리조트나 온워드 비치 리조트 투숙객이라면 무료로 카약을 탈 수 있어요. 처음 1시간은 무료지만 이후에는 시간당 $5씩 추가된다는 사실, 잊지 마세요. 아쿠아 슈즈와 구명조끼는 카약과 함께 무료로 대여할 수 있어요. 대신 스노클링 장비는 유료($7)랍니다. 카약 대여 시간은 09:00~15:00예요.

10 괌 박물관 Guam Museum

하갓냐에 위풍당당하게 서 있는 괌 박물관. 하지만 지금의 모습으로 관광객을 맞이하게 되기까지 이곳은 지난한 풍파를 견뎌야 했다. 박물관이 생기기 전, 몇몇 고고학자들이 하와이로 라테 스톤과 예술품들을 빼돌리거나(훗날 반환), 제2차 세계대전의 발발로 많은 유물들이 일본으로 흘러들어갔으며, 1944년 괌이 해방될 때 일어난 폭격으로 건물이 주저앉는 등 이루 말할 수 없는 고초를 겪었다. 그러다 첫 번째 민간 주지사였던 칼턴 스키너가 괌 박물관의 재건을 위해 국토관리국 산하 기관을 두면서 1954년 스페인 광장의 총독 관저 일부를 개조해 박물관으로 사용했지만, 1994년부터 자금 부족으로 약 20년간 아델럽, 투몬, 괌 프리미어 아웃렛, 마이크로네시아 몰 등 섬 이곳저곳을 전전하며 전시품을 이관하는 아픈 시절을 겪었다. 마침내 2006년 괌 1세대 건축가인 라구아냐가 현재의 건물을 설계했고, 2016년 11월 4일 비로소 화려하게 개관했다. 25만 여점의 귀중한 유물, 서류, 사진들을 소장하며 차모로 인의 예술, 역사, 문화를 보존하고 연구·복원시키는 일에 앞장서고 있다.

지도 P.184-B3 **주소** Chalan Santo Papa Juan Pablo Dos, Hagåtña **전화** 671-989-4455 **홈페이지** guammuseum.org **운영** 화~일 10:00~17:00 **휴무** 월요일 **요금** 무료(단, 성인 $20의 도네이션을 권한다) **가는 방법** T 갤러리아 by DFS에서 Pale San Vitores Rd를 타고 남쪽으로 직진, Happy Landing Rd를 끼고 좌회전 후, 다시 S Marine Corps Dr를 끼고 우회전 후 직진. 왼쪽 Aspinall Ave를 끼고 좌회전 후 W soledad Ave를 끼고 좌회전, Murray Blvd를 끼고 우회전, 왼쪽에 위치. 스키너 광장 뒤편. 차량 16분.

11 산타 아구에다 요새 Fort Santa Agueda

하갓냐에 남아 있는 스페인 요새. 아푸간 언덕에 위치해 아푸간 요새라고도 불린다. 1784~1802년 스페인 총독으로 지낸 마누엘 무로 Manuel Muro가 1800년에 지었고, 당시엔 무기와 화약고로 이용됐다. 무로는 아내 이름인 마리아 아구에다 델 카미노를 기리며 산타 아구에다 요새라고 이름 붙였다. 제2차 세계대전 당시 미국과 일본의 전투가 벌어지기도 했던 이곳은 1963년에 공원으로 조성되어 하갓냐 마을과 필리핀 바다, 오카 포인트의 절벽을 한데 조망할 수 있게 됐다. 괌의 아름다운 야경 명소로도 소문 나 있다.

지도 P.184-A3 **주소** Tutuhan, Hagåtña Heights, Fort Ct., Hagåtña **운영** 24시간(이른 새벽이나 늦은 밤에는 출입 자제) **가는 방법** T 갤러리아 by DFS에서 Pale San Vitores Rd를 타고 남쪽으로 직진, Happy Landing Rd를 끼고 좌회전 후, 다시 S Marine Corps Dr를 끼고 우회전 후 직진. Hwy 4를 끼고 좌회전 후, Hwy 33을 끼고 우회전. 왼쪽 Hwy 7을 끼고 좌회전 후 Fort Ct로 우회전. 차량 18분.

ENTERTAINMENT
중부의 엔터테인먼트

괌의 생태계를 제대로 들여다보려면 중부로 가야 한다. 해중 전망대 피시 아이 마린 파크부터 태곳적 순수한 자연의 속살을 만질 수 있는 마보 동굴과 절벽에 이르는 명소들이 모험심 강한 여행자들을 손짓하며 부른다.

1 피시 아이 마린 파크 Fish Eye Marine Park

지상에서 바다 한가운데의 전망대까지 연결된 300m 길이의 구름 다리를 건너면 본격적인 괌의 해양 생태계가 펼쳐진다. 전망대 내부의 계단을 타고 수심 10m까지 내려가 해중 전망대에 이르면 360도로 설치된 대형 창문 너머로 바닷속을 살펴보게 되는데, 물에 들어가지 않고도 물속에 있는 듯한 기분을 만끽할 수 있다. 뿐만 아니라, 산호초에 둘러싸여 200여 종의 물고기를 찾아 나서는 스노클링, 얼굴이 젖지 않는 특수 헬멧을 착용하고 바닷속 수심 6m까지 내려가는 시 워킹, 저녁식사와 폴리네시아 민속 공연이 포함된 피시 아이 디너쇼 등의 프로그램도 체험할 수 있다. 원한다면 투어에 식사를 포함할 수도 있으며, 호텔 픽업 서비스는 무료로 제공한다. 홈페이지를 통해 3일 이전에 신청하면 할인된 가격으로 티켓을 구매할 수 있다.

지도 P.182-A3 **주소** 818 N Marine Corps Dr., Piti **전화** 671-475-7777 **홈페이지** www.fisheyeguam.com **운영** 08:00~18:00(전망대), 18:00~21:00(디너쇼) **요금** 성인 $24~38, 어린이 (6~11세) $12~19 **가는 방법** T 갤러리아 by DFS에서 Pale San Vitores Rd를 타고 남쪽으로 직진, GU 14A를 끼고 좌회전, S Marine Corps Dr 끼고 우회전 후 직진. 오른쪽에 위치. 차량 20분.

CHECK! 해양 보호구역으로 지정된 피티만 Piti Bay

피티만에서 해양 액티비티가 이뤄지는 곳은 대개 피티 밤 홀 Piti Bomb Holes 근처다. 괌 5대 해양 보호구역 중 하나인 피티 밤 홀은 제2차 세계대전 당시 미국과 일본의 포격으로 인해 생긴 지형인데, 해안의 수심이 전반적으로 얕은 반면 포격이 떨어진 곳만 웅덩이가 만들어졌다. 피티라는 지역명 뒤에 붙은 '밤 홀'은 폭발에 의한 웅덩이라는 뜻. 따라서 이곳에서는 채도와 명도가 각기 다른 바다색을 마주할 수 있다. 수심이 얕은 모래 위는 녹색, 산호가 많은 곳은 다갈색, 수심이 깊은 곳은 코발트 빛깔로 눈부시다. 과연 자연이 빚어낸 예술이라 할 만하다.

② 부니 스톰퍼스 Boonie Stompers

부니 스톰핑은 차모로어로 '정글 하이킹'을 뜻한다. 괌의 하이킹 애호가들이 가장 사랑하는 액티비티로, 원하면 누구든 참여할 수 있는 열린 프로그램이다. 매주 토요일 오전에 차모로 빌리지 앞에 모여 하이킹 코스에 대한 설명을 들은 뒤, 각자 차량을 통해 정해진 장소에 모여 트레킹을 시작한다. 매번 코스의 난도가 달라지기 때문에 미리 페이스북을 통해 공지되는 내용을 살펴보고 도전하자. 하이킹이 시작되는 지점까지 스스로 이동해야 하는 까닭에 렌터카는 필수다.

지도 P.182-A3 **주소** 153 W Marine Corps Dr., Hagåtña (차모로 빌리지) **홈페이지** www.facebook.com/GuamBoomieStompersInc **운영** 매주 토요일 09:00 출발 **요금** $5 **가는 방법** 안토니오 비 원 팻 국제공항에서 차로 11분. DFS에서 Pale San Vitores Rd를 타고 남쪽으로 직진, Happy Landing Rd를 끼고 좌회전 후, 다시 S Marine Corps Dr를 끼고 우회전 후 직진. 오른쪽에 위치. 차로 15분.

③ 하갓냐 풀 Hagatna Pool

리조트의 수영장 시설이 열악하거나, 수영장이 없는 민박집에 머무른다면 한 번쯤 이용해도 좋다. 괌 정부에서 운영하는 야외 수영장으로, 저렴한 가격의 수영 레슨(한 달 $50가량)도 진행하고 있다. 7개의 레일이 있으며, 워터 파크 관련 시설은 없다. 오롯이 수영을 즐기는 이들을 위한 곳. 괌에 장기투숙하는 여행자에게 추천할 만한 장소다.

지도 P.184-B3 **주소** 33, Hagåtña **전화** 671-472-8718 **홈페이지** www.facebook.com/pages/Agana-Pool **운영** 화~금 08:00~20:00, 토~일 10:00~18:00 **휴무** 월요일 **요금** $11, 2세 미만 & 55세 이상 무료 **가는 방법** 안토니오 비 원 팻 국제공항에서 차로 11분. T 갤러리아 by DFS에서 Pale San Vitores Rd를 타고 남쪽으로 직진, 14A를 끼고 좌회전, S Marine Corps Dr 끼고 우회전 후 직진. 왼쪽 Hwy 8을 끼고 좌회전 후 Hwy 33을 끼고 우회전. 오른쪽에 위치. 아가나 쇼핑 센터 건너편. 차로 16분.

RESTAURANT
중부의 식당

시끌시끌한 분위기의 투몬&타무닝에서 벗어나 호젓한 분위기를 즐기고 싶을 때, 아늑하고 여유로운 맛이 가득한 중부의 식당으로 향할 것. 미국식 브런치 카페부터 호화로운 경력의 셰프가 선보이는 고급 레스토랑까지, 흥미로운 미식 풍경이 이어진다.

투레 카페의 달콤한 디저트!

1 투레 카페 Ture' Café

투몬과 타무닝에서, 중부 투어를 위해 하갓냐로 진입하면서 가장 먼저 만나게 되는 카페. 바다를 끼고 있어 탁 트인 오션 뷰를 자랑하는 테라스 자리가 인기가 많다. 프렌치 토스트, 팬케이크나 오믈렛 등 아침 메뉴가 맛깔스럽고, 그 외에도 파스타와 하와이 로컬 음식인 로코모코 등 푸짐한 한 상을 즐길 수 있다.

지도 P.185-C2 **주소** 349 Marine Corps Dr., Hagåtña **전화** 671-479-8873 **홈페이지** www.turecafe.com **영업** 월-금 06:30~20:00, 토-일 06:30~15:00 **예산** $2.99~12.99(로코모코 Loco Moco $8.95) **가는 방법** T 갤러리아 by DFS에서 Pale San Vitores Rd를 타고 남쪽으로 직진, GU 14A를 끼고 좌회전, S Marine Corps Dr 끼고 우회전 후 직진. 오른쪽에 위치. 차량 13분.

Mia's Advice

괌에서 만나는 하와이 음식, 로코모코 Loco Moco

같은 태평양 위에 떠 있는 섬인 괌과 하와이. 괌을 여행하다 보면 하와이와 비슷한 메뉴들을 살펴볼 수 있는데 대표적인 예가 바로 로코모코예요. 로코모코는 하와이에서 가장 즐겨 먹는 메뉴예요. 밥 위에 햄버거 패티를 올려놓고, 달걀 프라이와 갈색의 그레이비 소스를 곁들여 먹는 음식으로 투레 카페 말고도 피카스 카페Pika's Café, 잇 스트리트 그릴 Eat Street Grill, 에그스 앤 띵스Egg's n Things, 킹스King's에서도 로코모코를 맛볼 수 있어요.

에그스 앤 띵스의 로코모코

2 파파스 Papa's

공항 인근 언덕바지에 위치한 레스토랑. 복잡하고 사람 많은 투몬에서 벗어나 조용한 분위기에서 낭만적인 식사를 원한다면 이만한 선택지도 없다. 야외테라스에서 아름다운 일몰을 감상하기 좋고, 수요일과 토요일에는 18:00~22:00까지 라이브 무대도 펼쳐진다. 스테이크, 포크찹, 쇼트립, 바비큐, 랍스터 리소토, 오늘의 파스타 등의 메뉴가 있으며 런치에 운영되는 뷔페와 일요일 브런치도 유명하다. 라운지에서는 간단한 애피타이저만 주문할 수 있다.

지도 P.91-D3 **주소** 807 Rt 10A Tiyan Parkway East (Airport Rd), Barrigada **전화** 671-637-7272 **홈페이지** www.papasrestaurantguam.com **영업** 화~금 11:00~14:00, 17:00~22:00, 토 17:00~22:00, 일 10:00~14:00 **휴무** 월요일 **예산** $6~45(런치 뷔페 성인 $15, 어린이 (5~10세) $8, 선데이 브런치 Sunday Brunch $28) **가는 방법** T 갤러리아 by DFS에서 Pale San Vitores Rd를 타고 남쪽으로 직진, GU 14A를 끼고 좌회전, S Marine Corps Dr 끼고 우회전 후 직진. 왼쪽에 Hwy 10A 끼고 좌회전 후 직진, 왼쪽에 위치. 차량 12분.

빅 펠러 트리오

3 프로아 2호점 Proa2

프로아는 괌을 찾은 여행객이라면 한 번쯤은 꼭 가게 되는 유명 바비큐 레스토랑이다. 타무닝에 위치한 1호점이 인기가 많아져 하갓냐에 탄생한 분점. 보다 넓고 쾌적하다. 뿐만 아니라 입구에 디저트류를 판매하는 코너가 따로 있어 달달한 먹거리를 좋아하는 이들이라면 이곳이 더 편할 듯. 바비큐와 함께 우리나라에겐 토란으로 알려진 타로 치즈 케이크가 유명하다.

지도 P.184-A3 **주소** 324 West Soledad Ave., Hagåtña **전화** 671-477-7762 **홈페이지** www.facebook.com/proaguam **영업** 11:00~15:00, 18:00~22:00 **예산** $5.95~52.95(빅 펠러 트리오 $22.95, 타로 치즈 케이크 Taro Cheese Cake $8.5) **가는 방법** T 갤러리아 by DFS에서 Pale San Vitores Rd를 타고 남쪽으로 직진, GU 14A를 끼고 좌회전, S Marine Corps Dr 끼고 우회전 후 직진. 왼쪽 Aspinall Ave 끼고 좌회전 후 W Soledard Ave 끼고 다시 좌회전 후 Seaton Blvd를 끼고 우회전. 오른쪽에 위치. 차량 16분.

4 칼리엔테 Caliente

제대로 된 멕시코 요리를 경험할 수 있는 곳. 중부에 위치한 레스토랑은 대부분 관광객보다 현지인 비율이 현저히 높은 곳들인데, 이곳도 그중 하나다. 부리토, 나초, 케사디야, 타코 등 우리에게 익숙한 멕시칸 메뉴가 주를 이룬다. 한 입에 넣기 부담스러울 정도로 두툼한 부리토는 보기만 해도 식욕이 당긴다. 이곳의 시그니처 메뉴는 단연 타코 샐러드. 토르티야를 그릇 모양으로 튀겨낸 뒤 그 안에 잘게 다진 고기, 치즈, 채소 등과 신선한 사워크림을 듬뿍 얹어 내는데, 여럿이 애피타이저로 나누어 먹기 좋다.

지도 P.184-B3 ▶ **주소** 135 Archibishop FC Flores St., Hagåtña **전화** 671-477-4681 **운영** 월-금 11:00~21:00, 토 12:00~21:00 **휴무** 일요일 **예산** $5~18(캘리포니아 부리토 California Burritos $12.75, 타코 샐러드 Taco Salad $11(라지)) **가는 방법** 안토니오 비 원 팻 국제공항에서 차로 10분. T 갤러리아 by DFS에서 Pale San Vitores Rd를 타고 남쪽으로 직진, 14A를 끼고 좌회전, S Marine Corps Dr끼고 우회전 후 직진. 왼쪽의 Hwy 4를 끼고 좌회전 후 다시 오른쪽 Chalan Santo Papa Juan Pablo Dos를 끼고 우회전. 오른쪽 Archbishop FC Flores St를 끼고 다시 우회전. 왼쪽에 위치. 차로 13분.

5 크러스트 피제리아 나폴레타나 Crust Pizzeria Napoletana

2016년에 오픈한 이래, 하갓냐에서 가장 핫한 화덕 피자 전문점으로 꼽히는 곳. 맛의 비결은 화덕이다. 홈메이드 이탈리아 피자의 맛을 살리기 위해 3대에 걸쳐 기술을 전수한 화덕 장인이 제작한 것을 공수해 사용한다. 죽기 전에 꼭 먹어야 할 세계 음식 재료 1,001가지에도 꼽혔다는 산 마르지아노 토마토와 입자가 곱고 부드러운 최상급 밀가루를 사용해 신선하고 건강한 맛을 보장한다. 게다가 괌에서 흔치 않은 해피아워(메뉴 17:00~18:00, 음료 17:00~19:00)까지 만날 수 있으니, 부족함이 없다.

지도 P.185-C2 ▶ **주소** 356 E Marine Corps Dr., Route 1, Hagåtña **전화** 671-647-8008 **홈페이지** www.crustpizzeriaguam.com **영업** 11:00~14:00, 17:00~22:00 **예산** $3~40(나폴레타나 피자 Napoletana Pizza $16) **가는 방법** T 갤러리아 by DFS에서 Pale San Vitores R를 타고 남쪽으로 직진, Happy Landing Rd를 끼고 좌회전, S Marine Corps Dr 끼고 우회전 후 직진. 왼쪽에 위치. 차량 13분.

Mia's Advice

미국 전역의 유명한 레스토랑에서는 영업 전략으로 '해피아워'를 실시하는 곳이 많아요. 해피아워는 사람들이 붐비지 않는 시간대에 저렴하게 음식과 음료를 판매하는 거죠. 크러스트 피제리아 나폴레타나의 해피아워에는 알코올 메뉴를 $6~8에 판매하고, 피자는 50% 할인 혜택을 제공한답니다.

현지인들의 단골집, 로컬 식당 BEST 4

바삭하게 튀겨진 오징어튀김

1 모사스 조인트 Mosa's Joint

괌 중부를 대표하는 레스토랑이다. 아늑하고 편안한 분위기 속에서 가족, 연인, 사랑하는 사람들과 오붓한 저녁을 보내기 좋다. 파스타와 버거, 케사디아 등의 메뉴가 유명한데, 이곳의 첫 번째 시그니처 메뉴를 꼽으라면 단연 시금치 & 버섯 & 블루 치즈 버거다. 2012년 버거페스트 챔피언 메뉴로, 상당한 자부심이 깃들어 있다. 매일 추천 메뉴가 바뀌는데, 한쪽 벽에 설치된 칠판에 커다랗게 적혀 있으니 참고하면 좋다. 운이 좋으면 저녁 시간 때 라이브 공연을 감상할 수 있다. 미국식 펍의 시끌벅적한 분위기를 그대로 느낄 수 있는 곳.

지도 P.184-A3 **주소** 324 West Soledad Ave., Hagåtña **전화** 671-969-2469 **홈페이지** www.mosasjointguam.com **운영** 월~목 11:00~21:00, 금~토 11:00~22:00 **휴무** 일요일 **예산** $8.50~16.95(시금치, 버섯, 블루 치즈 버거 Spinach, Mushroom, and Blue Cheese Burger $11.50, 레게 모히토 Raggae Mojito $8, 오징어 튀김 Calamari $11.95) **가는 방법** 안토니오 비 원 팻 국제공항에서 차로 11분. T 갤러리아 by DFS에서 Pale San Vitores Rd를 타고 남쪽으로 직진, 14A를 끼고 좌회전, S Marine Corps Dr 끼고 우회전 후 직진. 왼쪽의 Aspinall Ave를 끼고 좌회전 후 다시 오른쪽 Herman Cortes Ave를 끼고 우회전. Father Duenas Ave를 끼고 우회전 후 다시 W Soledad Ave를 끼고 우회전. 오른쪽에 위치. 차로 21분.

2 키친 링고 Kitchen Lingo

오너 셰프인 링고의 이름을 딴 레스토랑으로 하갓냐에서 가장 핫한 분위기를 자랑하는 곳이다. 로맨틱한 장소를 원하는 신혼 부부나 연인이라면 이곳으로 향하길. 메뉴의 종류가 다양하지 않지만 갓 잡은 생선으로 요리를 하고, 괌에서 나고 자란 채소를 사용해 신선함을 더했다. 거의 모든 시간대에 손님이 북적거리는 곳이라, 예약은 필수다.

지도 P.184-B3 **주소** 153 Martyr St, Hagåtña **전화** 671-472-5550 **홈페이지** www.kitchenlingoguam.com **영업** 화~토 17:00~21:30 **휴무** 월, 일요일 **예산** $12~75(연어 Salmon $31, 스모크드 숏 립 Smoked Short Rib $35) **가는 방법** T 갤러리아 by DFS에서 Pale San Vitores Rd를 타고 남쪽으로 직진, GU 14A를 끼고 좌회전, S Marine Corps Dr 끼고 우회전 후 직진. 왼쪽 Hwy 4를 끼고 좌회전 후 첫 번째 골목에서 우회전 후 다시 우회전. 왼쪽에 위치. 컵 앤 소서 베이커리 & 크레페 카페 건너편. 차량 16분.

SPECIAL : 로컬 식당

잘게 다진 고기를 곁들인
베네딕트 차모로

③ 피카스 카페 Pika's Café

현지인들이 주말 아침을 보내는 브런치 카페. 차모로 전통 식문화와 건강한 캘리포니아 스타일을 혼합한 메뉴로 인기를 얻었다. 차모로 소시지를 이용한 메뉴가 많은데, 특히 에그 베네딕트를 괌 스타일로 재해석한 베네딕트 차모로가 매력적이다. 키즈 메뉴로는 프렌치 토스트(아침 메뉴)와 샌드위치와 미니버거, 불고기(점심 메뉴) 등이 있다. 한국인 여행자에겐 김치&불고기 볶음밥의 존재가 반갑다. 친절한 서비스는 덤.

지도 P.91-D2 **주소** 888 Marine Corps Dr., Tamuning **전화** 671-647-7452 **홈페이지** www.pikascafeguam.com **영업** 일~목 07:30~21:00, 금, 토 07:30~10:00 **예산** $8~16(베네딕트 차모로 Benedict Chamorro $14, 김치&불고기 볶음밥 Kimchee & Bulgogi Fry My Rice $9), 키즈 메뉴 $6~7 **가는 방법** T 갤러리아 by DFS에서 Pale San Vitores Rd를 타고 남쪽으로 직진, Happy Landing Rd를 끼고 좌회전, S Marine Corps Dr 끼고 좌회전 후 오른쪽에 위치. 차량 6분.

Mia's Advice

T 갤러리아 by DFS 근처에 분점 리틀 피카스 카페Little Pika's Cafe가 있어요. 시내에서 피카스 카페의 메뉴를 맛볼 수 있어요. 주소는 1300 Pale san Vitores Rd, Tumon이랍니다.

④ 타이 스무디 앤 그릴
Thai Smoothie and Grill

휑한 도로변에 우두커니 자리한 컨테이너 식당. 하지만 그냥 지나치면 후회한다. 싱그러운 재료를 잔뜩 투하한 파파야 샐러드는 피시소스의 짭조름한 맛이 조화롭고, 얼큰한 똠얌은 괌의 무더위를 이열치열로 식혀준다. 뿐만 아니라 왕새우와 각종 채소를 한데 넣은 볶음밥은 입맛 까다로운 사람들도 맛있게 먹을 수 있을 만큼 밀도 높은 풍미를 자랑한다. 자연히 현지인들의 사랑을 아낌없이 받고 있다. 미리 전화해서 포장 주문을 요청해도 좋다.

주소 Rte 4 Dero Rd., Chalan Pago Ordot **전화** 671-929-8534 **운영** 월~토 09:00~18:00 휴일 일요일 **예산** $5~12(파파야 샐러드 Papaya Salad $9, 똠얌 Tom yum $10, 볶음밥 Fried Rice $9) **가는 방법** 안토니오 비 원 팻 국제공항에서 차로 12분. T 갤러리아 by DFS에서 Pale San Vitores Rd를 타고 남쪽으로 직진, 왼쪽의 Hwy4를 끼고 좌회전 후 직진. 오른쪽 Dero Rd를 끼고 우회전, 왼쪽에 위치. 차로 16분.

6 로튼 애플 Rotten Apple

맥줏집이지만 맛깔스러운 식사 메뉴로 이름난 곳. 애피타이저부터 샐러드, 스테이크와 해산물 구이까지 모두 농밀한 맛을 자랑하니, 오너가 메뉴에 신경 쓴 흔적이 역력하다. 그중에서도 특히 인기 있는 메뉴는 풀드 포크 Pulled Pork다. 푹 익혀서 잘게 찢은 돼지고기를 빵에 싸 먹는 요리인데, 이곳에서 반드시 맛봐야 하는 메뉴 중 하나다. 굳이 아쉬운 점을 찾자면, 어두운 저녁에는 간판이 잘 안 보여 찾기 힘들다는 사실.

지도 P.90-B3 **주소** 121 Takano Ln., Tamuning **전화** 671-647-6278 **영업** 월~금 11:30~14:00, 18:00~21:30 **휴무** 토, 일요일 **예산** $9~33(잘게 찢은 돼지고기 Pulled Pork $10, 바삭한 게 Crispy Soft Shell Crab $15, 스파이시 소스가 곁들여진 삶은 삼겹살 Braised Pork belly $12) **가는 방법** T 갤러리아 by DFS에서 Pale San Vitores Rd를 타고 남쪽으로 직진, GU 14A를 끼고 좌회전, S Marine Corps Dr 끼고 우회전 후 직진. 오른쪽에 위치. 차량 7분.

7 테이블 35 Table 35

한국인 여행자 사이에서 필수코스로 꼽히는 스테이크 전문점. 미리 예약하지 않으면 저녁에 자리 잡기 힘들 정도. 17:00~19:00에 진행하는 해피 아워에는 맥주가 $3, 하우스 와인이 $6이며 간단한 핑거 푸드가 제공된다. 금~토요일 20:00~22:00에는 라이브 음악이, 일요일 저녁에는 메인 메뉴 주문 시 키즈 메뉴가 무료다. 화요일엔 여성 고객에 한해 50% 할인되는 레이디스 나이트 등 다채로운 이벤트가 가득하다.

지도 P.90-B4 **주소** 665 S Marine Corps Dr., Tamuning **전화** 671-989-0350 **홈페이지** table35guam.com **영업** 월~토 11:30~15:00, 17:30~22:00, 일 17:30~21:00 **예산** $4,95~36,95(갈릭 누들 Garlic Noodles $18,95, 구운 소고기 안심 Rosted Beef Tenderloin $36,95, 달팽이 요리 Escargot $13,95) **가는 방법** T 갤러리아 by DFS에서 Pale San Vitores Rd를 타고 남쪽으로 직진, GU 14A를 끼고 좌회전, S Marine Corps Dr 끼고 우회전 후 직진. 오른쪽에 위치. 차량 10분.

8 마이티 퍼플 카페 Mighty Purple café

몸에 좋은 과일만 모아서 디저트와 음료를 만드는 공간이다. 간단히 허기를 채울 수 있는 간식거리도 판매해 여행 중 언제든 편하게 들르기 좋다. 아사이베리는 항산화 기능과 항염증 효과가 있는 신비로운 보랏빛 야자수 열매인데, 이곳에선 얼린 아사이베리를 갈아서 그 위에 견과류와 딸기와 바나나 등을 토핑한 아사이 볼을 대표 메뉴의 하나로 내어 놓는다. 상호에 '퍼플'이 들어가는 이유이기도 하다.

지도 P.184-B3 **주소** 173 Aspinall Ave., Hagåtña **홈페이지** www.mightypurplecafe.com **영업** 월~화 09:00~18:00, 수~토 09:00~19:00, 일 12:00~17:00 **예산** $2~14(마이티 아사이 볼 Mighty Acai Bowl $10) **가는 방법** T 갤러리아 by DFS에서 Pale San Vitores Rd를 타고 남쪽으로 직진, GU 14A를 끼고 좌회전, S Marine Corps Dr 끼고 우회전 후 직진. 왼쪽 Aspinall Ave 끼고 좌회전. 오른쪽에 위치. 차량 16분.

9 심플리 푸드 Simply food

1979년 문을 연 이래 지금까지 괌에서 가장 큰 비건 레스토랑으로 널리 사랑받고 있다. 메뉴가 제한적이긴 하지만, 요일별 특선 메뉴 서비스를 제공하고 있다. 이를 테면 월요일엔 차모로식 요리인 켈라구엔, 화요일에는 스리라차 템페 랩을, 수요일에는 인디안 커리, 금요일에는 비건 비프를 내놓는다. 매장 한편의 식료품점에서는 견과류와 말린 과일, 채식고기 등을 판매하기도 한다.

지도 P.184-A4 **주소** 290 Chalan Palasyo, Hagåtña Heights **전화** 671-472-2382 **홈페이지** simplyfoodguam.com **영업** 식료품점 월~목 08:00~17:30, 금 08:00~15:00, 런치 월~금 11:00~14:00 **휴무** 토,일요일 **예산** $2~10(데일리 스페셜 $8.00) **가는 방법** T 갤러리아 by DFS에서 Pale San Vitores Rd를 타고 남쪽으로 직진, GU 14A를 끼고 좌회전, S Marine Corps Dr끼고 우회전 후 직진. 파세오 드 수산나 공원을 오른쪽에 두고 Hwy 4를 끼고 좌회전, Hwy 33을 끼고 우회전 후, Hwy 7을 끼고 우회전. 왼쪽에 위치.

Poke!
가벼운 한 끼 식사, 괌에서 만나는 포케

ABOUT POKE

하와이에 거주하는 일본인 정착민들이 만들어 낸 날생선 샐러드, 포케Poke는 하와이를 대표하는 음식이지만, 생선이 풍부한 괌에서도 자주 만나고 즐길 수 있는 메뉴다. 회를 잘게 토막 낸 뒤 입맛에 따라 간장, 고추냉이, 기름, 마요네즈, 고추장 등 양념을 섞으면 완성. 여행 중 즐기기 좋은 가볍고도 건강한 요리다.

1 피셔맨즈 코옵 Fisherman's Co-Op

싱싱한 회를 저렴한 가격으로 맛볼 수 있는 곳. 특히 차모로 야시장이 열리는 수요일 저녁에는 자그마한 가게가 북새통이 될 정도로 인파가 몰린다. 참치와 연어를 비롯한 다양한 종류의 회를 자그마한 테이크아웃 용기에 담아서 판매하는데, 단돈 $5다. 원하는 생선이 무엇이든 즉석에서 손질해 주니 믿음직스럽다. 미리 초고추장을 챙겨가도 좋고, 현지 한인 슈퍼(PIC 근처 라테 스토어)에서 구할 수도 있다. 고추냉이 소스와 간장은 매장에서도 얻을 수 있다.

지도 P.184-B2 **주소** Paseo Loop, Hagåtña **전화** 671-472-6323 **영업** 10:00~19:00 **예산** $5~20 **가는 방법** T 갤러리아 by DFS에서 Pale San Vitores Rd를 타고 남쪽으로 직진, Happy Landing Rd를 끼고 좌회전 후, 다시 S Marine Corps Dr를 끼고 우회전 후 직진, 오른쪽 Paseo Loop 으로 우회 전후 첫 번째 골목에서 우회전. 차모로 빌리지 뒤편, 차량 18분.

Mia's Advice

아가냐 쇼핑 센터 내 도쿄 마트에서도 참치, 연어회($6 정도)를 구입할 수 있어요. 뿐만 아니라 삼각김밥, 초밥, 샌드위치 등 종류가 다양한 도시락 세트($10 정도)도 판매하고 있어 드라이브를 떠날 때 챙기면 요긴하게 즐길 수 있어요. 단, 도시락 세트는 인기가 많아 저녁에 가면 품절될 확률이 높다는 점, 미리 알아두세요.

2 베니 Benii

이른 아침부터 초밥이나 회덮밥이 먹고 싶을 땐? 베니가 답이다. 이곳의 아히 포키 볼(참치 회덮밥)은 한국인 입맛에도 매우 잘 맞는다. 다이어트 중이거나 건강식을 맛보고 싶은 이들에겐 튀긴 두부가 서빙되는 두부 스테이크를 추천! 튀김과 롤도 좋지만, 한국식 갈비 메뉴도 갖췄으니 한식을 고집하는 사람들이라면 이곳에서 그럭저럭 그리움을 달랠 수 있을 듯. 여행자들에게는 가성비가 좋은 일식당으로 소문나 있다.

지도 P.91-D2 **주소** 888 Marine Corps Dr., Tamuning **전화** 671-647-1090 **홈페이지** www.beniirestaurant.com **영업** 월~목 10:30~15:30, 17:00~22:00, 금~토 10:30~14:30, 17:00~22:30, 일 10:30~14:30, 17:00~21:00 **예산** $2,75~31,99(두부 스테이크 Tofu Steak $12,50, 드래곤 롤 Dragon Roll $13,99) **가는 방법** T 갤러리아 by DFS에서 Pale San Vitores Rd를 타고 남쪽으로 직진, Happy Landing Rd를 끼고 좌회전, S Marine Corps Dr 끼고 좌회전 후 오른쪽에 위치. 차량 6분.

3 포키 프라이 Poki Fry

포키는 하와이어인 포케Poke를 쉽게 발음하느라 만들어진 파생어로, 생선을 잘라서 손질한다는 의미를 지닌다. 이곳에서 깍두기 모양으로 손질한 참치에 특제 소스를 넣고 무쳐서 덮밥처럼 선보이기도 한다. 참치 요리 외에 튀김 요리도 다양하게 갖췄으니 시도해도 좋다. 한국인 여행자 사이에선 알려지지 않았으나, 현지인들 사이에선 꽤 소문난 참치 요리 전문점이다. 개성 강한 실내 인테리어도 흥미롭다.

지도 P.185-C3 **주소** Hwy 8, Hagåtña **전화** 671-479-7654 **홈페이지** instagram.com/pokifry **영업** 월~토 10:30~14:30, 17:00~21:00 **휴무** 일요일 **예산** $5,95~18(스파이시 튜나 포키 Spicy Tuna Poki $10,96) **가는 방법** T 갤러리아 by DFS에서 Pale San Vitores Rd를 타고 남쪽으로 직진, GU 14A를 끼고 좌회전, S Marine Corps Dr 끼고 우회전 후 직진. 왼쪽 Hwy 8를 끼고 좌회전, 오른쪽에 위치. 차량 14분.

카페 & 디저트 이곳의 '커피숍'은 우리가 익히 아는 카페와 조금 다르다. 한 끼를 해결해도 좋을 만한 식사 메뉴를 알차게 갖추고 있기 때문. 앞으로 소개하는 커피숍은 바로 이런 공간들이다. 후식을 책임질 디저트 카페와 아이스크림 가게도 함께 소개한다.

1 셜리스 커피숍 Shirley's Coffee Shop

저렴한 가격으로 풍족한 식사를 하고 싶을 땐, 단연코 여기만 한 곳도 없다. 1983년에 오픈, 현재까지도 현지인들에게 사랑을 받고 있는 레스토랑으로 메뉴만 보는 데도 시간이 걸릴 정도로 종류가 다양하다. 저렴하게 스테이크와 해산물을 맛보고 싶거나, 단체로 식사해야 하는 그룹 관광객일 경우 특히 강력 추천. 푸짐하게 즐기고 싶은 사람이라면 티본 스테이크와 왕새우를, 아이가 있는 가족이라면 웃는 얼굴 모양의 치킨 너겟을 곁들여 내는 키즈 메뉴를 선택해보자.

지도 P.184-B4 **주소** 302 South Route 4 O'Brien Dr 4, Hagåtña(근처 아가냐 쇼핑 센터 주소) **전화** 671-472-8383 **홈페이지** www.shirleysguam.com **영업** 06:30~22:00 **예산** $3.25~30(티본 스테이크와 점보 새우 T-Bone Steak w/Jumbo Prawns $39.95, 초리조 돼지 갈비살 Chorizo With Pork Chop $14.95, 웃는 얼굴의 치킨 너겟과 감자튀김 Chicken Nuggete with Smiley Face French Fries $3.25) **가는 방법** T 갤러리아 by DFS에서 Pale San Vitores Rd를 타고 남쪽으로 직진, 왼쪽 Gu 14를 끼고 좌회전 후, S Marine Corps Dr를 끼고 우회전, Hwy 4를 끼고 좌회전, 왼쪽에 위치. 차량 17분.

2 린다스 커피숍 Linda's Coffeeshop

이름은 커피숍이지만 실체는 소박한 식당에 가깝다. 이른 아침 식사를 원한다면 이곳에서 현지인처럼 여유를 즐겨볼 것. 볶음밥의 종류가 특히 다양한데, 그중 소고기 볶음밥은 우리 입맛에도 매우 잘 맞는 편이다. 양이 많아 하프 사이즈로 시켜도 충분하니 참고할 것. 야채와 고기를 다져서 만든 필리핀 스타일의 튀김만두 룸피아 역시 인기 메뉴다.

지도 P.185-C2 **주소** 331 E Marine Corps Dr., Hagåtña **전화** 671-472-6117 **운영** 월~금 06:30~20:00, 일 07:00~19:00 **예산** $2~23(소고기 볶음밥 하프 사이즈 Corned Beef Fried Rice Half $5.25, 상하이 룸피아 Shanghai Lumpia $7 (5조각)) **가는 방법** 안토니오 비 원 팻 국제공항에서 차로 8분, T 갤러리아 by DFS에서 Pale San Vitores Rd를 타고 남쪽으로 직진, 투레 카페 지나서 오른쪽에 위치. 차로 12분.

③ 컵 앤 소서 베이커리 & 크레페 카페 Cup'n Saucer Bakery & Crepe Café

청록색 창문이 시선을 사로잡는 이곳은 괌을 대표하는 베이커리 중 하나다. 1996년 이래로는 트랜스 지방이 없는 제품을 만들고 있으며, 친환경 제품을 사용하는 착한 카페이기도 하다. 시그니처 메뉴 시나몬 롤은 생크림의 달콤함과 어우러져 여행의 피로를 녹인다. 스콘, 케이크, 비스코티와 마카롱 같은 페이스트리도 좋지만, 크레페 샌드위치 롤과 샐러드 등 런치 스페셜 메뉴(월~금 10:30~14:30)도 훌륭하다. 유기농 아라비카 커피와 곁들여 즐기면 더할 나위 없다.

지도 P.184-B4 **주소** 138 Martyr St., Hagåtña **전화** 671-477-2585 **영업** 월~금 06:30~17:30, 토 06:30~15:00 **휴무** 일요일 **예산** $1.50~14.95(생크림이 곁들여진 시나몬 롤 Cinamon Roll topped with Cream $2.95, 오렌지 건포도 스콘 Orange Raisin Scone $3.95) **가는 방법** T 갤러리아 by DFS에서 Pale San Vitores Rd를 타고 남쪽으로 직진, Happy Landing Rd를 끼고 좌회전 후, 다시 S Marine Corps Dr를 끼고 우회전 후 직진. Hwy 4 끼고 좌회전 후 첫 번째 골목에서 우회전 후 다시 우회전. 오른쪽에 위치, 차량 16분.

④ 마블 슬랩 크리머리 Marble Slab Creamery

마블 슬랩 크리머리는 미국 전역에서 만날 수 있는 수제 아이스크림 전문점이다. 이곳은 아이스크림과 토핑을 마음대로 골라 즐길 수 있어 매력적이다. 우선 콘, 컵, 와플 볼 중 하나를 고른 뒤, 커피, 치즈, 블루베리 등 다양한 종류의 아이스크림을 취향껏 주문한다. 그런 뒤엔 망고, 라즈베리, 월넛, 초콜릿 등 다채로운 토핑을 고른다. 모든 선택이 끝나면 즉석에서 아이스크림과 토핑을 섞어 준다. 토핑은 무료로 무제한 추가할 수 있지만, 아이스크림은 사이즈에 따라 가격이 달라진다.

지도 P.184-B3 **주소** 138 W Seaton Blvd., Hagåtña **전화** 671-478-4672 **홈페이지** www.marbleslab.com **운영** 11:00~21:00 **예산** $4.99~10.99, 와플 볼 $6.99 **가는 방법** 안토니오 비 원 팻 국제공항에서 차로 11분. T 갤러리아 by DFS에서 Pale San Vitores Rd를 타고 남쪽으로 직진, 왼쪽의 Hwy4를 끼고 좌회전 후 오른쪽 Chalan Santo Papa Juan Pablo Dos를 끼고 우회전 후 Seaton Blvd를 끼고 다시 우회전. 오른쪽에 위치, 차로 15분.

칵테일 바 & 펍 물맛 좋은 곳이 술맛도 좋다는 말이 있다. 청정한 자연을 무대로 술을 빚는 크래프트 맥주 양조장부터 해변과 마주한 싱그러운 바까지, 고단한 하루 일과를 갈무리하기 좋은 바와 펍을 모았다.

1 호스 앤 카우 Horse & Cow

64년 역사의 캐주얼 펍. 해군들 사이에서 술맛 좋기로 이름나기 시작하면서 지역 터줏대감으로 자리매김했고, 오늘날엔 괌 현지 사람들과 여행자들에게도 고루 사랑받는 공간으로 거듭났다. 이곳에서 눈여겨볼 만한 것은 요일별로 진행하는 메뉴 할인 이벤트. 타코나 윙을 요일에 따라 저렴하게 판매하며, 미국 내에서 주목도 높은 스포츠 게임이 열릴 땐 함께 경기를 관람할 수 있는 이벤트를 진행한다(변동 가능).

지도 P.90-A4　**주소** 868 S Marine Corps Dr., Tamuning **전화** 671-646-2692 **홈페이지** www.instagram.com/horseandcowguam **영업** 일~수 11:00~23:00, 목~토 11:00~14:00 **예산** $4~18.79(버펄로 치킨 샐러드 Buffalo Chicken Salad $12.79, 세계에서 가장 유명한 호스 앤 카우 윙 H&C Wings World Famous Gourmet Wings 12pc $12.79) **가는 방법** T 갤러리아 by DFS에서 Pale San Vitores Rd를 타고 남쪽으로 직진, GU 14A를 끼고 좌회전, S Marine Corps Dr 끼고 우회전 후 직진, 피자헛 지나 왼쪽에 위치, 차량 11분.

Mia's Advice

괌의 칵테일 바와 펍은 대부분 한눈에 보이는 간판이 없어요. 현지 사람들의 말을 빌리자면, 워낙 태풍과 비 피해가 잦아 간판이 망가지곤 하니, 번듯한 간판 대신 간단하게 떼고 붙일 수 있는 포스터를 선호한다고 해요. 그러니 해가 지고 어둠이 내린 뒤 나이트라이프를 즐기러 나선다면 미리 목적지와 입구를 꼼꼼하게 찾아봐야 한답니다!

2 지미 디스 비치 바 Jimmy Dee's Beach Bar

해변가를 산책하거나 자리를 잡고 일몰을 감상하다 보면 칵테일 한 잔이 생각난다. 이곳은 그런 순간에 꼭 어울리는 공간이다. 투몬 비치에 비해 관광객들에겐 덜 알려져 있는 동카스 비치에 자리한 곳이니 호젓한 분위기를 즐기기에 적당하다. 때때로 나이트 마켓을 열어 현지 공예품이나 미술 작품, 또 라이브 뮤직 등을 즐기는 이벤트도 진행한다. 이벤트는 홈페이지를 통해 공지하니 참고할 것. 맥주를 좋아한다면 IPA 생맥주를 주문하는 것도 잊지 말아야겠다.

지도 P.183-C2 **주소** 150 Tranquilo St., Tamuning (근처 St. Maria Arena Chapel 주소) **전화** 671-649-8877 **홈페이지** www.facebook.com/jimmydeesbeachbar **영업** 화~금 16:00~24:00, 토~일 12:00~24:00 **휴무** 월요일 **예산** $11~30 **가는 방법** T 갤러리아 by DFS에서 Pale San Vitores Rd를 타고 남쪽으로 직진, Happy Landing Rd를 끼고 좌회전 후, 다시 S Marine Corps Dr를 끼고 우회전 후 직진, 오른쪽 Hwy 30 끼고 우회전 후, 왼쪽 Trankilo St로 진입, 왼쪽 해변가. 차량 12분.

Mia's Advice

맛집 추천 애플리케이션으로 내 취향에 맞는 공간 탐색하기!

미국령을 여행할 때 요긴하게 쓰이는 애플리케이션은 무엇일까요? 정답은 옐프 Yelp입니다. '내 위치'를 기반으로 가장 가까운 맛집을 찾아주는 모바일 애플리케이션&웹사이트로 이미 많은 여행자들 사이에서 쓰이고 있죠. 상단 'Find' 란에 카페 Cafe, 레스토랑 restaurant 이나 버거 Burger 등 내가 원하는 키워드를 넣고, 'Near' 란에 내가 현재 있는 곳(타무닝 Tamuning, 하갓냐 Hagatna 등)을 입력하면 추천 맛집 리스트가

나타납니다. 개별 업장 페이지를 클릭하면 방문객들의 생생한 후기와 사진을 엿볼 수 있으니 취향에 맞는 맛집과 메뉴를 찾기 편리합니다.

SHOPPING
중부의 쇼핑

중부에서 쇼핑을 즐기려면 이 두 곳은 절대 피해갈 수 없다. 다채로운 어트랙션을 거느린 복합 쇼핑몰 아가냐 쇼핑 센터와 괌의 토착 문화를 만끽할 수 있는 차모로 빌리지 & 야시장이 바로 그들이다.

① 아가냐 쇼핑 센터 Agana Shopping Center

다양한 엔터테인먼트가 있어 아이들과 함께하기 좋은 곳. 아이들이 온몸으로 부딪쳐 놀 수 있는 키즈 카페 플레이포트 Playport(1시간 이용 시 $10)가 바로 이곳에 있다. 최근 오픈한 어트랙션인 스카이 존 Sky Zone 도 인기인데, 대형 트램펄린 안에서 마음껏 점프할 수 있는 프리스타일 점프부터 대형 사각 폼 위에서 다이빙을 안전하게 즐길 수 있는 폼 존까지, 한 번 입장하면 시간을 잊게 만드는 놀이기구로 가득하다. 뿐만 아니라 간단한 도시락과 참치 회 등을 구입할 수 있는 도쿄마트 Tokyo Mart, 현지인들이 즐겨 찾는 페이리스 슈퍼마켓 Payless Supermarkets, 괌 스타일의 패션 소품이 모여 있는 SM 아일랜드 Sm Island 등 쇼핑 스폿도 알차게 늘어섰다.

지도 P.184-B4 **주소** 302 South Route 4 O'Brien Dr., 4, Hagåtña **전화** 671-472-5027 **홈페이지** aganacenter.com **운영** 10:00~20:00 **가는 방법** T 갤러리아 by DFS에서 Pale San Vitores Rd를 타고 남쪽으로 직진, GU 14A를 끼고 좌회전, S Marine Corps Dr 끼고 우회전 후 직진, 왼쪽 Hwy 8을 끼고 좌회전 후 Hwy 33을 끼고 우회전. 왼쪽에 위치. 차량 16분.

쇼핑하다 지칠 때, 아가냐 쇼핑센터의 먹거리

프레첼 메이커 Pretzel Maker
프레첼은 담백하고 짭조름한 독일의 전통 빵이다. 이곳에선 원조 프레첼부터 한 입에 쏙 들어가는 프레첼 바이츠, 미니 프레첼 안에 소시지가 들어 있는 미니 프레첼 도그에 이르는 다채로운 프레첼 메뉴를 선보인다.
전화 671-472-6698 **홈페이지** pretzelmaker.com **영업** 월~토 10:00~20:00, 일 1:00~18:00 **예산** $4.25~19.95

닥터 케밥 Dr.Kebob
우리에겐 아직 낯선 아랍과 레반트 전통 음식을 판다. 양념한 소고기, 닭고기, 양고기를 불에 구워 야채와 함께 빵에 싸먹는 샤와르마, 병아리 콩을 으깨 올리브 오일과 마늘을 섞어 되직하게 만든 후무스가 주 메뉴.
전화 671-479-1555 **영업** 월~토 09:00~21:00 **예산** $3.00~13.95

피즈 앤 코 Fizz&co
빨간 차양막, 독특한 타일 장식, 그리고 아기자기한 소품까지. 뮤직비디오와 화보 촬영 장소로 등장할 만큼 귀엽고 색다른 인테리어를 자랑한다. 따끈한 핫도그, 크림을 얹은 소다수가 식욕을 돋운다.
전화 671-922-3499 **홈페이지** www.facebook.com/fizzsodashop **영업** 10:00~20:00 **예산** $4~10

2 페이리스 슈퍼마켓 Payless Super Market

괌을 기반으로 운영 중인 식료품 전문점. 싱싱한 과일과 채소를 구하려면 여기만 한 곳도 없다. 아가냐 쇼핑센터 내 위치해 접근성도 좋다. 페이리스 슈퍼마켓은 괌에서 총 8개 분점을 운영 중인데, 각기 마이크로네시아 몰, 오션 퍼시픽 플라자, 데데도, 수메이 등에 흩어져 있다(가장 규모가 큰 곳은 쉐라톤 라구나 괌 리조트 근처에 위치한 단독 매장. 토·일요일은 휴무). 이곳에서 판매하는 망고 피클은 관광객들이 반드시 구입하는 기념품 중 하나다.

지도 P.184-B4 **주소** 302 South Route 4 O'Brien Dr., 4, Hagåtña **전화** 671-477-7006 **홈페이지** www.paylessmarkets.com **운영** 24시간 **가는 방법** T 갤러리아 by DFS에서 Pale San Vitores Rd를 타고 남쪽으로 직진, GU 14A를 끼고 좌회전, S Marine Corps Dr 끼고 우회전 후 직진. 왼쪽 Hwy 8을 끼고 좌회전 후 Hwy 33을 끼고 우회전. 왼쪽 아가냐 쇼핑센터 내 위치. 차량 16분.

Mia's Advice

괌에 도착해서 갑자기 감기에 걸리거나, 열이 나거나, 혹은 아이가 아플 때 당황하게 되죠. 아가냐 쇼핑센터의 페이리스 슈퍼마켓 내 약국에는 한국인 약사가 있어요. 영어 때문에 고민이라면, 이곳에서 간단히 아픈 곳을 상담하세요!

3 클랜스 바이 크라운스 괌 Clans by Crowns Guam

괌을 본거지로 활동 중인 스트리트 패션 브랜드 크라운스 괌Crowns Guam이 야심차게 오픈한 플래그십 스토어. 소위 '패션 피플'을 자처하는 여행자라면 반드시 들러 보아야 하는 곳이다. 리미티드 에디션 운동화와 힙합 스타일 모자, 양말과 티셔츠까지 괌에서 가장 힙하고 와일드한 물건들이 즐비한 공간이기 때문. 괌의 자연이나 풍속, 문화를 모티브로 디자인한 제품들이 특히 눈에 띄는데, 기념품으로도 더할 나위 없다.

지도 P.184-B3 **주소** 173 Aspinall Ave., Hagåtña **전화** 671-687-2526 **홈페이지** shopcrownsguam.com **운영** 월~토 11:00~19:00, 일 11:00~17:00 **가는 방법** T 갤러리아 by DFS에서 Pale San Vitores Rd를 타고 남쪽으로 직진, GU 14A를 끼고 좌회전, S Marine Corps Dr 끼고 우회전 후 직진. 왼쪽 Aspinall Ave 끼고 좌회전. 오른쪽에 위치. 차량 16분.

4 차모로 빌리지 & 야시장 Chamorro Village & Night Market

전형적인 괌의 전통 시장. 일주일에 한 번, 수요일 저녁마다 야시장을 여는 것이 이곳만의 특색이다. 어둠이 내리면 라이브 음악과 괌 토속 춤 공연 등 한바탕 잔치가 열리는데, 현지인과 관광객이 어울려 흥을 즐긴다. 해변가에서 입기 좋은 옷이나 모자, 괌 토속 기념품, 생활 소품 등이 난전에 펼쳐지는데, 구경하는 재미가 꽤나 쏠쏠하다. 시장을 가득 메우는 차모로 바비큐향은 식욕을 절로 돋운다. 줄 서서 30분가량 기다려야 맛볼 수 있는 행운이 주어질 만큼 인기가 많다.

지도 P.184-B2 **주소** 153 W Marine Corps Dr., Hagåtña **홈페이지** shopchamorrovillage.com **운영** 월~토 10:00~18:00, 일 10:00~15:00, 수요일 야시장 17:00~21:00 **가는 방법** 차모로 빌리지 야시장 셔틀 버스 승하차, 레아레아 셔틀 버스 승하차, T 갤러리아 by DFS에서 Pale San Vitores Rd를 타고 남쪽으로 직진, Happy Landing Rd를 끼고 좌회전 후, 다시 S Marine Corps Dr를 끼고 우회전 후 직진. 오른쪽에 위치. 차량 15분.

Mia's Advice

인기가 많은 야시장인지라, 주차하기가 꽤나 까다로운 곳입니다. 하갓냐 대성당이나 괌 박물관 쪽에 주차하고 걷는 것도 무방하지만 어두운 저녁인 만큼, 치안을 생각한다면 택시나 셔틀 버스를 이용하는 편이 안전하답니다.

CHECK! 주목, 차모로 빌리지의 바비큐 맛집 열전!

차모로 빌리지에는 유독 바비큐 맛집이 즐비하다. 차모로 빌리지 내에서 제대로 된 훈제고기를 맛보고 싶다면 테이크아웃 바비큐 전문점 아수 스모크 하우스 ASU Smoke House(주소 153 W Marine Corps Dr., Hagåtña)로 향하는 게 좋다. 소고기, 돼지고기, 닭고기의 세 가지 육류를 선택할 수 있고, 모든 메뉴엔 차모로 전통 음식인 레드 라이스가 함께 제공된다(주문 금액이 $25 이하이면 배달비 $3가 추가된다). 차모로 아일랜드 바비큐 Chamorro Island Bbq(주소 238 Marine Corps Dr, Hagåtña, 96910)도 빼놓으면 아쉬울 레스토랑이다. 한국식 갈비부터 BBQ 립, 포크찹, 핫윙, 데리야키 치킨 등 다양한 바비큐 요리를 맛볼 수 있다.

남부에 가면 괌의 진짜 모습을 맞닥뜨릴 수 있다. 손때 묻지 않은 천혜의 자연을 간직한 곳도, 아픈 역사의 흔적이 그대로 서려 있는 곳도 모두 이곳이기 때문이다. 마젤란이 처음 당도했던 장소를 기리는 마젤란 기념비 Magellan Monument 부터 단골 스냅 촬영 장소인 우마탁 마을의 성 디오니시오 성당, 지금은 평온하기 그지없으나 제2차 세계대전 당시 참혹할 만큼 수난을 당했던 메리조 마을에 이르는 구석구석을 훑다 보면 절로 괌의 과거를 곱씹게 된다. 그 지난한 역사의 무대는 섬의 눈부신 자연이다. 마리아나 해구 Mriana Trench 까지 측정했을 때 총 높이 1만 1,527m로 지구상에서 최고봉이라 알려진 람람산 Mount Lamlam, 그리고 바닷물이 용암에 막혀 생성된 천연 수영장 이나라한 자연 풀 Inarajan Natural Pool 이 여행자의 마음을 어루만진다. 시간이 여유롭다면 라테 계곡의 어드벤처 파크 Valley of the Latte Adventure Park 에서 리버 보트 크루즈에 오르기를. 차모로족이 된 것처럼 유유자적 섬을 누빌 수 있다.

라테 계곡의 어드벤처 파크 ©괌정부관광청

LOOK INSIDE
들여다보기

이제 쇼핑몰과 레스토랑 이면의 진짜배기 괌을 만나볼 차례다. 우마탁 다리나 성 디오니시오 성당을 비롯한 남부의 유적들은 의미도 있거니와, 아름답기도 해서 신혼부부들의 허니문 스냅 촬영 필수 코스로도 꼽힌다. 피와 눈물, 그리고 땀방울로 역사의 흔적을 지켜온 섬 사람들에게 절로 경의를 표하게 된다.

이나라한 자연 풀 Inarajan Natural Pool

섬 남부를 여행할 때 단 한 곳의 관광지만 가야 한다면, 끝내 이곳을 선택하게 될 것이다. 그만큼 독특한 자연의 아름다움이 넘실거리는 명소다. 바닷물이 용암에 막혀 형성된 천혜의 수영장으로, 파도가 거의 없고 잔물결만 살랑거리니 물놀이를 하기에 제격이다. 수질이 맑고 깨끗하니 스노클링 포인트로도 명성이 자자하다. 단, 아쿠아 슈즈를 준비해야 안전하게 즐길 수 있다.

조지 플로레스 기념 상점 & 역사관
G.Flores Memorial Old Store & History Centery

2010년 이나라한 재단의 예술 프로젝트로 그려진 벽화가 강렬한 첫인상을 안긴다. 이듬해 박물관의 모습을 갖추고, 2013년에는 마을의 일자리 창출을 위해 전통 화덕 방식의 오븐을 설치해 핫누 베이커리를 같은 건물에 오픈했다. 괌 최초의 화덕 피자를 판매하는 곳. 단, 아무 때나 문 여는 곳이 아니니 반드시 영업시간을 체크할 것.

맥 크라우츠 레스토랑
Mc Krauts Restaurant

남부 맛집의 양대 산맥은 제프스 파이러츠 코브와 맥 크라우츠 레스토랑이다. 현지인들은 후자를 조금 더 즐겨 찾는 경향이 있다. 독일에서 건너온 오너가 맥주와 소시지 요리를 선보이는 이곳은 그저 앉아 있는 것만으로 흥겨운 공간이다. 독일뿐 아니라 지구 방방곡곡에서 날아온 다양한 맥주 탭을 보유하니 취향껏 골라 마셔도 좋다.

라테 계곡의 어드벤처 파크
Valley of the Latte Adventure Park

고대 차모로 마을을 보고 싶다면 고민 말고 이곳으로 향할 것. 탈로포포강과 우겁강을 유유히 흐르는 리버 보트 크루즈에 올라 차모로 문화에 대한 설명을 듣고, 코코넛을 활용한 먹거리 만들기, 차모로 전통 방식으로 불을 피우는 법 등을 알아볼 수 있다. 카약을 이용해 강을 가로지르는 어드벤처 카약과 스탠드업 패들 같은 액티비티도 즐길 수 있다.

TRAVEL COURSE
추천 여행 코스

1 DAY

마젤란을 찾아 떠나는 여행

1521년 3월 6일 포르투갈의 페르디난드 마젤란이 우마탁 마을을 발견하고 배를 수리하기 위해 정박한 이래 괌은 333년간 스페인의 지배를 받았다. 스페인으로부터 지배당하던 시절의 역사가 괌 남부에 유독 많이 남아 있는 까닭이다. 역설적이지만, 이 사건으로 서구 사회에 괌의 존재가 알려지기 시작했다.

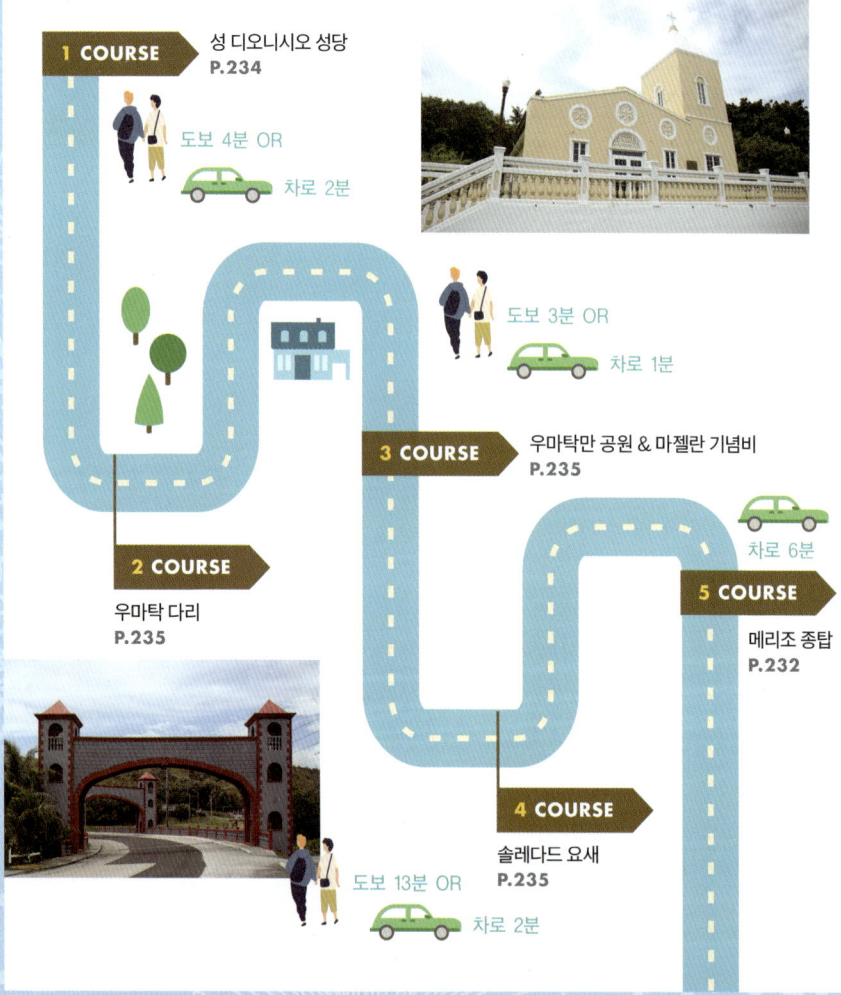

1 COURSE 성 디오니시오 성당 P.234
도보 4분 OR 차로 2분

도보 3분 OR 차로 1분

3 COURSE 우마탁만 공원 & 마젤란 기념비 P.235

2 COURSE 우마탁 다리 P.235

차로 6분

5 COURSE 메리조 종탑 P.232

4 COURSE 솔레다드 요새 P.235

도보 13분 OR 차로 2분

남부

1 DAY
괌의 자연을 한눈에

액티비티를 빼놓고 남부 여행을 논할 수 없다. 그렇다고 무리할 필요는 없다. 체력이나 기타 여건이 가능한 상황에서 일정을 조율할 것. 람람산을 오를 땐 등산화가 필수다. 초보 산행이라면 액티비티 업체를 선택해서 전문가와 동행하는 편이 좋다. 라테 계곡의 어드벤처 파크에서는 리버 크루즈, 카약, 스탠드업 패들 등 다채로운 프로그램을 즐겨볼 수 있다.

1 COURSE 람람산 P.231

세티만 전망대 건너편 등산 시작로 기준 차량 28분

2 COURSE 이나라한 자연 풀 P.239

도보 6분 OR 차로 1분

3 COURSE 게프 파고 차모로 컬처 빌리지 P.240

차로 10분

4 COURSE 라테 계곡의 어드벤처 파크 P.243

INFORMATION
여행에 유용한 정보

와이파이 남부 지역에서는 인터넷을 무료로 이용할 수 있는 곳을 찾기 힘들다. 따라서 모바일 내비게이션의 도움을 받아야 한다면 포켓 와이파이가 필수다. 다만, 남부는 4번 고속도로 Hwy4 하나로 연결되어 있으니, 상세 지도가 있다면 어렵지 않게 목적지를 찾을 수 있다.

쇼핑 남부에서 로컬 슈퍼마켓을 마주칠 때면, 주저 말고 홈메이드 망고 피클과 브레드프루트 Breadfruit 칩스를 먹어 볼 것. 망고 피클은 마트에서 판매하는 것보다 훨씬 새콤하고 아삭하며, '빵 나무'라 불리는 열대 식물의 잎을 말리고 튀겨서 만든 브레드푸르트 칩스는 달콤한 맛으로 여행의 피로를 풀어 준다.

코코스 아일랜드 코코스 아일랜드는 메리조 마을의 부두에서 배를 타고 이동해야 하는 자그마한 섬이다. 1/3은 국유지고, 2/3는 사유지라 액티비티를 즐기기 좋은 섬으로 발달했다. 렌터카를 선박($40, 왕복 뱃삯과 섬 입장료 포함)에 싣고 들어가서 원하는 액티비티를 신청해도 되고, 미리 한국 여행사에서 셔틀 버스와 배 이용료 & 입장료 등 모든 교통이 포함되어 있는 코코스 아일랜드 투어 패키지 상품을 신청해도 된다. 놀다괌(noldaguam.co.kr $40~89)과 라이브괌(liveguam.co.kr, $58)에서 코코스 아일랜드 투어 관련 상품을 판매하고 있다.

열대지방에서 열리는 브레드프루트

택시 투어 택시를 이용해 남부를 둘러볼 경우 중부의 리카르도 J. 보르달로 주정부 종합청사 Ricardo J.Bordallo Governor's Complex (아델럽곶)을 시작으로 세티베이 전망대, 우마탁 마을, 솔레다드 요새, 메리조 부두, 메리조 종탑, 이나라한 자연 풀 등을 둘러본다. 택시회사에 따라 조금씩 다르나 괌한인친구택시(카카오톡 아이디 @괌한인친구택시)의 경우 총 4시간 30분가량 소요되며 4인 기준 $240다. 택시회사에 따라 금액 차이가 있다.

Mia's Advice

메리조 부두 옆에는 비키니 아일랜드 클럽이 있어요. 이곳은 코코스 아일랜드와 달리 섬이 아니라 한국인이 운영하는 액티비티 여행사예요. 배를 타고 다른 섬으로 이동하지 않고, 메리조 부두 근처에서 바나나 보트나 패러 세일링, 카누, 제트 스키 등을 체험할 수 있답니다.

ACCESS
가는 방법

괌의 중심부에서 가장 먼 남부. 그만큼 교통편에 제약이 많다. 일정이 넉넉하다면 온전히 하루 정도 시간을 두고 둘러보는 것을 추천한다.

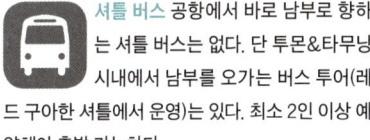

셔틀 버스 공항에서 바로 남부로 향하는 셔틀 버스는 없다. 단 투몬&타무닝 시내에서 남부를 오가는 버스 투어(레드 구아한 셔틀에서 운영)는 있다. 최소 2인 이상 예약해야 출발 가능하다.

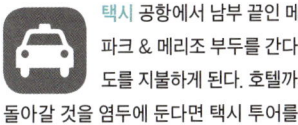

택시 공항에서 남부 끝인 메리조 비치 파크 & 메리조 부두를 간다면 $90 정도를 지불하게 된다. 호텔까지 다시 되돌아갈 것을 염두에 둔다면 택시 투어를 이용하는 편이 훨씬 저렴하다.

렌터카 공항에 내려서 남부로 바로 이동하려면 우선 공항에서 렌터카를 픽업한다(렌터카 예약 시 공항에서 바로 픽업이 가능한지 확인하는 것이 필수). 공항에서 나와 메인 도로인 S Marine Corps Dr를 타고 왼쪽으로 직진하다 보면 도로명이 Hwy 1로 바뀐다. Hwy 1을 타고 직진 후 오른쪽 티 스텔 뉴먼 방문 센터를 지나자마자 바로 왼쪽의 피자헛을 끼고 좌회전 신호를 받는다(직진했을 경우 공군 기지로 들어가는 정문이 나와 다시 유턴 후 우회전해야 한다). Hwy 2를 타고 직진, 중간에 Hwy 4로 도로명이 바뀌는데, 계속 직진하면 메리조 부두가 나온다. 이렇게 공항에서 나와 시계 반대 방향으로 운전하면 약 46분 소요된다. 금강산도 식후경이니, 만약 제프스 파이러츠 코브를 먼저 들르고 싶다면 시계 방향으로 도는 방법도 있다. 공항에서 Hwy 10A를 타고 오른쪽으로 직진, Hwy 16을 끼고 우회전 후 중간에 Hwy 10을 끼고 좌회전해서 직진하다 다시 Hwy 4를 타면 부두가 나온다. 소요시간은 53분.

TRANSPORTAION
지역 교통 정보

버스 투어 T 갤러리아 by DFS (10:00)혹은 괌 프리미어 아웃렛(10:15)에서 만나 단체 버스로 출발하는 여행으로 100% 사전 예약제로 운영된다. 최소 2인 예약 시 출발하며 가이드는 따로 없다. 티켓은 T 갤러리아 by DFS의 버스 정류장이나 인터넷 www.guamplay.com에서 괌 남부 버스 투어상품을 구매하면 된다. 성인 $30, 어린이 (만 2~11세) $15, 소요 시간은 3시간 30분.

렌터카 남부 투어는 대부분 렌터카를 이용하는 것이 일반적이다. 괌의 최대 단점이라면, 관광지마다 주소지가 명확하지 않은 경우가 많다는 것. 하지만 남부의 경우 주소 없이 도로명만 파악하고 있으면 대부분 찾아 갈 수 있을 정도로 길이 한적하고 도로가 잘 닦여 있다.

배차 간격 1회,
T 갤러리아 By DFS (10:00) 혹은 괌 프리미어 아웃렛(10:15)에서 만나 단체로 출발.

T 갤러리아 by DFS T Galleria by DFS → 괌 프리미어 아웃렛 Guam Premier Outlets (GPO) → 하갓냐 대성당 Dulce Nombre de Maria Cathedral Basilica → 아산 비치 Asan Beach → 세티만 전망대 Cetti Bay Overlook → 메리조 부두 Merizo Pier → 곰바위 Bear Rock → 게프파고 차모로 컬처 빌리지 Gefpago Chamorro Village → 마이크로네시아 몰 Micronisia Mall → T 갤러리아 by DFS T Galleria by DFS

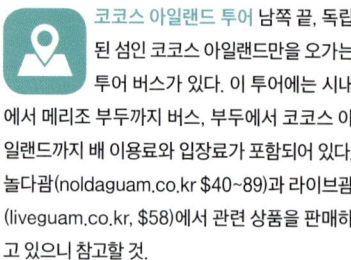

코코스 아일랜드 투어 남쪽 끝, 독립된 섬인 코코스 아일랜드만을 오가는 투어 버스가 있다. 이 투어에는 시내에서 메리조 부두까지 버스, 부두에서 코코스 아일랜드까지 배 이용료와 입장료가 포함되어 있다. 놀다괌(noldaguam.co.kr $40~89)과 라이브괌(liveguam.co.kr, $58)에서 관련 상품을 판매하고 있으니 참고할 것.

Mia's Advice

남부 드라이브를 계획할 때 여행자들은 시계 방향으로 둘러볼지, 시계 반대 방향으로 둘러볼지에 대한 고민을 한다. 해안 도로를 끼고 달리고 싶거나, 언제든 마음에 드는 경치가 나타났을 때 바로 정차해 인증샷을 남기고 싶다면 시계 반대 방향을 추천한다. 운전이 미숙한 경우도 마찬가지. 태평양 전쟁 국립 역사공원에서 시작해, 남쪽 끝까지 들렀다 이나라한 자연 풀, 제프스 파이러츠 코브를 지나 파고만 전망대까지 시계 반대 방향으로 돌면 경치는 말할 것도 없지만, 굳이 건너편의 식당이나 바닷가를 보기 위해 중앙선을 넘지 않아도 된다.

ATTRACTION
남부의 볼거리

마젤란이 처음으로 발을 디뎠던 우마탁 마을에서 차모로와 스페인의 지난하고 아름다운 역사를 좇다가, 동해안의 아름다운 바닷가까지 한 번에 돌아본다. 자연과 역사가 공존하는 남부 드라이빙 여행의 주요 명소들이 한데 펼쳐진다.

1 티 스텔 뉴먼 방문 센터 T. Stell Newman Vistor Center

미 해군 괌사령부 진입로에 위치한 기념관. 태평양 전쟁 당시 사용된 군복과 무기, 전쟁 과정 등을 전시한 곳으로, 일본인들이 사용했던 잠수함이 입구에 놓여 있다. 초대 관리인이자 1983년 교통사고로 사망한 티 스텔 뉴먼의 이름을 딴 비영리 단체에서 운영 중이며, 태평양 전쟁에 관련된 서적과 괌 역사서도 함께 판매하고 있다. 개별 요청 시 10분짜리 영화 '괌을 위한 전투'를 4개 국어(영어, 한국어, 일어, 중국어)로 감상할 수 있다.

지도 P.223-A2 주소 1657-B, Santa Rita **전화** 671-333-4050 **홈페이지** www.nps.gov/wapa/t-stell-newman-visitor-center.htm **운영** 09:00~16:30 **휴무** 추수감사절, 크리스마스, 새해 **요금** 무료 **가는 방법** T 갤러리아 by DFS에서 Pale San Vitores Rd를 타고 남쪽으로 직진, GU 14A를 끼고 좌회전, S Marine Corps Dr 끼고 우회전 후 직진. 오른쪽에 위치. 차량 26분.

Mia's Advice

티 스텔 뉴먼 방문 센터 관람 후 나오는 길엔 도로를 조심해야 해요. 왔던 길을 따라서 직진하면 바로 공군 기지로 들어가는 정문이 나오거든요. 이곳에서 더 남쪽으로 내려갈 계획이라면, 피자헛을 끼고 좌회전해서 Hwy 2A 도로에 진입하면 됩니다. 만약 군인들의 차량 검문소를 맞닥뜨렸다면 길을 잘못 들었다("I took the wrong way")고 설명하세요!

2 아갓 정박지 Agat Marina

지역의 작은 배들이 옹기종기 모여든 이곳은 주민들의 어업용 정박지이자, 관광객들을 위한 돌핀 투어와 선셋 크루즈 투어의 기점이 되는 장소다. 그러니 괌에서 선택 관광을 신청했다면 한 번쯤 들르게 마련인 곳이다. 바다 위에 도열한 요트의 모습, 니미츠 비치 파크 Nimitz Beach Park의 평화로운 풍경을 바라보며 투어 전후로 해변을 거닐어도 좋다. 주차공간이 넓고, 간단히 도시락을 먹을 수 있는 테이블도 마련되어 있다.

지도 P.223-A3 **주소** Hwy 2 Agat, Guam **운영** 24시간 **요금** 무료 **가는 방법** T 갤러리아 by DFS에서 Pale San Vitores Rd를 타고 남쪽으로 직진, GU 14A를 끼고 좌회전, S Marine Corps Dr 끼고 우회전 후 직진. T. Stell Newman Visitor Center 앞에서 Hwy 2A 끼고 좌회전(피자헛 끼고 좌회전) 후 직진. 차량 35분.

3 탈리팍 스페인 다리 Taleyfac Spanish Bridge

오래된 스페인 다리 Old Spanish Bridge, 탈라이팍 다리 Talaifak Bridge, 그리고 탈리팍 톨라이 아초 Taleyfac Tolai Acho. 모두 탈리팍 스페인 다리를 가리키는 명칭이다. 얼핏 보면 보잘것없어 보이는 작은 구조물이지만, 18세기 후반에 아가냐와 우마탁을 연결하는 도로 위에 만들어진 까닭에 많은 이들에게서 이름 불렸던 주요 시설이었다. 당시 스페인 건축기술을 구현해 설계한 다리로, 원래는 목재 바닥재를 사용했으나 19세기에 이르러 오늘날의 모습처럼 돌로 교체됐다.

지도 P.223-A3 **주소** Taleyfac Spanish Bridge Agat, Guam **운영** 24시간 **가는 방법** T 갤러리아 by DFS에서 Pale San Vitores Rd를 타고 남쪽으로 직진, GU 14A를 끼고 좌회전, S Marine Corps Dr 끼고 우회전 후 직진. T. Stell Newman Visitor Center 앞에서 Hwy 2A 끼고 좌회전(피자헛 끼고 좌회전) 후 직진. 오른 쪽의 아갓 정박지 지나서 좌회전(도로명 없음) 후 사거리에서 우회전. 차량 37분.

©HONG TAE SHIK

4 람람산 Mount Lamlam

람람은 차모로어로 '번개'라는 뜻이다. 해질 무렵 정상에 서면 때때로 구름 사이에 번개처럼 반짝이는 빛이 어른거려서다. 해발 406m의 높이인데, 세상에서 가장 깊은 해저로 알려진 마리아나 해구 Mariana Trench의 수심까지 측정하면 총 1만 1,527m 이므로 '지구상에서 가장 높은 산'이라고 보는 견해도 있다. 정상에 올랐을 때 마주하는 대형 십자가들의 모습이 압권인데, 매년 부활절 전 금요일마다 이곳으로 십자가를 지고 산길을 오르는 행렬을 바라보노라면 절로 숭고한 마음이 든다. 현지인들에게 '신성한 산', '십자가의 산'으로 불리기도 한다.

지도 P.223-A3 **주소** Cetti Bay Overlook, Umatac(세티만 전망대 바로 건너편 Mount Lamlam Trail Head 있음) **운영** 24시간(이른 새벽, 늦은 밤에는 출입 자제) **가는 방법** T 갤러리아 by DFS에서 Pale San Vitores Rd를 타고 남쪽으로 직진, GU 14A를 끼고 좌회전, S Marine Corps Dr 끼고 우회전 후 직진. T. Stell Newman Visitor Center 앞에서 Hwy 2A 끼고 좌회전(피자헛 끼고 좌회전) 후 직진. 차량 41분. 세티만 전망대 앞에 주차 후, 건너편 트레일을 통해 도보.

CHECK!

❶ 람람산 하이킹에 도전하고 싶다면!

식물들이 바위를 덮어 등산로를 헤매기 쉬우므로 전문가와 동행하는 게 좋다. 게다가 경사가 높고, 바람도 잦다. 괌의 대표 하이킹 커뮤니티인 부니 스톰프 Boonie Stomps가 종종 람람산을 행선지로 정하기 때문에 여기 참여하거나, 아일랜드 저니 괌(671-777-3927, islandjourneygu.com) 또는 괌 어드벤처(671-989-0900, www.guamadventures.com)를 통해 투어를 신청해도 좋다. 비용은 $85 정도. 물, 자외선 차단제는 필수다.

❷ 사제들의 연못 Priest's Poo

람람산의 하이킹 코스 중 하나인 사제들의 연못은 1500년대 스페인 성직자들이 괌에 처음 도착했을 때 이곳의 시원하고 신선한 물로 목욕을 했다는 전설로부터 이름을 땄다. 지금도 하이킹 도중 이곳에서 수영을 즐기는 사람들을 종종 볼 수 있다.

5 메리조 비치 공원 & 메리조 부두 Merizo Beach Park & Merizo Pier

메리조는 기다랗고 아름다운 해안선을 거느린 마을이다. 메리조 사람들은 낚시를 할 때면 이곳 부두를 즐겨 찾는다. 수심이 낮고 물이 맑기 때문에 수영을 하거나, 스노클링 같은 수중 액티비티를 즐기는 이들도 적지 않다. 무엇보다 작고 아름다운 암초 섬 코코스 아일랜드로 들어가려면 반드시 이 부두를 거쳐야 하기 때문에 언제나 많은 여행자들로 차고 넘친다. 수평선을 향해 수직으로 곧게 뻗은 나무 데크가 낭만적인 풍경을 자아낸다.

지도 P.223-A4 **주소** Merizo Pier Park, Hwy, 4, Merizo **운영** 24시간(이른 새벽, 늦은 밤에는 출입 자제) **가는 방법** T 갤러리아 by DFS에서 Pale San Vitores Rd를 타고 남쪽으로 직진, GU 14A를 끼고 좌회전, S Marine Corps Dr 끼고 우회전 후 직진. T. Stell Newman Visitor Center 앞에서 Hwy 2A 끼고 좌회전(피자헛 끼고 좌회전) 후 직진. 솔레다드 요새를 지나면서 Hwy2가 Hwy 4로 바뀌면서 계속 직진. 차량 55분.

CHECK! 메리조 마을의 슬픈 역사

메리조 마을의 원래 이름은 말레소 Malesso였다. 이는 차모로어 '레소 Lesso'에서 변형된 것인데, '이전의 고통이나 불행으로부터 교훈을 얻는 것, 후회를 경험하는 것'이라는 뜻을 지닌다. 1833년 스페인의 공격으로 제2차 세계대전 때 5,000여 명의 일본군 침략으로 수많은 차모로인들이 학살 당했던 슬프고 안타까운 역사가 이곳에 서려 있다. 매년 7월이면 사람들은 일본군에 희생당한 46명의 차모로인을 추모하기 위해 메리조의 대학살 현장으로 향한다.

6 메리조 종탑 Merizo Bell Tower

크리스토발 데 카넬스 Christobal De Canals 신부가 마을의 발전을 위해 세운 종탑으로, 미사나 마을의 각종 행사에 사용됐다. 캄파나얀 말레소 종탑 Kampanayan Malesso Bell tower이라고도 불리며, 총 7.3m 높이로 지어졌다. 1975년에 미국 국립 사적지로 등록됐고, 종탑 맞은편에는 괌에서 가장 오래된 민간주택인 메리조 콘벤토 Merizo Combento가 자리하니 함께 둘러보기 좋다.

지도 P.223-A4 **주소** Merizo Bell Tower, Merizo **운영** 24시간(이른 새벽, 늦은 밤에는 출입 자제) **가는 방법** T 갤러리아 by DFS에서 Pale San Vitores Rd를 타고 남쪽으로 직진, GU 14A를 끼고 좌회전, S Marine Corps Dr 끼고 우회전 후 직진. T. Stell Newman Visitor Center 앞에서 Hwy 2A 끼고 좌회전(피자헛 끼고 좌회전) 후 직진. 솔레다드 요새를 지나면서 Hwy 2가 Hwy 4로 바뀌면서 계속 직진. 차량 56분.

남부 : 볼거리

푸른 바다와 마주하다
괌 남부의 근사한 전망대

셀라만 전망대 Sella Bay Overlook

뒤에는 괌의 영산인 람람산이, 앞에는 셀라만의 고즈넉한 전망이 펼쳐지는 곳. 스페인이 통치하던 시절에는 환자들을 격리하던 수용소였다. 전망대에서 셀라만으로 가는 산책로를 따라 30~40분 정도 내려가면 해안가 도로가 나오고, 탈리팍 스페인 다리가 나타난다.

지도 P.223-A3 주소 Sella Bay Overlook, Umatac **운영** 24시간 **가는 방법** T 갤러리아 by DFS에서 Pale San Vitores Rd를 타고 남쪽으로 직진, GU 14A를 끼고 좌회전, S Marine Corps Dr 끼고 우회전 후 직진. T. Stell Newman Visitor Center 앞에서 Hwy 2A끼고 좌회전(피자헛 끼고 좌회전) 후 직진. 차량 40분.

세티만 전망대 Cetti Bay Overlook

표지판은 따로 없지만, 언제나 해안가에 차들이 늘어선 인기 명소라 그냥 지나칠 일은 없다. 이곳에 서면 세티만은 물론, 필리핀 바다의 수평선과 남쪽 끝에 위치한 코코스 아일랜드까지 한눈에 볼 수 있다. 괌에서 가장 전망이 좋은 전망대로 손꼽히고 있다.

지도 P.223-A3 주소 Cetti Bay Overlook, Umatac **운영** 24시간 **가는 방법** T 갤러리아 by DFS에서 Pale San Vitores Rd를 타고 남쪽으로 직진, GU 14A를 끼고 좌회전, S Marine Corps Dr 끼고 우회전 후 직진. T. Stell Newman Visitor Center 앞에서 Hwy 2A끼고 좌회전(피자헛 끼고 좌회전) 후 직진. 차량 41분.

파라 이 라라히 타 기념공원
Memorias Para I Lalahi Ta Park

우마탁 마을과 솔레다드 요새, 그리고 바다가 한눈에 펼쳐지는 곳은 오직 여기뿐. 괌 참전용사 기념비 Guam Veterann's Memorial 가 있는 이곳은 1971년 베트남 전쟁에서 전사한 74명의 차모로인들을 추모하기 위한 곳이다. 매년 메모리얼 데이에는 특별한 미사가 이곳에서 열린다.

지도 P.223-A3 주소 Para I Lalahi Ta Park, umatac **운영** 24시간(이른 새벽, 늦은 밤에는 출입 자제) **가는 방법** T 갤러리아 by DFS에서 Pale San Vitores Rd를 타고 남쪽으로 직진, GU 14A를 끼고 좌회전, S Marine Corps Dr 끼고 우회전 후 직진. T. Stell Newman Visitor Center 앞에서 Hwy 2A끼고 좌회전(피자헛 끼고 좌회전) 후 직진. 차량 46분.

남부 투어의 하이라이트, 우마탁 마을
Umatac Village

1521년 3월 6일. 마젤란이 세계 일주를 하다가 우연히 괌을 발견한 날이다. 그가 섬에서 제일 먼저 발을 디딘 마을이 바로 이곳, 우마탁 마을 Umatac Village이었다. 마젤란의 첫 상륙을 기리기 위해 차모로어로 3월을 뜻하는 단어 우마타라프 Umatalaf로부터 그 이름을 빌린 것이다(매년 3월 첫 번째 월요일은 '괌 디스커버리 데이 Guam Discovery Day'라는 축제를 연다). 17세기만 해도 이곳은 괌에서 가장 부유한 마을 중 하나였다. 스페인이 괌의 수도로 삼고 총독 관저와 교회도 만들었지만, 현재는 지진과 태풍으로 모두 스러졌다. 그럼에도 여전히 명맥을 이어오는 유적들이 있다. 성 디오니시오 성당, 우마탁만 공원 & 마젤란 기념비, 우마탁 다리, 솔레다드 요새에 이르는 명소가 바로 그들이다. 역사적으로 의미 있을 뿐 아니라, 기념 촬영의 아름다운 무대도 되어 준다.

성 디오니시오 성당
St. Dionisyos/San Dionisio Church

마을의 수호성인인 산 디오니시오를 기리는 성소이자 우여곡절을 겪어온 우마탁 마을의 역사를 간직한 정신적 구심점. 1680년 11월 12일 시공 당시 강한 태풍으로 목재가 모두 물에 잠기는 바람에, 이듬해인 1681년 2월 15일에야 완공된 이 성당은 1684년 차모로인의 방화와 수차례의 지진을 겪으며 붕괴와 재건을 반복했다. 현재 건물은 스페인 신부인 베르나베드 카세다 Fr. Bernabe de Cáseda가 착공, 1939년 재건된 것이다. 노란빛의 외벽이 아름답다.

지도 P.223-A3 **주소** San Dionisio Church, Umatac **전화** 671-828-8056 **운영** 화 19:00, 일 08:30(미사) **가는 방법** T 갤러리아 by DFS에서 Pale San Vitores Rd를 타고 남쪽으로 직진, GU 14A를 끼고 좌회전, S Marine Corps Dr 끼고 우회전 후 직진. T. Stell Newman Visitor Center 앞에서 Hwy 2A 끼고 좌회전(피자헛 끼고 좌회전) 후 직진. 차량 48분.

CHECK! 우마탁만 공원 & 마젤란 기념비 Umatac Bay Park & Magellan Monument

성 디오니시오 성당 바로 건너편, 아름다운 해변을 거느린 공원이 바로 우마탁만 공원이다. 이곳이 특별한 이유는 괌을 발견한 포르투갈 탐험가 페르디난드 마젤란의 기념비가 자리하기 때문이다. 오늘날 우마탁은 유유자적하기 좋은 서퍼 타운, 낚시와 뱃놀이를 즐기는 아늑한 바닷마을로 사랑받는다.

우마탁 다리 Umatac Bridge

우마탁 마을의 대표적인 랜드마크. 2개 구간으로 연이어 늘어선 우마탁 다리를 지나면 본격적으로 우마탁 마을에 접어드는 셈이다. 스페인 양식의 건축물로, 채도 높은 파란색과 빨간색을 사용해 멀리서부터 시선을 사로잡는다. 근방에 주차하고 도보로 우마탁 다리까지 간다면, 양쪽 기둥의 계단으로 올라가 우마탁 마을의 전경을 한눈에 바라봐도 좋겠다.

지도 P.223-A3 **주소** Umatac Bridge, Umatac **운영** 24시간(이른 새벽, 늦은 밤에는 출입 자제) **가는 방법** T 갤러리아 by DFS에서 Pale San Vitores Rd를 타고 남쪽으로 직진, GU 14A를 끼고 좌회전, S Marine Corps Dr 끼고 우회전 후 직진, T. Stell Newman Visitor Center 앞에서 Hwy 2A 끼고 좌회전(피자헛 끼고 좌회전) 후 직진. 차량 49분.

Mia's Advice

우마탁 다리보다 여행자들 사이에서 더 유명한 게 있어요. 바로 이 자그마한 과일가게죠. 잠시 드라이브를 멈추고 이곳에서 숨을 돌려 보세요. 우리에게는 생소한 스타 애플 같은 과일이 지천에 펼쳐지니, 마음껏 고르고 맛보세요. 주인장이 나무 위에 올라가 열매를 따는 흥미로운 풍경도 만나볼 수 있답니다.

솔레다드 요새 Fort Nuestra Senora de la Saledad / Spanish Forts

영국 함대와 해적으로부터 우마탁만을 보호하기 위해 세운 4개의 요새 중 하나가 바로 이곳이다. 4개 중 가장 최근에(19세기) 지어졌음에도 제2차 세계대전을 겪어 내며 지금의 모습에 이르렀다. 작은 초소와 예전과 같이 복원된 대포 3대만이 과거를 추억하듯 그 자리에 남아 있다. 종종 물소를 끌고 이곳을 산책하는 이들이 있는데, 그 모습이 한 폭의 그림 같다.

지도 P.223-A4 **주소** Soledad Dr, Umatac **운영** 24시간(이른 새벽, 늦은 밤에는 출입 자제) **가는 방법** T 갤러리아 by DFS에서 Pale San Vitores Rd를 타고 남쪽으로 직진, GU 14A를 끼고 좌회전, S Marine Corps Dr 끼고 우회전 후 직진, T. Stell Newman Visitor Center 앞에서 Hwy 2A 끼고 좌회전(피자헛 끼고 좌회전) 후 직진. 오른쪽 Soledad Dr 끼고 우회전. 차량 51분.

7 산 디마스와 성모 마리아 성당 San Dimas and Our Lady of The Rosary Catholic Church

메리조의 수호성인 산 디마스를 모신 성당. 매년 4월 세 번째 주말이면 산 디마스를 기리는 기리는 미사와 축제가 이곳에서 열린다. 오랜 세월 목조 건물로 버텨온 성당을 2002년 9월 29일 새롭게 준공했는데, 부활한 건물은 새하얀 자태를 뽐내며 바다를 마주한다. 성당을 마주 보고 왼쪽에 있는 성모 마리아상 뒤편에는 코코스 라군의 전경을 볼 수 있는 트레일이 있다.

지도 P.223-A4 **주소** San Dimas Church, Merizo(정식 명칭과 구글 지도상 명칭이 다름) **전화** 671-828-8056 **운영** 월~수, 금~토 18:00, 일 06:00, 11:00(미사) **가는 방법** T 갤러리아 by DFS에서 Pale San Vitores Rd를 타고 남쪽으로 직진, GU 14A를 끼고 좌회전, S Marine Corps Dr 끼고 우회전 후 직진. T. Stell Newman Visitor Center 앞에서 Hwy 2A 끼고 좌회전(피자헛 끼고 좌회전) 후 직진. 솔레다드 요새를 지나면서 Hwy 2가 Hwy 4로 바뀌면서 계속 직진. 메리조 종탑 건너편, 차량 56분.

Mia's Advice

괌의 19개 마을은 각각 수호성인이 있어요. 그들이 마을을 지켜주고 평화를 가져다 준다는 믿음과 존경심을 담아 성인을 기리는 고유의 축제를 연답니다. 서로 모여 음식을 만들어 먹고, 행사에 참여해 공동체 의식을 다지는 차모로족 고유의 문화를 엿볼 수 있습니다.

남부 : 볼거리

close up

괌 최대의 프라이빗 비치
코코스 아일랜드

남부 해안의 아름다운 암초 선을 따라 솟아오른 작은 섬. 메리조 부두에서 보트를 타고 10~15분 가량 이동하면 섬에 닿을 수 있다. 이전에는 리조트로 운영됐으나, 몇 차례의 태풍으로 인해 지금은 당일 코스로 다양한 워터 스포츠를 즐기는 액티비티 섬이 됐다. 이곳에서 즐길 수 있는 액티비티는 수영과 카약, 스노클링, 패러세일링, 제트스키 등 다채로운데, 여기 참여하려면 미리 예약을 하는 것이 좋다. 한국 여행사에서도 코코스 아일랜드 패키지 상품(호텔 픽업·드롭 포함)을 판매 중이다(종일 $89, 반나절 $58). 특별히 액티비티를 하지 않아도 자유롭게 해변을 누릴 수 있으며, 바닷가를 따라 둘러 보는 데 1~2시간 가량 소요된다.

지도 P.223-A4 **주소** Cocos Island **전화** 671-8228-8691 **운영** 9:30~16:00 **요금** 성인 $40, 어린이(2~11세) $20(이 요금은 메리조 부두에서 보트를 이용해 코코스 아일랜드까지 도착하는 왕복 교통료와 섬 입장료가 포함되어 있는 금액으로 코코스 아일랜드에 도착해 클럽하우스에 지불하면 된다) **가는 방법** 메리조 부두에서 보트를 이용한다. 메리조 부두에서 코코스 아일랜드로 출발하는 보트는 09:30~14:15에 있으며, 반대로 코코스 아일랜드에서 메리조 부두로 출발하는 보트는 11:00~15:30에 있다.

Mini Box

섬으로 들어가기 전에

❶ 음식을 먹으려거든 입구의 클럽 하우스에서 쿠폰을 구입해야 한다. 뷔페식을 즐기거나, 카바나 아웃렛 Cabana Outlet에서 햄버거와 감자튀김, 치킨 윙이나 핫도그, 사발면과 음료수&맥주 등을 구입해 허기를 달래도 좋다. 참고로 외부 음식은 금지.

❷ 이곳에는 유독 검은 '코코새'가 많다. 여러 마리가 무리를 지어 하늘을 나는 모습을 마주한다면 깜짝 놀랄지도 모른다. 조류 공포증이 있다면 반드시 주의할 것!

❸ 섬으로 진입하는 길목인 메리조 부두 인근엔 한국인이 운영하는 비키니 아일랜드 클럽(www.bikiniislandclub.co.kr)이 자리한다. 코코스 아일랜드에 들어가지 않아도 인근 라군에서 시워킹, 패러세일링, 스쿠버다이빙, 카누, 제트 스키 등을 체험할 수 있다.

8 루갓 산타 마리안 카말렌 공원 Lugat Santa Marian Camalen Park

카말렌은 오랜 세월 마리아나 일대의 수호성인으로 추앙 받았다. 300년 전 카말렌 동상이 메리조 해안으로 밀려올 때, 게 2마리가 등껍데기에 촛불을 얹고 호위하는 듯한 모습으로 등장했다는 전설이 오늘날까지 전한다. 동상 진품은 하갓냐 대성당에 모셔져 있으며, 지금 공원에 우뚝 선 성모상은 사실 모조품이다. 매년 12월 8일이 되면 카말렌을 기리는 대규모 축제가 벌어진다.

지도 P.223-A4 **주소** Santa Marian Kamalen Park, Merizo(정식 명칭과 구글 지도상 명칭이 다름) **운영** 24시간(이른 새벽, 늦은 밤에는 출입 자제) **가는 방법** T 갤러리아 by DFS에서 Pale San Vitores Rd를 타고 남쪽으로 직진, GU 14A를 끼고 좌회전, S Marine Corps Dr 끼고 우회전 후 직진, T. Stell Newman Visitor Center 앞에서 Hwy 2A 끼고 좌회전(피자헛 끼고 좌회전) 후 직진, 솔레다드 요새를 지나면서 Hwy 2가 Hwy 4로 바뀌면서 계속 직진, 메리조 종탑 옆, 차량 56분.

CHECK! 메리조 마을의 슬픈 역사

먼 옛날, 메리조의 한 어부가 낚시를 하다 해저 바닥에서 동상을 발견했다. 어부는 동상에 접근하기 위해 물속을 헤집고 들어갔으나, 놀랍게도 조각상이 계속 뒤로 물러나 거리를 좁힐 수 없었다. 그는 결국 다시 섬으로 돌아와 신부에게 이 사실을 고했다. 그랬더니 신부는 "허름한 옷을 벗고 가장 좋은 옷차림으로 다시 가보라"고 일렀다. 신부의 말대로 의관을 정제한 어부는 동상을 들어올릴 수 있었다고 한다.

9 이나라한 자연 풀 Inarajan Natural Pool

바닷물이 용암에 가로막혀 형성된 자연 수영장. 물 맑고 파도가 잔잔해 물놀이를 즐기기 좋다. 현지인들에게는 다이빙 포인트로, 관광객들에게는 훌륭한 스노클링 포인트로 널리 이름났다. 바다를 마주 보고 오른쪽 언덕으로 올라가면 드넓은 파노라마 뷰를 가슴에 담을 수 있다. 이 아름다운 풍광 덕분에 괌 남부 투어에서 가장 인기가 많다. 근처에 마켓이 있어 간단한 물품을 구입할 수 있고, 아웃도어 시설과 샤워장, 화장실도 있어 편리하다. 이곳에서도 물론 아쿠아 슈즈는 필수다.

지도 P.223-B4 **주소** Inarajan Natural Pool 4, Inarajan **전화** 671-747-5109 **운영** 24시간(이른 새벽, 늦은 밤에는 출입 자제) **가는 방법** T 갤러리아 by DFS에서 Pale San Vitores Rd를 타고 남쪽으로 직진, GU 14A를 끼고 좌회전, S Marine Corps Dr 끼고 우회전 후 직진. 파세오 드 수산나 공원을 오른쪽에 두고 Hwy 4를 끼고 좌회전, 남쪽으로 직진하면 왼쪽에 위치. 차량 49분.

CHECK! 메리조에서 이나라한으로 가는 길목에서 곰을 만나다

메리조에서 떠나 이나라한으로 진입하는 길이라면, 아크파얀만에서 유독 눈에 띄는 바위 하나를 만났으리라. 곰바위 Bear Rock는 100년의 세월을 견디며 꿋꿋하게 바다와 마을을 지키고 있다. 근방에 주차장이 있으니 잠시 차를 세우고 기념 사진을 찍어도 좋다. 참고로 차모로인들 사이에서는 이 곰바위를 'Lassso' Gi'ai'라고도 불렀는데, 이는 남자의 성기를 의미한다.

10 조지 플로레스 기념 상점 & 역사 센터
G.Flores Memorial Old Store & History Center
(핫누 베이커리 Hotnu Bakery)

1960년부터 1980년까지 상점을 운영했던 부유한 상인 조지 플로레스의 이름을 딴 박물관. 플로레스 가문은 지역에서 큰 목장을 경영했고, 스페인식 화덕으로 빵과 케이크를 구워 '플로레스 제과'를 운영하기도 했지만 아내 카르멘의 건강이 나빠지면서 문을 닫았다. 이후 버려지다시피 한 건물은 2010년 이나라한 재단의 예술 프로젝트로 새 옷을 입었다. 1950년대 이라나한 사람들의 일상생활을 벽면에 그려 넣고, 2011년에 이르러 박물관으로 단장했다. 오늘날 이곳은 괌의 문화를 보존, 교육하는 기관이자 마을의 일자리 창출을 위해 전통 화덕 피자를 굽는 공간(부속 식당 핫누 베이커리 Hotnu Bakery)으로 거듭났다.

지도 P.223-B3 **주소** 138 San Joes Ave., Inarajan **전화** 671-989-5340 **운영** 수 10:00~15:00, 토~일요일 09:00~15:00 **요금** $8~16(치즈 페퍼로니 8인치 피자 $8) **가는 방법** T 갤러리아 by DFS에서 Pale San Vitores Rd를 타고 남쪽으로 직진, GU 14A를 끼고 좌회전, S Marine Corps Dr 끼고 우회전 후 직진, 파세오 드 수산나 공원을 오른쪽에 두고 Hwy 4를 끼고 좌회전, 남쪽으로 직진. 게프 파고 차모로 컬처 빌리지 앞 Jesus A Flores St 끼고 우회전 후 좌회전. 차량 48분.

Mia's Advice
이곳에 대해 좀 더 자세히 알고 싶거나, 이나라한 마을 스토리가 궁금하다면 스마트폰 애플리케이션 플로레스 뮤지엄 Flores Museum을 다운받으세요. 조금 문맥이 안 맞긴 하지만 한국어로 소개되어 있어 훨씬 더 재미있게 역사를 알 수 있는 것은 물론 여행의 즐거움을 더할 수 있답니다.

11 게프 파고 차모로 컬처 빌리지
Gef Pa'go Chamorro Village

1940~50년대 차모로인들의 가옥과 문화를 체험할 수 있는 민속촌이다. 코코넛 손질법, 열매 껍질 이용법, 바닷물을 소금으로 만드는 법 등 자연에서 주어진 재료를 실생활에 어떻게 이용했는지 직접 배울 수 있다. 외관은 허름해 보여도 아이들에겐 오감을 자극하는 놀이터이자 유익한 체험학습장이다. 그러니 투어가 이뤄지는 13:00에 맞춰서 방문하는 것이 좋다.

지도 P.223-B4 **주소** Gef Pago, 4, Inarajan **전화** 671-828-1672 **운영** 09:00~12:00(투어 13:00) **가는 방법** T 갤러리아 by DFS에서 Pale San Vitores Rd를 타고 남쪽으로 직진, GU 14A를 끼고 좌회전, S Marine Corps Dr 끼고 우회전 후 직진, 파세오 드 수산나 공원을 오른쪽에 두고 Hwy 4를 끼고 좌회전, 남쪽으로 직진하면 왼쪽에 위치. 차량 48분.

남부 : 볼거리

파고만 전망대

섬 동쪽 해안도로의 보석,
포토제닉 해변 BEST 3

원시 그대로의 자연이
남아 있는 조용한 바다

1 이판 비치 파크 Ipan Beach Park

원시 그대로의 자연이 남아 있는 조용한 바다. 바다를 따라 야자수 등이 무성하며 산호 백사장이 빚어내는 남국의 경치를 제대로 감상할 수 있다. 파도가 세지 않고 잔잔해 스노클링을 즐기기에도 안성맞춤. 근처에 유일한 숙박시설인 퉁간 리조트(www.facebook.com/Guam-BeachResort)가 있다.

지도 P.223-B3 ▶ **주소** Ipan Beach Park, 4, Talofofo **운영** 24시간(이른 새벽, 늦은 밤에는 출입 자제) **가는 방법** T 갤러리아 by DFS에서 Pale San Vitores Rd를 타고 남쪽으로 직진, GU 14A를 끼고 좌회전, S Marine Corps Dr 끼고 우회전 후 직진. 파세오 드 수산나 공원을 오른쪽에 두고 Hwy 4를 끼고 좌회전, 남쪽으로 직진. 차량 34분.

2 파고만 전망대 Pago Bay Overlook

파고는 고대 차모로와 스페인의 전통이 얽혀 내려오는 오래된 마을 중 하나다. 이 때문에 여러 갈래의 고고학 조사가 이뤄지는 곳이기도 하다. 파고만 전망대는 괌의 동쪽 해안을 전망하기 좋은 곳으로 이름이 높다. 아름다운 파고항부터 괌 대학에 이르는 넓은 지역을 바라볼 수 있다.

지도 P.223-B2 ▶ **주소** Pago Bay Overlook, Yona **운영** 24시(이른 새벽, 늦은 밤에는 출입 자제) **가는 방법** T 갤러리아 by DFS에서 Pale San Vitores Rd를 타고 남쪽으로 직진, GU 14A를 끼고 좌회전, S Marine Corps Dr 끼고 우회전 후 직진. 파세오 드 수산나 공원을 오른쪽에 두고 Hwy 4를 끼고 좌회전, 남쪽으로 직진. 차량 26분.

3 타가창 비치 Taga'chang Beach

고대 차모로인들이 마을을 이루고 살았던 곳. 고운 모래가 아니라, 절벽으로 둘러싸인 바위투성이의 거친 해변을 이루고 있어 날것의 아름다움을 지닌다. 고요하게 흐르는 야트막한 웅덩이가 있어 수영 초보자에게도 완벽한 장소다. 지붕 딸린 테이블이 있어 피크닉 즐기기에도 좋다.

지도 P.223-B2 ▶ **주소** 167 MU Lujan Way, Yona(근처 MU Lujan Elemantary School 주소) **운영** 24시간(이른 새벽, 늦은 밤에는 출입 자제) **가는 방법** T 갤러리아 by DFS에서 Pale San Vitores Rd를 타고 남쪽으로 직진, GU 14A를 끼고 좌회전, S Marine Corps Dr 끼고 우회전 후 직진. 파세오 드 수산나 공원을 오른쪽에 두고 Hwy 4를 끼고 좌회전, 남쪽으로 직진. 왼쪽에 MU Lujan Elemantary School 끼고 좌회전 후 두 번째 골목에서 우회전. 차량 29분.

12 가다오 추장 동상 Chief Gadao Statue & Park

이나라한의 위대한 추장 가다오를 기리는 동상. 그에 얽힌 이야기가 하나 있다. 먼 옛날 투몬의 추장이던 말라구아는 이나라한의 추장인 가다오가 힘이 세다는 소식을 듣고 그에게 도전장을 던지러 갔다. 이나라한에 도착한 그는 카누를 정박하자마자 가다오의 부하처럼 보이는 사내를 우연히 만났는데, 손쉽게 나무를 흔들어 코코넛을 떨어뜨리고는 이내 맨손으로 코코넛을 비틀어 즙을 짜내는 모습에 깜짝 놀라고 말았다. '부하도 이렇게 힘이 세거늘 가다오는 얼마나 더 강력하단 말인가?' 지레 겁먹은 말라구아는 결국 이나라한을 떠나기로 마음 먹었다. 짐작하겠지만, 사실 코코넛을 쥐어짠 사내는 진짜 가다오였다. 말라구아가 카누에 타는 것을 본 가다오는 급히 자신의 신분을 밝히고 서로 카누의 반대편 끝에서 노를 젓기로 했다. 그런데 두 남자의 노 젓는 힘이 얼마나 강했던지 배가 반으로 갈라졌고 말라구아의 반쪽 카누는 바다에, 가다오의 반쪽 카누는 땅에 떨어졌다. 이 흥미진진한 이야기를 간직한 가다오 추장 동상은 주지사의 아내가 기증했다고 전해진다.

지도 P.223-B4 **주소** Gef Pago, 4, Inarajan **운영** 24시간(이른 새벽, 늦은 밤에는 출입 자제) **가는 방법** 방법 T 갤러리아 by DFS에서 Pale San Vitores Rd를 타고 남쪽으로 직진, GU 14A를 끼고 좌회전, S Marine Corps Dr 끼고 우회전 후 직진. 파세오 드 수산나 공원을 오른쪽에 두고 Hwy 4를 끼고 좌회전, 남쪽으로 직진. 게프 파고 차모로 컬처 빌리지 옆. 차량 48분.

CHECK! 가다오의 힘겨루기를 볼 수 있는 가다오 동굴 Gadao Cave

동상으로부터 바다로 향하는 내리막길을 지나 해안 암벽을 따라 들어가면 가다오 동굴 입구가 나타난다. 2개의 동굴 입구가 있는데 보다 작은 쪽이 바로 가다오 동굴이다. 여기엔 암각화가 새겨져 있는데, 큰 손과 발을 가진 두 사람이 힘겨루기 하는 모습이 바로 그것이다. 가다오 추장과 투몬의 부족장이 싸우는 모습이 생생하게 표현되어 있다.

ENTERTAINMENT
남부의 엔터테인먼트

차모로의 문화가 오롯한 민속촌과 공원이 늘어선 남부의 즐길 거리를 살펴 본다. 고대 차모로인들의 전통 문화와 삶의 양식을 배운 뒤엔 울창한 자연을 무대 삼은 액티비티 테마파크에서 짜릿한 즐거움을 만끽한다.

1 라테 계곡의 어드벤처 파크 Valley of the Latte Adventure Park

고대 차모로 마을과 삶의 양식을 그대로 재현해 놓은 공원이다. 한국인들에게 가장 인기가 많은 프로그램은 리버 보트 크루즈. 탈로포포강과 우검강을 유유히 흐르는 보트를 타고 괌 역사, 차모로 문화에 대한 설명을 듣는 투어다. 차모로인과의 기념 촬영, 농장 투어, 코코넛을 활용한 먹거리를 즐기고 과거 차모로인들이 불을 피우는 법 등을 알아볼 수 있어 유익하다. 카약을 이용해 강을 가로지르는 어드벤처 카야킹, 스탠드업 패들 등 액티비티도 즐길 수 있다.

지도 P.223-B3 주소 Valley of the Latte Park, 4, Talofofo 전화 671-789-3342 홈페이지 valleyofthelatte.com 운영 09:00~16:00 요금 성인 $75~95, 어린이(만 2~11세) $55~65(프로그램에 따라 식사 불포함, 호텔 픽업·드롭 불포함 시 가격이 조금 더 저렴하다) 가는 방법 방법 T 갤러리아 by DFS에서 Pale San Vitores Rd를 타고 남쪽으로 직진, GU 14A를 끼고 좌회전, S Marine Corps Dr 끼고 우회전 후 직진. 파세오 수산나 공원을 오른쪽에 두고 Hwy 4를 끼고 좌회전, 남쪽으로 직진. 차량 38분.

2 타잔 폭포 Tarzan Falls

하이킹을 좋아하는 마니아들에게 소문난 코스. 타잔 폭포 입구에 자그마한 표지판이 전부라 그냥 지나치기 쉬운데, 입구의 전신줄 위에 걸린 진흙 묻은 운동화들이 시선을 사로잡는다. 폭포까지 가는 데는 장장 3시간이나 걸리지만 시원하게 쏟아지는 폭포의 경치가 아름답고(우기일 때 제대로 감상할 수 있다) 폭포 아래서 물놀이하는 재미가 쏠쏠하니 하이킹의 수고로움은 충분히 감수할 만하다. 초보라면 전문 하이킹 업체를 통해 전문가와 함께 동행하는 것이 좋다(트로피컬 투어스 괌 www.tropicaltoursguam.com, 성인 $100, 어린이(5~12세) $20, 유아(2~4세) $20). 방문하려거든 아쿠아 슈즈와 벌레 퇴치제는 필수다.

지도 P.223-A2 **주소** 17, Yona **운영** 24시간(이른 새벽, 늦은 밤에는 출입 자제) **가는 방법** T 갤러리아 by DFS에서 Pale San Vitores Rd를 타고 남쪽으로 직진, GU 14A를 끼고 좌회전, S Marine Corps Dr 끼고 우회전 후 직진. T. Stell Newman Visitor Center 앞에서 Hwy 2A끼고 좌회전(피자헛 끼고 좌회전) 후 직진. 왼쪽 Hwy 5끼고 좌회전, 왼쪽 Hwy 17 끼고 다시 좌회전, 왼쪽에 Tarzan Pool Trail Head 위치. 차량 38분.

남부 : 엔터테인먼트

돌고래와 일몰을 그리며,
낭만 크루즈

돌핀 크루즈

스노클링과 열대어 낚시를 동시에 즐길 수 있는 돌핀 크루즈는 야생 돌고래를 눈앞에서 만나기 위해 떠나는 뱃놀이 여정이다. 임산부나 1~2세의 아이들도 부모와 함께라면 안전하게 탑승해 즐길 수 있으니 색다른 경험을 원하는 가족이라면 도전해 볼 만하다. 이동 시간을 포함해 3시간 30분가량 소요되며 배가 출항할 즈음 음료와 스낵이 제공된다. 돌핀과 낚시를 즐기는 프로그램이 하루 2회, 08:00~09:00와 13:00가량에 시작된다.

선셋 크루즈

자고로 섬 여행의 로망이란 아름다운 일몰을 바라보며 칵테일 한 모금 마시는 즐거움에 있을 것이다. 그 장소가 바다 한가운데라면, 낭만은 몇 배로 증폭된다. 해가 뉘엿뉘엿 떨어질 즈음, 부두에서 출발하는 선셋 크루즈는 해넘이와 함께 저녁 식사를 즐기는 프로그램으로 이뤄진다. 어떤 여행사를 선택하든 대부분 호텔 픽업·드롭 서비스를 제공하니, 우아하게 하루를 갈무리하고 싶은 날 시도하면 좋다.

Tip 돌핀 & 선셋 크루즈 프로그램 예약 링크

* 빅 선셋 디너 크루즈 Big Sunset Dinner Cruise(www.bestguamtours.kr, $95)
* 스타 샌드 비치(www.guamstarsand.com, $55)
* 미드 썸머 크루즈(www.guammidsummer.com, $40+예약금 1만 원)

3 탈로포포 폭포 공원 Talofofo Falls Park

아찔한 폭포와 울창한 숲, 그 속에 흥미로운 테마파크가 펼쳐진다. 이곳은 박물관, 동굴, 케이블카, 귀신의 집 등의 어트랙션으로 이뤄진 탈로포포 폭포 공원. 각각 20m, 9m의 높이로 이뤄진 폭포를 중심으로 투어를 즐길 수 있다. 이상적인 관람 순서는 러브랜드(19세 이상) → 귀신의 집 → 케이블카 → 폭포 → 박물관 → 요코이 동굴로 이어지는 코스. 이때, 마지막 코스인 요코이 동굴은 폭포에서 10분가량 대나무 숲으로 들어가야 하므로 반드시 긴소매, 긴바지와 벌레 퇴치제 등을 마련할 것. 한국인 주인장이 운영하는 곳이라, 한글로 이뤄진 웹사이트를 제공해 편리하게 프로그램을 살필 수 있다.

지도 P.223-B3 **주소** Talofofo Falls, Inarajan **전화** 671-828-1150 **홈페이지** www.guamtalofofo.co.kr **운영** 09:00~17:00 **요금** 성인 $15, 어린이(2~11세) $8 (시즌에 따라 조금씩 달라짐) **가는 방법** T 갤러리아 by DFS에서 Pale San Vitores Rd를 타고 남쪽으로 직진, GU 14A를 끼고 좌회전, S Marine Corps Dr 끼고 우회전 후 직진. 파세오 드 수산나 공원을 오른쪽에 두고 Hwy 4를 끼고 좌회전, 남쪽으로 직진. 오른쪽 Dandan Rd 끼고 우회전. 차량 48분.

CHECK! 28년 동안 동굴에서 생활한 일본군, 요코이

패잔병 요코이는 제2차 세계대전 당시 처음 괌에 배치됐다. 그는 1944년, 미국이 괌을 재점령하자 10명의 병사와 함께 정글로 몸을 피했다. 처음엔 모두가 그럭저럭 연명했으나, 20년의 세월이 흐르자 병사들은 굶주림과 홍수로 죽고 말았다. 요코이만이 유일한 생존자였다. 그는 대나무 숲 밑에 굴을 파 은신하면서 게와 새우를 잡아먹고, 망고와 코코넛을 따먹으며 생명을 이어갔다. 훗날 그는 인터뷰에서 말하기를 "1952년 정글에서 일본의 패전을 알리는 전단지를 봤으나 '살아서 포로가 되지 말고 차라리 죽어라'라는 일본군의 지령이 두려워 정글에 숨어 지냈다"고 한다. 뿐만 아니라 둥근 보름달이 한 번 뜨면 한 달, 열두 번 뜨면 일 년이 지난 것을 알고 거기에 윤달까지 계산해 자신이 28년 동안 대나무 동굴에 숨어 지낸 것을 정확히 알고 있었다는 사실이 세간의 놀라움을 샀다. 끝내 1972년, 그는 탈로포포 폭포 인근 강가로 먹을 것을 찾아 나섰다가 새우잡이 어망을 살피던 주민에게 발각되어 전 세계에 알려졌다. 일본으로 귀국한 후 12년이 지난 1985년, 공원을 다시 찾기도 했다. 그가 사용했던 물건 일부는 하갓냐에 위치한 괌 박물관에서 관람할 수 있다.

RESTAURANT
남부의 식당

작은 섬마을과 어울리는 해적 테마의 투박한 레스토랑부터 반가운 아시안 푸드를 만날 수 있는 퓨전 다이닝 공간까지. 남부 드라이빙 투어를 하면서 들르기 좋은 작지만 알찬 남부의 식당들을 엄선했다.

1 제프스 파이러츠 코브 Jeff's Pirates Cove

해적을 테마로 꾸민 독특한 분위기의 레스토랑. 많은 여행자가 남부 드라이빙 투어의 마지막 코스로 삼는 곳이다. 1979년 주인장 지미가 세상을 떠나는 바람에 그의 오랜 단골이자 친구였던 제프가 이곳을 인수했고, 이름도 '파이러츠 코브 Pirates Cove'에서 지금의 상호로 바뀌었다. 패티에 깊고 진한 풍미의 육즙이 흐르기 때문에, 홈메이드 버거의 정수를 맛볼 수 있다. 무엇보다 이판 비치를 끼고 있어 아름다운 해변을 마주한 채 식사를 즐길 수 있어 매력적이다. 초입의 기프트 숍에서 해적 관련 아이템들을 구경하는 것 또한 즐겁다

지도 P.223-B3 **주소** Route 4, Talofofo **전화** 671-789-2683 **홈페이지** jeffspiratescove.com **영업** 월~목 08:00~18:00, 금~일 08:00~19:00 **예산** $3~35(제프의 유명한 홈메이드 1/2파운드 치즈버거 Jeff's Famous Homemade 1/2lb Cheeseburger $15.50) **가는 방법** T 갤러리아 by DFS에서 Pale San Vitores Rd를 타고 남쪽으로 직진, GU 14A를 끼고 좌회전, S Marine Corps Dr 끼고 우회전 후 직진. 파세오 드 수산나 공원을 오른쪽에 두고 Hwy 4를 끼고 좌회전, 남쪽으로 직진. 왼쪽에 위치. 차량 34분.

2 맥 크라우츠 레스토랑 Mc Krauts Restaurant

폴리네시안, 아시안, 아메리칸 푸드가 대부분인 이곳의 식당 틈바구니에서 꿋꿋하게 독일식 맥주와 음식을 선보이는 곳. 덕분에 그 존재가 오롯하다. 독일에서 온 주인장이 맥주 관련 사업을 하다 지금의 레스토랑으로 사업이 확장되었다는데, 세계 각국의 맥주와 진짜배기 독일 소시지를 즐길 수 있어 현지 사람들과 여행자들 모두 만족스럽게 머물다 간다. 스테이크 메뉴 또한 맛깔스러워 많은 이들이 즐겨 찾는다.

지도 P.223-B3 **주소** 115 Corner Kalamasa Circle & Route 4, Inarajan **전화** 671-828-4248 **홈페이지** www.facebook.com/mckrautsguam **영업** 월~금 11:00~21:00, 토 12:00~21:00, 일 12:00~20:00 **예산** $2.75~24.95(콤보 소시지 플레이트 Combo Sausage Plate $16.75, 12Oz 뉴욕 스트립 스테이크 12Oz New York Striploin Plate Sauted onions, Mushrooms, Vege Tables, Seasoned Wedge Fries $21.95) **가는 방법** T 갤러리아 by DFS에서 Pale San Vitores Rd를 타고 남쪽으로 직진, GU 14A를 끼고 좌회전, S Marine Corps Dr 끼고 우회전 후 직진. 파세오 드 수산나 공원을 오른쪽에 두고 Hwy 4를 끼고 좌회전, 남쪽으로 직진. 왼쪽에 위치. 차량 43분.

피티 & 아갓의 소박한 맛집을 찾아서
STOP BY PITY & AGAT

수메이 펍 & 그릴 Sumay Pub & Grill

맥주와 수제 버거의 환상적인 조화를 즐길 수 있는 곳. 해군들의 단골 가게임을 증명하듯 내부에는 해군 모자와 구명 튜브를 잔뜩 걸어 놓았다. 개성 강한 분위기만큼이나 음식도 훌륭하다. 괌 햄버거 콘테스트에서 1등한 저력도 지녔다.

지도 P.000-O **주소** 1518 South Marine Corps Dr., Piti **전화** 671-565-2377 **영업** 월~금 11:00~13:30, 17:30~21:00, 토 18:00~21:00 **휴무** 일요일 **예산** $4~9 **가는 방법** T 갤러리아 by DFS에서 Pale San Vitores Rd를 타고 남쪽으로 직진, GU 14A를 끼고 좌회전, S Marine Corps Dr 끼고 우회전 후 직진. T. Stell Newman Visitor Center 가기 전 왼쪽에 위치. 차량 26분.

제이 퓨전 레스토랑 Jai Fusion Restaurant

한식, 차모로, 중식, 베트남 요리 등 국가를 불문하고 다양한 메뉴를 선보이는 것이 이곳의 강점. 특히 한국인들에게는 김치볶음밥이나 소고기 김치볶음을 비롯, 김치를 재료로 한 메뉴가 더러 있어 반갑게 느껴진다. 현지인들이 즐겨 먹는 메뉴인 프레시 룸피아, 비프 켈라구엔도 인기.

지도 P.000-O **주소** Agat Point Complex **전화** 671-565-8136 **영업** 일~금 10:30~21:30 **휴무** 토요일 **예산** $9~20 **가는 방법** T 갤러리아 by DFS에서 Pale San Vitores Rd를 타고 남쪽으로 직진, GU 14A를 끼고 좌회전, S Marine Corps Dr 끼고 우회전 후 직진. T. Stell Newman Visitor Center 앞에서 Hwy 2A 끼고 좌회전(피자헛 끼고 좌회전) 후 직진. 왼쪽에 위치. 차량 30분.

마리나 그릴 Marina Gril

아갓 정박지 바로 옆에 위치한 햄버거와 샌드위치 전문점. 독특한 메뉴를 원한다면 닭 모래주머니나 버섯 튀김 요리도 추천할 만하다. 메뉴의 종류는 많지 않지만, 전반적으로 저렴한 가격과 무난한 만듦새 덕에 현지인들이 즐겨 찾는다. 바다를 바라보며 여유롭게 식사를 즐길 수 있는 곳.

지도 P.000-O **주소** 555 Route 2, Agat **전화** 671-564-0215 **영업** 월~금 11:00~21:00, 토~일 07:00~21:00 **예산** $5.00~13.00 **가는 방법** T 갤러리아 by DFS에서 Pale San Vitores Rd를 타고 남쪽으로 직진, GU 14A를 끼고 좌회전, S Marine Corps Dr 끼고 우회전 후 직진. T. Stell Newman Visitor Center 앞에서 Hwy 2A 끼고 좌회전(피자헛 끼고 좌회전) 후 직진. 아갓 정박지 옆. 차량 35분.

괌 숙박의 모든 것
HOTEL & RESORT

RESERVATION 호텔 & 리조트 예약 A-Z
LUXURY 럭셔리 호텔 & 리조트 BEST 6
FAMILY 모두가 만족스러운 가족친화형 리조트
BUDGET 실속파를 위한 중저가 호텔 & 리조트

프렌즈 friends 괌

RESERVATION
호텔 & 리조트 예약 A-Z

잘 고른 방 하나, 여행의 품격을 높여 준다.
다음의 사항만 숙지하면 누구나 원하는 숙소를 성공적으로 예약할 수 있다.

1 예약 전, 미리 알아둬야 할 필수 체크 요소는?

가격, 룸 컨디션, 위치의 3요소가 결정이다. 다만 다음의 일장일단을 비교 분석할 것. 투몬 중심가의 호텔로 예약할 경우, 면세점과 맛집 등을 도보로 다닐 수 있으며 투몬 비치를 끼고 있다는 장점 때문에 가격대가 높다. 외곽인 경우 렌터카, 택시, 셔틀버스 등 교통수단을 이동해야 하는 불편함이 있지만 상대적으로 저렴한 객실을 예약할 수 있다(시내의 액티비티, 마사지, 유명 레스토랑의 경우 호텔 픽업과 드롭 서비스를 제공하므로 이동에 큰 불편함이 없다).

2 온라인 예약, 어디서 할까?

찜한 호텔이 있다면, 공식 홈페이지 프로모션을 먼저 체크한다. 간혹 공식 홈페이지 가격이 더 저렴한 경우도 있기 때문. 출발일이 4~6개월 남았다면 여행사 프로모션이나 각종 얼리버드 프로모션(사전예약)을 이용하는 것도 좋다. 보편적인 경우, 호텔 예약 플랫폼을 사용한다. 아고다(www.agoda.com/ko-kr), 옥션(www.auction.co.kr), 익스피디아(www.expedia.co.kr), 칩 티켓(www.cheaptickets.com), 부킹닷컴(www.booking.com) 등 사이트에 접속해 할인율을 꼼꼼히 살펴 예약한다.

3 '스테이 기준 & 체크인 기준'은 무슨 뜻일까?

프로모션 상품 판매 시 스테이 Stay 기준, 체크인 Check in 기준이라는 용어를 쓴다. 만약 프로모션이 1월 31일까지고 조건이 '4박 이상 투숙'이라 가정했을 때, 스테이 기준은 1월 31일 이내 4박 투숙이 모두 완료되어야 한다는 뜻이다. 여행 일정이 1월 30일부터 2월 2일이라면 위 프로모션은 적용 불가다. 체크인 기준의 경우, 1월 31일까지 체크인만 완료되면 이후 4박을 해도 무방하다.

4 바다가 보이는 방, 더 비쌀까?

답은 YES. 객실 전망이 바다냐, 정원이냐, 거리냐에 따라 가격대가 달라진다. 시티 뷰는 말 그대로 괌 시내 거리가 보이는 것이고, 가든 뷰는 정원이나 산이 보이는 것, 오션 뷰는 바다가 보이는 것을 뜻한다. 그중 오션 뷰는 바다의 일부만 보이는 파셜 오션 뷰 partial ocean view, 바다가 중심에 보이는 오션 프런트 뷰 ocean front view 등으로 구분되는 경우도 있다.

5 5인 이상의 그룹 여행, 어떻게 예약할까?

괌의 대부분 호텔은 객실당 투숙 인원 기준을 성인 2명과 어린이 2명으로 둔다(어린이는 12세 미만을 뜻하며, 그 이상 청소년의 경우 성인과 같은 요금으로 본다). 예를 들어 성인 3명이 투숙할 경우 1인에 대한 추가 요금을 지불해야 한다. 이때 추가 요금을 서차지 surcharge라고 하며 요금은 성인 1명 X 숙박일로 계산된다. 만약 성인 2명과 어린이 3명일 경우에도 어린이 1인에 대한 추가 요금이 붙는다(호텔마다 상이). 성인 3명이 투숙하는 경우, 트리플 룸을 예약해도 좋다.

- 호텔 니코 괌 / 트리플 룸에서 성인 3명+어린이 3명까지 추가 요금 없이 투숙할 수 있다.
- 웨스틴 리조트 괌 / 무료로 접이식 침대(Extra bed)를 제공해 성인 3명+어린이 2명, 성인 2명+어린이 3명으로 최대 5명까지 투숙할 수 있다.
- 온워드 비치 리조트 / 접이식 침대 추가 요청, 성인 3명+어린이 2명, 성인 2명+어린이 3명으로 최대 5명까지 투숙할 수 있다.
- 롯데호텔 괌 / 패밀리 스위트 룸은 성인 5명+어린이 1명까지 추가 투숙 가능하다.
- 피에스타 리조트 괌 / 패밀리 룸에서 성인 3명+어린이 2명, 혹은 성인 4명+어린이 2명 추가 투숙 가능하다.

* 모두 추가 요금을 청구하며, 경우에 따라 추가 인원만큼 조식 이용권도 구매해야 한다는 조건이 붙는다.

6 아기와 함께할 때, 관련 물품을 빌릴 수 있을까?

아기 침대나 침대 양쪽에 설치할 수 있는 가드Guard, 전자레인지 등을 요청하면 된다. 호텔에 예약 정보와 함께 이메일로 요청사항을 보내면 답을 받을 수 있다. 단, 성수기엔 여의치 않을 수 있다.

7 체크인 할 때 보증금 결제를 요구한다면?

우리 문화와 달라 이해하기 힘든 것 중 하나가 바로 호텔 예약 보증금 결제다. 객실에 비치된 미니바를 이용하거나 호텔 유료 서비스 이용, 혹은 호텔 소유의 기물 파손을 대비해 받는 보증금 제도인데, '보증'금인 만큼 체크아웃 이후에 그대로 돌려주는 돈이다. 금액은 호텔에 따라 다르다. 이를테면 아웃리거 괌 비치 리조트의 경우 디파짓 결제를 현금과 카드 결제로 선택 할 수 있는데, 1박당 현금 $50 혹은 카드 $20을 결제한 뒤, 유료 서비스를 이용하지 않거나 혹은 객실 내 기물 파손이 없을 경우 돌려 받는다. 호텔에 따라 열쇠나 타월 등 기물을 분실하는 경우 일정 금액을 변상해야 한다. 단 카드 결제 시 환불되기까지 4~6주 정도 소요된다.

8 호텔 내 유료 VS 무료 서비스

객실 내 어메니티는 무료이며, 비치된 물 역시 무료인 경우가 많다. 'Complimentary(무료)'라고 표시되어 있는 것들은 모두 사용해도 무방하다. 단 냉장고 미니바 사용은 유료다.

9 정해진 시간 외 체크인/아웃을 할 수 있을까?

보편적으로 호텔에서 체크인은 15:00 이후, 체크아웃은 11:00~정오 이전으로 규정한다. 괌은 유독 새벽에 한국으로 떠나는 항공편이 많아, 대부분 최대한 늦게까지 호텔에 머무르려는 여행자가 많다. 정해진 시간보다 조금 더 일찍 혹은 늦게 체크인/아웃 하는 것을 얼리 체크인, 레이트 체크아웃(Early Check-in, Late Check-out)이라고 하는데, 예약 시 사전 문의하고 추가로 금액을 지불해야 하는 서비스다. 경우에 따라 불가능한 호텔도 있으니 미리 알아볼 것.

LUXURY HOTEL & RESORT
럭셔리 호텔 & 리조트

근사한 객실과 서비스를 누리며 남부럽지 않은 휴가를 보내고 싶다면, 다음의 럭셔리 리조트를 주목할 것. 그 자체로 오롯이 여행의 목적이 되는, 최고급 리조트만 모았다.

❶ 아웃리거 괌 비치 리조트 Outrigger Guam Beach Resort

괌의 최중심부에 위치한 리조트. T 갤러리아 by DFS 건너편이며 더 플라자와 연결되어 있어 늦은 밤까지 쇼핑이 편리하다. 투몬 비치를 끼고 있어 비치로의 이동이 자유롭고 호텔 수영장 역시 성인과 아이들이 모두 즐기기 적당한 규모로 슬라이드와 자쿠지, 어린이 풀장 등을 갖춰 인기가 높다. 객실은 크게 오션 뷰, 오션 프론트, 보이저 클럽으로 나뉜다. 호텔 내 조식 레스토랑이자 매일 저녁 다양한 테마로 뷔페를 운영하는 팜 카페 Palm Cafe, 저녁에 라이브 공연을 감상하며 칵테일을 홀짝이기 좋은 로비 바인 뱀부 바 Bamboo Bar 등 부대시설도 있다. 접이식 침대(Extra bed) 추가 사용시 1일 $40가 추가되며, 유아 침대는 재고가 있을 경우 무료 요청이 가능하다. 피트니스 센터와 세탁실(유료)은 24시간 개방한다.

지도 P.89-A2 **주소** 1255 Pale San Vitores Rd, Tamuning **전화** 671-649-9000 **홈페이지** www.outrigger.com **예산** $327~(성수기 제외, 2020년 상반기 객실 요금) **가는 방법** 괌국제공항에서 Hwy 10A를 타고 직진하다 S Marine Corps Dr를 끼고 우회전 후 Happy Landing Rd를 끼고 다시 좌회전 후 Pale San Vitores Rd를 끼고 우회전 후 직진. 왼쪽에 위치. 차량으로 10분. T 갤러리아 by DFS 건너편.

> **CHECK!** 아웃리거 괌 비치 리조트에서 잘 먹고 잘 노는 법

① 코럴 키즈 클럽 Coral Kids club
만 5~12세 어린이 대상 프로그램. 모래놀이, 게임, 물놀이 외 다양한 액티비티를 제공한다. 이용 1일 전 예약 필수. 1일 $65, 반나절 $35이다.

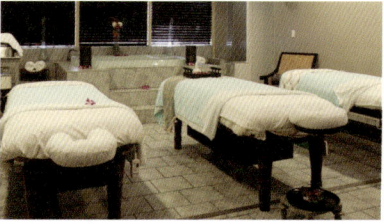

② 나바사나 스파 Navasana Spa
지하 1층, 수영장으로 향하는 길에 위치한 고급스러운 분위기의 스파. 타이 마사지와 하와이 전통 마사지인 로미로미 마사지가 결합된 시그니처 마사지가 가장 유명하다.

③ 보이저 47 클럽 라운지 Voyager 47 Club Lounge
보이저 클럽 룸 예약 시 이용할 수 있는 라운지. 06:30~10:00 사이 조식과 16:30~19:00 사이 일몰을 감상하면서 칵테일과 카나페 등 핑거 푸드를 무제한으로 즐길 수 있다. 21층에 위치해 있어 환상적인 뷰를 자랑한다.

④ 오하나 비치 클럽 Ohana Beach Club
해변에서 노닐며 식사를 즐기고 싶다면, 아웃리거 괌 비치 리조트 전용 수영장과 투몬 비치 사이에 위치한 이곳으로.

⑤ 아웃리거 비치 사이드 바비큐 Outrigger Beach Side BBQ
투몬의 석양을 바라보며 호텔 해변가에서 BBQ 파티를 즐길 수 있다. 단, 이용 1일 전에 예약해야 한다. 저녁식사 타임은 두 차례(17:45, 19:45)로 나누어져 있다. 디너 쇼 없이 조용하게 바비큐만 즐기길 원한다면 더할 나위 없는 선택.

❷ 두짓 타니 괌 리조트 Dusit Thani Guam Resort

태국에 본사를 둔 호텔 체인. 가장 최근 괌에 들어선 럭셔리 리조트인 만큼 규모와 시설 면에서 타의 추종을 불허한다. 객실은 전망에 따라 마운틴 뷰와 디럭스 오션 프런트, 프리미어 오션 프런트로 나뉜다. 메인 풀과 인피니티 풀 모두 자연친화적이면서도 우아한데, 전체적으로 리조트를 덮고 있는 그늘 때문에 다소 춥게 느껴지는 점이 아쉽다. 레스토랑은 흠잡을 데가 없다. 풀사이드 레스토랑인 타시, 북부 이탈리아식 스테이크 하우스인 알프레도와 뷔페 레스토랑 아쿠아까지 고루 맛깔스럽다. 지하 1층의 두짓 고메 역시 고급스러운 빵과 디저트를 만날 수 있어 여성 투숙객에게 사랑받는다. 골드 멤버십에 가입하면 호텔 내 레스토랑에서 10% 할인 혜택을 받을 수 있다. 피트니스(24시간)와 키즈 클럽(만 2~10세, 부모 동행 필수) 등 부대시설도 누릴 수 있다.

뷔페 레스토랑 아쿠아

지도 P.89-A2 **주소** 1227 Pale San Vitores Rd, Tamuning **전화** 671-648-8000 **홈페이지** www.dusit.com/dusitthani/guamresort **예산** $247~(성수기 제외, 2020년 상반기 객실 요금) **가는 방법** 괌국제공항에서 Hwy 10A를 타고 직진하다 S Marine Corps Dr를 끼고 우회전 후 Happy Landing Rd를 끼고 다시 좌회전 후 Pale San Vitores Rd를 끼고 우회전 후 직진. 왼쪽에 위치. 차량으로 11분. T 갤러리아 by DFS 건너편. Pale San Vitores Rd를 끼고 우회전 후 직진. 왼쪽에 위치. 차량으로 10분. T 갤러리아 by DFS 건너편.

CHECK! 두짓 타니 괌 리조트에서 잘 먹고 잘 노는 법

❶ 두짓 클럽 프리빌리지 Dusit Club Privileges **& 패밀리 플랜** Family plan
예약 시 라운지를 이용할 수 있다. 운영 시간은 06:30~23:00로, 조식은 06:30~10:00, 오후 티타임은 14:00~16:00, 이브닝 칵테일 및 전채 요리는 17:00~19:00까지 제공된다. 패밀리 플랜 family Plan 예약 시 성인 2명+어린이 2명까지 무료이며, 유아 침대가 무료로 제공된다(재고 있을 시 가능). 또한 12세 미만 어린이용 접이식 침대 요청 시 $50+11%의 세금이 부과된다. 만 5세 이하 어린이가 부모와 함께 식사할 경우에는 무료, 만 6~12세 어린이가 함께 뷔페 식사할 경우 50% 할인된다.

❷ 데바라나 스파 Devarana Spa 신선한 타이 허브와 현지 재료를 사용해 동양식 마사지와 서양식 재료를 융합했다. 호텔에서 직접 관리하는 체인 마사지로, 보다 체계적이고 전문적인 마사지를 원하는 이들에게 제격. 스팀과 사우나, 보온탕과 한증막 등이 갖춰져 있다. 매일 08:30~09:30까지 로비 라운지의 아웃도어 테라스에서 무료 모닝 요가를 실시한다. 20명 인원 제한으로 프런트 데스크에서 예약 필수.

❸ 소이 Soi 태국의 전통 음식을 현대적으로 재해석 한 곳. 감각적인 인테리어가 눈에 띄며, 최근 괌에서 가장 뜨고 있는 태국 레스토랑이다. 예약은 필수, 한글 메뉴가 있어 편리하며 오션 뷰 좌석으로 예약하면 투몬 비치를 바라보며 분위기 있는 식사를 즐길 수 있다. 돼지고기 볶음밥(Fried Rice Pork $18), 태국 샐러드인 쏨땀(Som Tam Plain $15), 팟타이(Pad Thai $21) 등이 추천 메뉴며. 런치 11:00~14:30, 디너 17:00~22:00.

❸ 호텔 니코 괌 Hotel Nikko Guam

사랑의 절벽 위에 위치하고 있다는 지리적 이점 덕분에 모든 객실에서 탁 트인 오션 뷰를 만끽할 수 있다. 욕조에 비치된 록시땅 어메니티도 매력적인 이유 중 하나. 객실은 오션 프런트 프리미어와 오션 프런트 슈페리어, 그리고 라운지 이용이 가능한 오션 프런트 프리미어 스위트로 나뉜다. 라운지의 경우 조식, 티타임, 칵테일 타임, 애프터 디너 타임 등 논스톱으로 음료와 간식 서비스를 받을 수 있다(운영 시간 07:00~21:00). 괌에서 가장 긴 72m의 길이를 자랑하는 워터 슬라이드, 뷔페식 런치로 인기 몰이 중인 토리 중식당, 그리고 마젤란 레스토랑 등이 주요 부대시설. 저녁 식사와 매직쇼를 겸비한 카르메 매직 디너 쇼, 보호자 동행이 필요한 키즈 플레이 룸, 선셋 비치 바비큐, 미니 골프와 테니스 코트, 만다라 스파 등 편의시설도 깔끔하다.

지도 P.91-C1 주소 245 Gun Beach Rd, Tumon **전화** 671-649-8815 **홈페이지** www.nikkoguam.co.kr **예산** $172~(성수기 제외, 2020년 상반기 객실 요금) **가는 방법** 괌국제공항에서 Hwy 10A를 타고 직진하다 S Marine Corps Dr를 끼고 우회전 후 직진, 왼쪽에 Pale San Vitores Rd를 끼고 좌회전 후 투몬 메인 거리에서 Gun Beach Rd를 끼고 우회전 후 왼쪽에 위치. 차량 11분.

❹ 롯데호텔 괌 Lotte Hotel Guam

깔끔한 룸 컨디션과 한갓진 수영장을 원한다면 이곳으로. 건물은 타워/아일랜드 윙의 2개로 분리된다. 타워 윙은 아일랜드 윙에 비해 전망이 좋고 수영장과 연결되며, 최근에 지어져 룸 컨디션이 더 좋은 편이고 오션 프런트 클럽, 풀 사이드 룸, 풀 사이드 스위트 예약 시 클럽 라운지를 이용할 수 있다(조식 07:00~10:00, 애프터 눈 타임 14:00~17:00, 해피아워 칵테일 17:00~19:00). 아일랜드 윙의 객실은 프리미어, 파셜 오션 프리미어, 패밀리 스위트 등으로 나뉘며 대부분 주방 시설을 갖춘 것이 특징. 최근 베이비 룸(아일랜드 윙)을 개시했으며, 추가 비용을 내면 매트와 텐트, 유아용 변기 시트, 어린이용 어메니티 등을 이용할 수 있다. 야외 테니스장과 헬스장(24시간), 키즈 룸, 세탁실(24시간, 무료) 등 부대시설을 갖추고 있다. 어메니티는 몰튼브라운 제품.

지도 P.91-C1 주소 185 Gun Beach Rd, Barrigada **전화** 671-646-6811 **홈페이지** www.lottehotel.com/guam/ko **예산** $270~(성수기 제외, 2020년 상반기 객실 요금) **가는 방법** 괌국제공항에서 Hwy 10A를 타고 직진하다 S Marine Corps Dr를 끼고 우회전 후 직진, 왼쪽에 Pale San Vitores Rd를 끼고 좌회전 후 투몬 메인 거리에서 Gun Beach Rd를 끼고 우회전, 왼쪽에 위치. 차량 11분.

웨스틴 리조트 괌과 쉐라톤 라구나 괌 리조트에서만 맛볼 수 있는 스타벅스 커피

5 웨스틴 리조트 괌 Westin Resort Guam

눕자마자 잠 든다는 마성의 침대, 헤븐리 베드를 갖춘 웨스틴 계열 리조트. 추가로 접이식 침대를 요청하면 최대 5명이 투숙할 수 있어 대가족의 환영을 받는다. 쿠킹 클래스와 스노클링, 영어 놀이와 아트 프로그램 등 가족이 함께 즐길 수 있는 패밀리 프로그램과 어린이 전용 수영장, 레고 놀이를 즐길 수 있는 브릭 라이브 룸 등을 갖췄으니 과연 가족친화적이라 할 만하다. 컨시어지에 따로 요청하면 전자레인지, 모래놀이 세트도 대여해 준다. 객실은 디럭스 룸, 오션 프런트 룸, 로열 비치 클럽 룸, 로열 비치 클럽 스위트로 나뉜다. 로열 비치 클럽과 스위트 객실 이용 시 클럽 라운지(조식 06:00~10:00, 이브닝 칵테일 17:00~19:00)와 수영장 내 카바나에 머물 수 있고, 레이트 체크아웃(13:00)까지 가능하다. 매일 저녁 다양한 테마의 뷔페를 맛볼 수 있는 테이스트 레스토랑은 이곳의 명물. 프라이빗 마술쇼인 매직 록스 시어터도 빼놓을 수 없다.

지도 P.91-C1 **주소** 105 Gun Beach Rd, Tamuning **전화** 671-647-1020 **홈페이지** www.westinguam.com/ko **예산** $273~(성수기 제외, 2020년 상반기 객실 요금) **가는 방법** 괌국제공항에서 Hwy 10A를 타고 직진하다 S Marine Corps Dr를 끼고 우회전 후 직진, 왼쪽에 Pale San Vitores Rd를 끼고 좌회전 후 직진. 차량 9분.

6 하얏트 리젠시 괌 Hayatt Regency Guam

모든 여행자가 만족스러울 만한 리조트. 전 객실에서 바다 전망을 누릴 수 있다. 스탠더드, 오션 뷰, 리젠시 클럽, 스위트로 이뤄지며 무료로 아기 침대를 대여하는데, 그중 리젠시 클럽 룸과 스위트는 조식과 이브닝 칵테일을 즐길 수 있는 라운지(07:00~21:00)를 이용할 수 있다. 키즈 풀을 포함한 3개의 수영장과 2개의 슬라이드, 1개의 자쿠지, 테니스 코트와 피트니스 클럽(24시간)의 부대시설이 있다. 그 밖에도 다양한 스파 프로그램을 갖춘 아일랜드 시레나 스파, 셰프가 직접 구운 고기를 맛보며 디너 쇼를 관람할 수 있는 브리지스 선셋 바비큐, 일본 레스토랑 니지와 이탈리안 레스토랑 알덴테 모두 알차다. 특히 이곳은 만 4~12세 어린이 대상으로 해변 놀이, 미술 놀이, 수영장 게임 등을 즐기는 캠프 하얏트(09:00~16:00, 전문가 지도, 점심 포함 종일 프로그램 $85, 점심 불포함 반나절 프로그램 $60)가 있어 초등학생 자녀를 둔 가족에게 사랑받는다.

지도 P.91-C2 주소 1155 Pale San Vitores Rd, Tamuning 전화 671-647-1234 홈페이지 guam.regency.hyatt.kr 예산 $295~ (성수기 제외, 2020년 상반기 객실 요금) 가는 방법 국제 공항에서 Hwy 10A를 타고 직진하다 S Marine Corps Dr를 끼고 우회전 후 Happy Landing Rd를 끼고 좌회전 후 Pale San Vitores Rd를 끼고 우회전. 왼쪽에 위치. 차량 9분.

Mia's Advice

이곳의 다양한 체험 프로그램도 눈여겨볼 만합니다. 물고기 먹이주기, 괌의 마코 앵무새와 사진 찍기, 그리고 해변 테이블에서 마시멜로를 굽고 크래커에 끼워 스모어를 만들어 먹는 '스모어스 앤 선셋 S'mores and sunsets 4인 기준, 1시간 이용 $20'까지 마음껏 즐겨 보세요.

FAMILY RESORT
모두가 만족스러운 가족친화형 리조트

벼르던 휴가를 떠난 대규모 가족 여행자든, 늘어지게 휴식을 취하려는 허니무너와 베이비무너 여행자든, 어떤 유형의 여행자라도 흡족한 시간을 보낼 수 있는 가족친화형 리조트가 한데 모였다.

1 퍼시픽 아일랜드 클럽 Pacific Island Club(PIC)

가족 여행자를 위한 리조트의 교과서. 특히 아이를 동반한 투숙객이라면 굳이 리조트 밖으로 나가지 않아도 될 만큼 놀거리, 즐길거리가 가득하다. 워터파크 존과 비치 존, 스포츠 존으로 나뉜 수영장은 그야말로 완벽한 물놀이시설을 갖췄다. 어린이 수중 동물원인 워터 주 Water Zoo, 수심 30cm 로 유아들도 안심하고 물놀이를 할 수 있는 시헤키 스플래시 풀도 즐거움을 더한다. 2000여 마리의 열대어와 산호초가 서식하는 '스윔스루 아쿠아리움(수영하는 인공 수족관) Swim-through Aquarium'에서는 스노클링과 스쿠버다이빙을 즐기거나, 인공 호수 주변의 열대 식물을 바라보며 카약에 몸을 맡겨도 좋다. 로열 클럽 룸 이상 등급 객실의 투숙객은 조식(07:00~10:00)과 더불어 맥주와 와인을 해피아워 서비스(17:00~19:00)로 제공하는 라운지를 이용할 수 있다.

지도 P.91-C2 **주소** 210 Pale San Vitores Rd, Tamuning **전화** 671-646-9171 **홈페이지** www.pic.co.kr **예산** $420~(성수기 제외, 2020년 상반기 객실 요금) **가는 방법** 괌국제공항에서 Hwy 10A를 타고 직진하다 S Marine Corps Dr를 끼고 우회전 후 Gu 14A를 끼고 좌회전, Pale San Vitores Rd를 끼고 좌회전, 오른쪽에 위치. 차량 6분.

CHECK! PIC에서 잘 먹고 잘 노는 법

❶ 퍼시픽 판타지 디너 쇼 Pacific Fantasy Dinner Show
야외 원형극장에서 디너쇼와 저녁 식사가 함께 펼쳐진다. 쇼 시작 전 뷔페 스타일의 디너가 제공되고 식사 후 화려한 불쇼와 함께 괌 전통 댄스 공연이 펼쳐진다. 뷔페 & 디너쇼 이용 시간 18:30~20:15. 골드 카드 소지자 무료, PIC 투숙객은 성인 $55, 어린이 (만 2~11세) 무료, 외부 투숙객은 성인 $75, 어린이 $37다.

❷ 키즈 클럽 Kids Club
키즈 클럽은 워터 파크 놀이와 함께 실내에서 게임과 그림 그리기, 영화 감상 등의 프로그램으로 구성되어 있다. 키즈 클럽 등록은 종일&오전반의 경우 13:00~13:30, 오후반은 13:00~13:30으로 보호자가 키즈 클럽에서 신청하면 된다. 스태프가 함께 하기 때문에 부모에게는 그야말로 자유 시간인 셈. 그외 화, 목, 토, 일에 진행되는 나눔 씨앗 클래스 (Sharing Seeds Class)가 유명하다. 08:00~09:45에 운영되는데 컨시어지 데스크에 미리 신청해야 한다. 아름다운 가게 전문가들이 제작한 프로그램으로 나눔 동화, 나눔 액티비티가 있으며 수업 후 수료증과 기념품까지 증정된다. 비용은 $1. 영유아 놀이방인 시헤키 플레이 하우스는 놀이기구가 모두 폭신한 소재로 구성되어 있다. 신장 120cm가 넘지 않는 아이들을 위한 공간이며, 부모가 반드시 동행해야 한다. 모두 무료.

❸ 액티비티 강습 Activity Class
이곳의 가장 큰 장점이라면 다양한 강습이 워터파크 내에서 이뤄진다는 것. 스노클링과 스쿠버다이빙 강습, 윈드 서핑 강습뿐 아니라 스포츠 존에서는 테니스 코트, 양궁, 퍼터 골프 등의 강습이 가능하다. 초보자도 가능하며, 테니스나 비치 발리볼 등 둘이 혹은 여럿이 함께 하는 스포츠의 경우 워터 파크에 상주하는 클럽 메이트들이 함께 해 걱정할 필요가 없다. 당일 현장 예약으로 이뤄진다. 대부분 무료라는 것도 매력적!

❹ 골드 카드 Gold Card / PIC
골드, 실버, 브론즈 카드가 있는데 이는 객실 키와 식사, 리조트 내 모든 액티비티 시설을 이용할 수 있는 만능 키다. 그 중 골드 카드는 6개의 레스토랑(스카이 라이트, 하나기, 비스트로, 선셋 바비큐, 퍼시픽 판타지 디너쇼, 라면하우스 홋카이도)의 1일 3식을 포함한다. 게다가 소지자와 동반한 만 2~11세 이하 어린이 2명까지 무상으로 골드 카드 혜택을 적용한다. 퍼시픽 판타지 디너 쇼 입장 및 식사도 가능한데, 경쟁률이 높아 체크인 후 바로 예약하지 않으면 자리를 차지하기 어렵다(실버 카드는 여행 일정 동안 조식만, 브론즈 카드는 액티비티 시설만 이용 가능하다).

② 온워드 비치 리조트 Onward Beach Resort

엔터테인먼트형 리조트로는 PIC와 양대 산맥을 이루는 곳. 호텔에 딸린 수영장 이외에도 따로 워터파크를 운영하는 것이 특징이다. 괌 최대의 만타 슬라이더는 온워드 비치 리조트의 심벌이기도 하다. 그 외에 총 길이 360m의 리버 풀, 심신의 피로를 풀어주는 자쿠지, 다목적 라운드 풀 등을 비치했다. 투숙객이라면 이 모든 물놀이시설을 무제한 즐길 수 있다는 장점 때문에 어린이를 둔 가족들이 즐겨 찾는다(영유아의 경우 PIC가 좀 더 놀 수 있는 아이템이 많다). 그중 인기가 높은 파도 풀에서는 초보자의 경우 현지 강사의 도움으로 보디 보딩(부기 보드)에 도전할

지도 P.90-A3　**주소** 445 Gov Carlos G Camacho Rd, Tamuning **전화** 671-647-7777 **홈페이지** www.onwardguam.com/hotel/kov **예산** $193~(성수기 제외, 2019년 하반기 객실 요금) **가는 방법** 괌국제공항에서 Hwy 10A를 타고 직진하다 S Marine Corps Dr를 끼고 좌회전 후, Hwy 30 끼고 우회전. 왼쪽에 위치. 차량 8분.

수 있는데 1일 $20의 보드 대여료가 추가된다. 투숙객이 아닐 경우 리조트 내 시설을 즐길 수 있는 원데이 패스를 판매한다. 가격은 성인 $50, 어린이(만 5~11세) $25, 그 외 만 11세 이하는 $15. 온워드 비치 리조트의 숙소는 두 개의 건물로 나누어져 있는데 시티뷰와 오션 프런트뷰가 있는 본관(온워드 윙), 타워 스탠더드와 타워 디럭스가 있는 신관(온워드 타워)이며 본관에는 세탁실(유료)과 탁구, 테이블 축구 등 게임시설이 있는 게임 룸이 있다.

> **CHECK!** 온워드 비치 리조트에서 잘 먹고 잘 노는 법

① 폴리네시안 바비큐 디너쇼 Polynesian BBQ Dinner Show
워터파크 내의 풀사이드에서 폴리네시안 댄스 쇼가 시작되기 전 각자 테이블 위에 세팅된 숯불에 소고기와 해산물 등을 구워 먹을 수 있다. 음료와 맥주 등이 무료로 제공되며, 호텔 체크인 시 예약하는 것이 편리하다.

② 마린 클럽 Marine Club
괌에서 유일하게 동력 & 무동력 해양 스포츠를 호텔 앞 아가냐 비치에서 즐길 수 있다. 투숙객의 경우 무동력 해양 스포츠인 집라인, 스노클링, 근처 알루팟 아일랜드까지 왕복으로 이용하는 카누, 키즈 터치 풀 등을 무료로 이용할 수 있다. 그 외 돌핀 크루즈, 패러세일링, 바나나 보트 등은 누구나 금액을 내면 이용 가능하며 투숙객의 경우 20% 할인 혜택을 받을 수 있다.

③ 알루팟 아일랜드
투숙객들만 이용할 수 있는 프라이빗 프로그램. 호텔 앞바다에 자리한 무인도 알루팟 아일랜드를 다녀오는 투어로, 카누(대여 시 1시간 무료)를 타고 섬에 닿아 스노클링을 즐기는 코스로 이뤄진다.

④ 사가노 Sagano
온워드 비치 리조트에서 빼놓을 수 없는 식당이 바로 이곳이다. 철판 구이, 스테이크, 해산물을 즐길 수 있으며 테이블에서 샤부샤부, 스키야키 등 일본의 맛을 느낄 수 있다. 이곳이 인기 있는 이유는 매주 금요일 저녁 푸짐한 스시 뷔페 때문. 90분 동안 무제한으로 맛볼 수 있으며, 무조건 예약이 빠를수록 좋다. 뷔페의 경우 성인 $55, 어린이 (만 5~11세) $28, 유아(만 2~4세) $14.

③ 쉐라톤 라구나 괌 리조트 Sheraton Laguna Guam Resort

전 객실이 오션 뷰일 만큼 전망이 아름답다. 인피니티 풀과 워터 슬라이드, 키즈 풀, 자쿠지 등 다양한 종류의 풀을 갖췄다(수영장에서는 객실 키 확인 후 손목 밴드를 착용해야 입장 할 수 있다). 총 7개의 객실 타입 중 라구나 클럽, 라구나 클럽 스위트, 베이뷰 코너 스위트, 오션 프런트 코너 스위트, 프레지덴셜 스위트 투숙 시에는 라운지를 이용(조식과 칵테일, 스낵이 제공, 07:00~23:00)할 수 있다. 낚시, 서핑, 쿠키 만들기, 요가, 차모로 문화 체험 등 어드벤처 프로그램(1회 $5)이 매력적이며, 사유 해변이 없는 대신 카약으로 3분 거리인 알루팟 아일랜드에서 스노클링도 할 수 있다(투숙 중 1일 1시간 무료). 키즈 클럽(무료, 부모 동행 필수, 09:00~19:00), 세탁실(24시간, 유료), 피트니스 센터(24시간) 등 부대시설 이용과 제습기와 유모차 대여도 가능하다.

지도 P.90-A3 **주소** 470 30A, Tamuning **전화** 671-646-2222 **홈페이지** www.sheratonguam.co.kr **예산** $248~(성수기 제외, 2020년 상반기 객실 요금) **가는 방법** 괌국제공항에서 Hwy 10A를 타고 직진하다 S Marine Corps Dr를 끼고 좌회전 후 직진, 오른쪽 Hwy 30을 끼고 우회전, Farenholt Ave 끼고 좌회전 후 Condo Ln 끼고 다시 좌회전. 오른쪽에 위치. 차량 11분.

Mia's Advice

허니무너, 임산부를 위한 팁 하나. 객실은 오션 프런트 코너 스위트를 추천해요. 일반 객실의 10배로 널찍한 발코니에 야외 자쿠지가 놓여 있어 낭만적인 달밤 입욕을 즐길 수 있거든요. 정통 일본식 철판 요리가 있는 더 프레지던트(런치 철판 구이 코스 $25, 디너 $55~150), 스타벅스 커피를 즐길 수 있는 로비 카페인 더 포인트, 반얀 트리 브랜드의 고급 스파인 앙사나 스파도 이용해 보면 좋겠네요. S카드($78)나 SS카드($89)를 이용하면 투숙 기간 내 보다 저렴하게 리조트 내 레스토랑을 이용할 수 있어요. 단, 환불이 어렵고 레스토랑은 사전 예약은 필수랍니다.

4 힐튼 괌 리조트&스파 Hilton Guam Resort &Spa

허니무너들에게 사랑받는 곳. 건물은 메인 타워, 프리미어 타워, 타시 클럽의 3개 동으로 이뤄진다. 프리미어 타워의 파라다이스 스위트 룸은 일반 객실에 비해 훌륭한 인테리어와 널찍한 공간감을 지녔고, 타시 클럽은 전용 라운지를 이용할 수 있고 객실 내 오션 뷰를 자랑해 인기가 높다. 그런가 하면 투몬만의 절벽에 위치한 인피니티 풀, 수심 30cm로 유아도 즐길 수 있는 키즈 풀, 수구나 수중농구를 즐길 수 있는 액티비티 풀, 워터 슬라이드와 자쿠지를 마련한 워터파크와 해양 스포츠를 즐길 수 있는 해변 비치 클럽(카약 2인용 $20, 90분, 페달 보트 2인용 $25, 90분), 키즈 클럽(Kids Paradise), 괌에서 유일한 호텔 내 집라인(성인 $55) 등 부대시설도 매력적이다. 요가, 필라테스, 헬시 푸드 교실 등이 열리는 웰니스 센터와 화려한 쿠키 장식이나 스파 아유알암도 힐튼 괌 리조트&스파에서 빼놓을 수 없는 힐링 스폿. 해산물 레스토랑인 피셔맨스 코브 Fishermas's Cove의 만족도도 높은 편. 다만 로비에서만 인터넷 사용이 무료라는 점이 아쉽다.

지도 P.90-B2 **주소** 202 Hilton Rd, Tumon **전화** 671-646-1835 **홈페이지** www.hilton-guam.co.kr **예산** $221~(성수기 제외, 2020년 상반기 객실 요금) **가는 방법** 괌국제공항에서 Hwy 10A를 타고 직진하다 S Marine Corps Dr를 끼고 좌회전 후 직진, 오른쪽 Hwy 14B를 끼고 우회전 후 직진. 차량 7분.

Mia's Advice

이곳에선 아이들을 위한 프로그램을 눈여겨봐 두세요. 풀 사이드 얼음 보물 사냥, 풍선 만들기 등 시간대별로 다채로운 키즈 액티비티(부모 동반 필수, 타시 클럽 투숙객은 무료)와 스태프가 직접 아이들을 인솔하는 키즈 어드벤처(오전, 오후반 각각 $50)가 있어 지루할 틈이 없답니다.

5 괌 리프&올리브 스파 리조트 Guam Reef & Olive Spa Resort

투몬 중심가에 위치, 쇼핑과 엔터테인먼트를 늦은 시간까지 즐길 수 있다. 수영장 끝과 바다가 이어진 듯한 착각이 드는 인피니티 풀은 이곳만의 자랑. 건물은 비치 타워와 인피니티 타워로 나누어져 있으며 객실 타입이 다양한데, 그중 비치 타워에 위치한 일본풍 스위트 룸이 특징적이다. 침대와 이불 2세트를 구비하고 있으며, 추가로 접이식 침대 2개를 배치할 수 있어 최대 성인 6명과 어린이 2명까지 숙박이 가능하다. 부대시설로는 일본에서 20곳 이상의 점포를 가지고 있는 올리브 스파, 3개월~만 12세를 위한 키즈 클럽(어린이의 나이에 따라 이용 금액이 다르며 금액은 시간당 $15~40, 운영 07:30~18:00) 등이 있다. 포켓볼과 노래방 등 놀이시설을 갖춘 게코 바에서 바비큐와 칵테일을 즐겨보는 것도 좋겠다.

지도 P.91-C1 **주소** 1317 Pale San Vitores Rd, Tamuning **전화** 671-646-6881 **홈페이지** guamreefhotel.co.kr **예산** $382~(성수기 제외, 2019년 하반기 객실 요금) **가는 방법** 괌국제공항에서 Hwy 10A를 타고 직진하다 S Marine Corps Dr를 끼고 우회전 후 직진, 왼쪽에 Pale San Vitores Rd를 끼고 좌회전 후 투몬 메인 거리에서 다시 좌회전. 오른쪽에 위치. 차량 10분.

6 피에스타 리조트 괌 Fiesta Resort Guam

객실 유형이 다양해 대규모 가족 여행자에게 적합한 리조트. 람람산을 바라볼 수 있는 마운틴 뷰 객실, 탁 트인 바다를 감상할 수 있는 오션 프런트와 디럭스 오션 프런트 객실, 최대 인원 6명(성인 4명+어린이 2명)까지 투숙이 가능하며 2개의 욕실이 있는 패밀리 룸, 주니어 스위트, 스위트 객실로 이뤄진다. 2개의 수영장과 키즈 풀, 카약과 페달보트, 제트스키와 바나나 보트 등 레포츠를 즐길 수 있는 마린 센터와 피트니스 센터, 조촐한 마술 쇼를 펼치는 소극장 앙코르 Encore, 전통 퍼포먼스와 바비큐를 함께 체험할 수 있는 비치사이드 바비큐 등 다채로운 부대시설도 매력을 더한다. 부설 레스토랑인 사무라이 해산물 스테이크 & 와인 컴퍼니는 투숙객뿐 아니라 현지 단골들도 즐겨 찾는 맛집으로 소문이 자자하다.

지도 P.91-C2 **주소** 801 Pale San Vitores Rd, Tamuning **전화** 671-646-5880 **홈페이지** www.fiestaguam.co.kr **예산** $148~(성수기 제외, 2020년 상반기 객실 요금) **가는 방법** 괌국제공항에서 Hwy 10A를 타고 직진하다 S Marine Corps Dr를 끼고 우회전 후 Gu 14A를 끼고 좌회전, Pale San Vitores Rd를 끼고 우회전, 왼쪽 위치. 차량 6분.

7 레오 팰리스 리조트 괌 Leo Palace Resort Guam

2017년 전 객실을 새롭게 단장한 리조트. 괌 여행 이슈에 빠삭한 재방문객들에게 특히 높은 인기를 얻고 있다. 시내에 모여 있는 다른 리조트에 비해 공항과의 거리(25분 소요)가 멀다는 것 빼곤 거의 모든 것이 완벽하다. 숙소는 프리미어 룸과 럭셔리 룸, 메달리온 룸과 이그제큐티브 스위트, 거버너 스위트 등으로 이뤄지고, 메달리온 룸 이상 투숙객들은 라운지 이용이 가능하다. 아이 동반 가족을 위한 웰컴 베이비 룸과 3세대가 함께 머물 수 있는 콘도(취사 가능)인 포 픽스 Four Peaks도 눈에 띄는 객실 유형. 잭 니클라우스와 아널드 파머가 설계한 36홀 골프장, 워터파크 버금가는 수영장(슬라이드, 아쿠아 플레이, 자쿠지, 워킹 & 스위밍 풀)과 낚시터, 단독 룸에서 즐기는 프라이빗 스파, 당구시설과 다트, 볼링장과 탁구장, 노래방과 스크린 골프 등 부대시설도 만족스럽다.

지도 P.223-B2 **주소** 221 Lake View Dr, Yona **전화** 671-471-0001 **홈페이지** kr.leopalaceresort.com **예산** $210~(성수기 제외, 2020년 상반기 객실 요금) **가는 방법** 괌국제공항에서 E Sunset Blvd 도로에 진입한 뒤 Hwy 8를 끼고 우회전, 왼쪽은 Chalan Santo Papa Juan Pablo Dos를 끼고 좌회전 후 다시 Hwy 4를 끼고 좌회전 후 직진. 오른쪽 Dero Rd를 끼고 우회전, 갈래길에서 왼쪽 도로로 직진. 차량 23분.

Mia's Advice

대형 천체 망원경으로 밤하늘을 볼 수 있는 나이트 액티비티, 리조트 내 옛 일본군이 남긴 전차와 농원 등을 방문하는 지프 투어 등 알찬 프로그램이 눈길을 끄는 곳이에요. 그런가 하면 PNG 키즈 케어 센터(월~토 07:00~18:00, $20~200)는 18개월~만 12세 유아동을 믿고 맡길 수 있는 보육시설로, 여권 사본과 해외여행자보험, 예방접종 증명서, 점심식사 등의 준비물이 필요합니다.

BUDGET HOTEL & RESORT
실속파를 위한 중저가 호텔 & 리조트

부대시설을 최소화해 가격 거품을 뺀 알짜배기 호텔 & 리조트를 모았다. 가족, 친구, 동료 등 대규모 그룹 여행자들에게 특히 효율적이다.

1 괌 플라자 리조트&스파
Guam Plaza Resort&Spa

투몬 비치 건너편에 위치해 있다는 단점이 있지만, 비교적 저렴한 가격에 깔끔한 객실을 구할 수 있어 매력적이다. 스탠더드 룸과 디럭스 룸으로 나누어져 있으며 세탁실(유료), 야외 수영장 등의 시설을 이용할 수 있다. 호텔과 같은 계열사의 JP 슈퍼 스토어와 타자 워터 파크(투숙객 무료 이용), 세일즈 바비큐와 나나스 카페 또한 이름 높다. 공식 홈페이지에서 계열사 할인권을 구할 수 있다.

지도 P.91-D1 ▶ **주소** 1328 Pale San Vitores Rd, Tamuning **전화** 671-646-7803 **홈페이지** www.guamplaza.com/ko **예산** $126~(성수기 제외, 2020년 상반기 객실 요금) **가는 방법** 괌국제공항에서 Hwy 10A를 타고 직진하다 S Marine Corps Dr를 끼고 우회전 후 Pale San Vitores Rd 끼고 좌회전. 왼쪽에 위치. 차량 9분.

2 퍼시픽 스타 리조트&스파
Pacific Star Resort & Spa

과거 메리어트 호텔로 이름을 떨치던 이곳은 리노베이션의 공사를 마치고 이름을 바꿔 새롭게 출발했다. 모든 객실에서 오션 뷰를 감상할 수 있다는 것이 가장 큰 장점. 야외 수영장과 프라이빗 비치, 피트니스 센터, 미니어처 골프, 탁구대, 사우나, 카약 대여(무료), 세탁실(유료), 찬단 스파 등의 부대시설도 갖췄다.

지도 P.91-C2 ▶ **주소** 627B Pale San Vitores Rd, Tumon **전화** 671-649-7827 **홈페이지** www.pacificstarguam.com **예산** $168~(성수기 제외, 2020년 상반기 객실 요금) **가는 방법** 괌국제공항에서 Hwy 10A를 타고 직진하다 S Marine Corps Dr를 끼고 우회전 후 Gu 14A를 끼고 좌회전, 다시 Pale San Vitores Rd를 끼고 좌회전 후 오른쪽에 위치. 차량 7분.

3 오션뷰 호텔&레지던스 괌
Oceanview Hotel & Residence Guam

주방시설을 갖추어 장기 투숙하기 좋은 곳. '한 달 살기' 여행자들의 사랑을 받는 까닭이다. 객실은 스탠더드 룸, 그리고 침대와 욕조가 각기 2개인 이그제큐티브 스위트로 나뉜다. 수영장과 룸 컨디션이 바로 옆 베이뷰 호텔 괌보다 비교적 낫다는 여행자들의 후기가 전한다. 차모로 전문 음식을 맛볼 수 있는 차모로 테이 레스토랑 Chamoru Tei Restaurant이 1층에 자리한다.

지도 P.91-D1 ▶ **주소** 1433 Pale San Vitores Rd, Tamuning **전화** 671-646-2400 **홈페이지** www.oceanviewhotelguam.com **예산** $75~(성수기 제외, 2020년 상반기 객실 요금) **가는 방법** 괌국제공항에서 Hwy 10A를 타고 직진하다 S Marine Corps Dr를 끼고 우회전 후 직진, Pale San Vitores Rd를 끼고 좌회전, 오른쪽에 위치. 차량 10분.

④ 베이뷰 호텔 괌 Bayview Hotel Guam

수영장 대신 비치에서의 물놀이가 좋고, 대신 쇼핑과 맛집이 몰려 있는 시내에서 투숙하고 싶은 이들을 위한 곳. 새벽 비행기로 도착한 단체여행객들이 선호하는 곳이다. 깔끔한 숙소 그 자체.

지도 P.91-D1 ▶ **주소** 1475 Pale San Vitores Rd, Tamuning **전화** 671-646-2300 **홈페이지** www.bayviewhotelguam.com **예산** $77~(성수기 제외, 2020년 상반기 객실 요금) **가는방법** 괌국제공항에서 Hwy 10A를 타고 직진하다 S Marine Corps Dr를 끼고 우회전 후 직진, Pale San Vitores Rd를 끼고 좌회전. 오른쪽에 위치. 차량 10분.

⑤ 호텔 산타 페 괌 Hotel Santa Fe Guam

공항에서 3분 거리. 여행 첫날 혹은 마지막 날 묵기 적당하다. 인피니티 풀, 오션 사이드 칵테일 바 등 부대시설을 갖췄다. 더 그릴 산타페 & 바 레스토랑에선 저녁 라이브 공연과 함께 햄버거를 즐기기 좋다. 해변과 마주해 일몰을 보기에도 안성맞춤. 호텔 내 스파숍 바이 더 오션 마사지(www.massagebook.com/biz/BytheOceanMassage)를 이용하려거든 사전 문의가 필요하다.

지도 P.90-A4 ▶ **주소** 132 Lagoon Dr, Tamuning **전화** 671-647-8855 **홈페이지** www.hotelsantafeguam.com **예산** $155~(성수기 제외, 2020년 상반기 객실 요금) **가는 방법** 괌국제공항에서 Hwy 10A를 타고 직진하다 S Marine Corps Dr를 끼고 좌회전 후, Hwy 30을 끼고 우회전. 왼쪽에 위치. 차량 8분.

⑥ 알루팡 비치 타워 콘도
Alupang Beach Tower Condo

하갓냐의 드넓은 해변을 마주한 숙박시설. 다이아몬드 스위트, 트로피칼 스위트, 오션 프런트, 이그제큐티브, 파노라믹, 프레지덴털 등 총 6가지 카테고리로 객실이 나뉘어 있다. 주방과 거실, 세탁기와 건조기가 객실 내에 있어 취사와 세탁이 가능해 대가족 여행자에게 매우 편리하다. 수영장, 피트니스 센터 등의 부대시설도 이용할 수 있다.

지도 P.90-A4 ▶ **주소** 999 S Marine Corps Dr, Tamuning **전화** 671-649-9666 **홈페이지** www.abtower.com **예산** $575~(성수기 제외, 2020년 상반기 객실 요금) **가는 방법** 괌국제공항에서 Hwy 10A를 타고 직진하다 S Marine Corps Dr를 끼고 좌회전 후, 직진. 오른쪽에 위치. 차량 7분.

7 홀리데이 리조트&스파 괌
Holiday Resort & Spa Guam

다른 리조트에 비해 넓은 객실과 투몬 비치를 끼고 있다는 점 때문에 가성비가 높은 호텔 중 하나로 꼽힌다. 스탠더드 트윈, 파셜 오션 뷰, 오션 뷰 트윈, 오션 뷰 킹, 쿼드 룸(성인 4인용), 패밀리 스위트 등 9개의 객실 카테고리를 가지고 있다. 수영장, 피트니스 센터와 세탁실(유료)을 갖췄으며 호텔 내 레스토랑으로는 한식당 서울정과 캘리포니아 피자 키친이 있다.

지도 P.91-C2 **주소** 881 Pale San Vitores Rd, Tumon **전화** 671-647-7272 **홈페이지** www.holidayresortguam.com **예산** $110~(성수기 제외, 2020년 상반기 객실 요금) **가는 방법** 국제 공항에서 Hwy 10A를 타고 직진하다 S Marine Corps Dr를 끼고 우회전 후, 다시 Gu 14A를 끼고 좌회전, Pale San Vitores Rd를 끼고 우회전 후 직진. 왼쪽에 위치. 차량 7분.

8 스타즈 괌 골프 리조트
Stars Guam Golf Resort

물놀이보다 하이킹, 쇼핑보다 휴식, 바다보다 산을 선호하는 자유여행자라면 이곳으로. 공항에서 20여 분 떨어진 거리지만 렌터카 이용객에겐 접근하는 데 무리가 없고, 특히 외국인들에게 후기가 좋기로 이름나 있다. 객실은 스탠더드 트윈 룸, 주니어 스위트 룸, 스위트 룸의 3타입. 야외 테니스 코트, 실외 수영장, 노래방, 세탁실 등이 있다. 골프장은 18홀로, 투숙객 할인을 적용한다.

지도 P.153-A2 **주소** 2991 RT.3 NCS Rd, Dededo **전화** 671-632-1111 **홈페이지** www.startsguamgolf.com **예산** $162~(성수기 제외, 2019년 하반기 객실 요금) **가는 방법** 국제 공항에서 Hwy 10A를 타고 직진하다 Hwy 16(Army DR)을 끼고 좌회전, Marine Corps Dr를 끼고 우회전 후 다시 Uuu를 끼고 좌회전 후 직진. 오른쪽에 위치. 차량 21분.

9 로열 오키드 괌 호텔 Royal Orchid Guam

객실 타입이 다양한 것이 특징. 스탠더드 트윈, 파셜 오션 뷰 트리플(성인 3명), 패밀리 룸(성인 6명)등 총 12개의 카테고리가 있다. 작고 아담한 수영장이 있으며, 걸어서 12분 거리에 K마트가 있다. 1층에 위치한 토니 로마스, 카프리 초사, 니우 산 지 그릴 등 다양한 레스토랑이 입점해 끼니를 편리하게 해결할 수 있다.

지도 P.91-C3 **주소** 626 Pale San Vitores Rd, Tumon **전화** 671-649-2000 **홈페이지** www.royalorchidguam.com **예산** $103~(성수기 제외, 2020년 상반기 객실 요금) **가는 방법** 국제 공항에서 Hwy 10A를 타고 직진하다 S Marine Corps Dr를 끼고 우회전 후, 다시 Gu 14A를 끼고 좌회전, Pale San Vitores Rd를 끼고 좌회전, 왼쪽에 위치. 차량 6분.

CHECK! 게스트하우스 숙박 리스트

한국인 주인장이 있는 게스트하우스는 언어의 장벽이 없으니 보다 쉽게 도움을 받을 수 있다. 다만 여러 사람이 함께 이용하는 공간인 만큼 불편함도 감수해야 한다는 것이 단점. 단체인 경우 독채로 빌릴 수 있고, 성수기와 비수기의 이용 가격에 차이가 있다.

- 괌 코지 게스트 하우스 **문의** guamcozyhouse.com   괌 선셋 게스트 하우스 **문의** www.sunsetguest.com
- 괌 엘 하우스 문의 **문의** guamlhouse.com

여행 준비
Ready to travel

필수 여행 서류
항공&숙박 예약
여행자보험 가입하기
스마트한 환전 · 카드 사용법
면세점 쇼핑 & 여행 가방 꾸리기
여행의 시작, 출국하기

프렌즈 friends 팝

필수 여행 서류

여행을 결정했다면, 가장 먼저 준비해야 하는 것이 여권과 비자 관련 서류다. 넉넉하게 3개월 전부터 준비에 돌입하면 OK!

여권

여권은 본인이 대한민국 국적을 지녔음을 증명하는 신분증이다. 해외 체류 내내 소지해야 하며, 분실 시 여행 일정 전체에 차질이 생기기 때문에 늘 꼼꼼하게 챙겨야 한다. 구 여권인 경우, 혹은 전자여권이더라도 여권 유효기간이 6개월 미만인 경우에는 미국 입국이 거부되니 미리 체크하고 준비해야 입국 시 수월하다. 필요한 경우 여권을 발급, 재발급, 또는 갱신해야 한다. 신청은 본인이 직접 하는 것이 원칙이다(장애인과 18세 이하 미성년자 제외). 여권 관련 문의는 외교부 여권과(02-733-2114)에 하면 한다. 온라인으로 자세한 내용을 알아보려면 외교부 여권 발급 민원 서식 홈페이지(www.passport.go.kr/issue/document.php)에 접속할 것.

필요 서류 여권 발급 신청서(외교부 여권 발행 홈페이지에서 다운로드, 혹은 각 구청 여권과에 비치된 신청서 작성), 여권용 사진 1장(상반신 정면 탈모, 흰색 바탕, 6개월 이내 촬영, 3.5X4.5cm, 사진 프레임 안에서 머리 길이가(정수리부터 턱까지) 3.2~3.6cm여야 함), 신분증, 병역관계 서류(미필자만 해당)

발급 순서 여권용 사진 준비 → 신청서 작성 → 발급 기관 접수 → 신원 조회 → 각 지방 경찰청 조회 결과 회보 → 여권 서류 심사 → 여권 제작 → 여권 교부

신청 및 발급처 서울시 25개 구청과 각 광역 시청, 그리고 각 도청에서 발급이 가능하다(서울특별시청 제외). 발급 이후 직접 수령 또는 우편 배송이 가능하다.

발급 수수료 48장 기준으로 10년 복수여권 5만 3,000원, 5년 복수여권 4만 5,000원, 1년 단수여권 2만 원. 24장으로 발급하면 위의 금액보다 각 3,000원씩 저렴하다.

발급 시 유의사항 18세 미만 미성년자인 경우 '법정대리인 동의서'와 동의자의 위임장 및 인감증명서, 신분증과 가족 관계 증명서를 동봉해야 하고, 25세 이상 병역의무자는 여권 발급을 위해 병무청에서 발급하는 국외 여행 허가서가 필요하다. 병무청 홈페이지(www.mma.go.kr)에서 병무민원포털 → 국외여행/체제민원에서 '인터넷 국외여행허가신청'을 진행한다.

여권 갱신 만료일 전후 1년 이내에 연장 신청이 가능하다. 신규 발급 신청에 필요한 서류와 함께 현재 가지고 있는 구 여권을 지참해야 한다.

비자

한·미 양국 간 비자면제 프로그램이 시행됨에 따라 관광, 방문, 상용 목적으로 비자 없이 체류가 가능하다. 따라서 여행 시 아래의 두 가지 중 하나를 선택해 서류를 준비하면 된다.

무비자로 입국 시 기존에는 비행기 안에서 I-94 면제 신고서를 작성했지만 2018년 1월 16일 입국자부터

I-736 신고서를 사용, 여행 7일 전부터 사전 신고가 가능해졌다. https://i736.cbp.dhs.gov/I736/ (홈페이지 왼쪽의 Apply for new I-736를 클릭)를 통해 내용을 입력한 뒤, 서류를 출력해 입국 심사 시 제출하면 된다. 이 경우 45일까지 체류가 가능하다.
ESTA 신청 시 ESTA는 여행 비자 없이 미국을 여행할 수 있는 허가증으로 공식 홈페이지(https://esta.cbp.dhs.gov)를 통해 서류를 작성하면 된다. 홈페이지 우측 상단에서 한국어로 언어를 바꿔 작성하면 훨씬 편리하다. 늦어도 출발하기 5일 전에 신청하는 것이 좋고, ESTA 신청 시 최대 90일까지 체류할 수 있다. 비용은 1인당 $14.

- 참고로 I-736 서류로 괌에 입국했다면 미국 본토 입국이 불가하다. ESTA를 신청했다면 괌에서 본토로 들어갈 수 있다.

Mini Box

여권을 분실했다면!

괌 현지 한국 영사관에 여권 분실을 신고한 뒤 긴급 여권 또는 여행증명서를 재발급 받아야 한다. 이때 여권용 사진 2장과 영사관에 비치된 여권 재발급 신청서, 분실 사유서, 긴급 여권 신청서를 작성하면 여행증명서를 발급받을 수 있다(수수료 $7). 분실 신고 후 되찾았다면 재외공관에 문의한 뒤 반드시 새 여권을 발급받아야 한다. 여행 중 출입국 제한을 받을 수 있다.

괌 현지 한국 영사관 : 문의 671-647-6488~9
usa-hagatna.mofa.go.kr

긴급연락처 671-688-5810, 5815 (주 하갓냐 출장소) 주소 153 Zoilo St., Tamuning

- 영사관 근무시간이라면 영사관에서도 추가 금액을 지불하고 사진 촬영을 할 수 있다. 급한 경우라면 괌 프리미어 아웃렛 근처의 카피 익스프레스 괌 Copy Express Guam에서도 촬영 가능하다.

항공&숙박 예약

여행에 필요한 서류를 준비하고 나면 본격적인 '클릭 전쟁'이 시작된다. 우선 괌 여행 관련 카페와 블로그 등 여러 경로를 통해 나에게 맞는 호텔과 항공을 찾은 뒤 가격 비교에 들어갈 것. 저가일 경우 예약 취소가 불가능한 상품이 많다는 점을 유의해야겠다.

항공권 구매하기

최대한 저렴한 비행기 티켓을 손에 쥐는 것이 모든 여행자의 소원이다. 특히 괌의 경우 3대가 함께하는 대가족이나 자녀를 둔 가족들이 1순위로 꼽는 여행지인 만큼, 항공권은 여행 전체 예산의 중요한 부분을 차지한다. 항공사의 특가 프로모션이나 여행사에서 땡처리라고 불리는 할인 항공권, 또는 소셜 커머스에서 항공권 가격을 비교한 뒤 예약하자. 이때 반드시 유류할증료 등 택스를 포함한 금액과 취소 가능이나 날짜 변경 가능 여부, 항공권 유효 기간 등의 조건을 꼼꼼히 따지자. 예약한 뒤 발권하지 않으면 자동 취소되니 발권 시기를 놓치지 않는 것도 필수!

항공권 구매 절차 홈페이지 접속 → 원하는 날짜와 목적지 지정 (인천국제공항 ICN, 괌국제공항 GUM) → 금액과 노선, 유류할증료와 택스 포함 금액 확인 → 항공권 선택 → 탑승자 정보 입력 → 결제 시한 확인 → 결제 시한 내 결제 → 결제 확인 → 이메일로 전자 항공권 E-Ticket 수령

구매 시 유의사항 미국 교통청(DOT)의 규정에 의거, 비 미국 항공사는 2개의 미국 지역 간 운송을 금지한다. 따라서 인천-괌 노선의 항공권 구매 시 왕복 항공권을 구매하거나, 인천 → 괌 편도 항공권으로 구매할 경우에는 괌에서 제 3국(사이판, 아메리칸 사모아 포함 미국령을 제외한 다른 국가)으로 향하는 항공권을 소지하고 있어야 한다.

괌 취항 항공사 & 비행 스케줄
2019년 10월 기준이며 날짜, 상황에 따라 스케줄이 변경될 수 있다.

- **대한항공** kr.koreanair.com
가장 오랜 시간 괌 항공편을 운항한 항공사. 아래의 스케줄 가운데 KE5775, KE5776은 진에어 항공기로 운항된다.

비행기	인천 출발	괌 도착	소요 시간
KE 113	09:15	14:35	4시간 20분
KE 111	19:35	00:50, +1일	4시간 15분
KE 5775	09:35	14:50	4시간 15분
비행기	괌 출발	인천 도착	소요 시간
KE 112	02:30	06:20	4시간 50분
KE 114	16:00	19:50	4시간 50분
KE 5776	16:10	20:05	4시간 55분

- **아시아나 항공** flyasiana.com
아시아나 항공의 스케줄은 에어서울과 코드 셰어로 진행, 에어서울 항공기로 운항된다.

비행기	인천 출발	괌 도착	소요 시간
OZ9689	20:45	02:15, +1일	4시간 30분
비행기	괌 출발	인천 도착	소요 시간
OZ9690	03:15	06:50	4시간 35분

- **제주항공** www.jejuair.net
저비용 항공사로 항공편이 다양하고, 괌 시내에 라운지를 운영해 승객들의 편의를 제공하고 있다. 7월 항공 스케줄 미공개로 아래 표시된 스케줄은 4월 1일 기준이다.

비행기	인천 출발	괌 도착	소요 시간
7C3102	10:40	16:05	4시간 30분
7C3106	20:20	02:00, +1일	4시간 40분
7C3100	07:00	12:30	4시간 30분
비행기	괌 출발	인천 도착	소요 시간
7C3101	16:30	20:35	4시간 50분
7C3105	02:40	06:40	4시간 50분
7C3109	14:00	17:00	5시간

- **티웨이** www.twayair.com
기존의 괌을 취항했던 항공사와는 다른 시간대의 항공 스케줄을 선보여 선택의 폭을 넓혔다.

비행기	인천 출발	괌 도착	소요 시간
TW301	18:00	23:30	4시간 30분
비행기	괌 출발	인천 도착	소요 시간
TW302	01:00	05:05	5시간 05분

- **진에어** www.jinair.com
대한항공과 같은 그룹 계열사. 괌, 하와이를 취항하는 대표적인 미국행 저비용 항공사로 손꼽힌다.

비행기	인천 출발	괌 도착	소요 시간
LJ 641	09:35	14:50	4시간 15분
비행기	괌 출발	인천 도착	소요 시간
LJ 644	03:35	07:35	5시간

- **에어서울** flyairseoul.com
아시아나 항공과 같은 그룹의 계열사로 저비용 항공사로는 후발주자에 속한다. 국내 항공사 최초 연간 회원권 제도(일본행만 가능)를 도입하는 파격 행보를 보이고 있다.

비행기	인천 출발	괌 도착	소요 시간
RS102	08:10	13:30	4시간 20분
비행기	괌 출발	인천 도착	소요 시간
RS101	14:10	19:55	4시간 45분

- **에어부산** www.airbusan.com
괌을 취항하는 저비용 항공사 중 유일하게 부산 출발 직항편을 운항한다.

비행기	인천 출발	괌 도착	소요 시간
BX 612	22:05	03:10, +1일	4시간 55분
BX6123	09:30	14:45	4시간15분
비행기	괌 출발	인천 도착	소요 시간
BX611	04:20	07:30	5시간10분
BX6113	16:00	19:35	4시간25분

숙박 예약하기

여권, 비자, 항공권 예매 후 숙소까지 예약했다면 여행 준비 절반은 끝마친 셈. 숙소에서 휴식과 엔터테인먼트를 모두 해결하고 싶다면 워터파크형 리조트를, 쇼핑과 해수욕을 균형 있게 즐기고 싶다면 투몬 시내 리조트를, 한갓지게 휴양을 누리려면 시내에서 벗어나 골프장과 함께 운영하는 콘도형 숙박시설을 알아보자. 렌터카의 유무에 따라서도 숙소 위치를 고려해야겠다.

Mia's Advice

괌은 자유 여행객이 많은 여행지라, 에어텔(호텔과 항공을 묶은 패키지)로 예약하는 것이 더 저렴하기도 해요. 괌몰(http://www.guam-mall.co.kr)이나 카약, 위메프나 쿠팡 등 소셜커머스에서 에어텔 상품을 면밀히 비교해보세요. 이와는 정반대로, 한 우물만 파는 것도 방법이에요. 호텔스 닷컴, 익스피디아 등 온라인 숙박 플랫폼의 경우 예약 횟수가 많은 회원에게 무료 숙박, 추가 할인 등의 푸짐한 혜택을 제공한답니다.

Mini Box

저가 항공권 & 호텔 투숙 애플리케이션

 스카이스캐너 최저가 티켓 검색 결과를 알려 주는 사이트. 검색 후 항공권을 판매하는 사이트로 바로 연결된다.

 카약 익스피디아, 부킹닷컴과도 비교할 수 있도록 돕는다. 항공권뿐 아니라 렌터카와 에어텔도 함께 취급하고 있다.

 익스피디아 호텔, 항공, 렌터카와 함께 마감 특가 등 특별 할인 금액을 제공. VIP 고객에 높은 할인율 적용.

 부킹닷컴 숙소에 관해 최저가 보장제를 실시하는 곳. 리조트뿐 아니라 게스트하우스도 예약할 수 있다.

여행자보험에 대한 모든 것

낯선 여행지, 만약의 사고를 대비해서라도 여행자보험은 반드시 가입해야 한다. 특히 미국의 경우 병원비가 비싼 데다 렌터카의 도난 사고도 자주 발생하기 때문에 일정 부분이라도 보상받을 수 있는 장치를 마련하는 것이 필수다. 보험은 여행 일정에 따라 단기 체류(3개월 이내), 장기 체류(3개월~1년 미만, 1년 이상)로 나누어져 있다.

보험 가입하기

보험설계사를 통하거나 인천국제공항 출국장, 인터넷 등을 통해 가입할 수 있다. 최근에는 보험대리점 여행친구(www.trippartners.co.kr)나 여행자 클럽(www.touristclub.co.kr)과 같은 애플리케이션으로 공인인증서 없이 간단하게 가입하는 상품도 생겼다. 가격은 여행 국가, 가입 기간에 따라 다르지만 대략 1주일 기준 1만~3만 원 사이다. 여행사 패키지 상품에는 보험이 포함되는 것이 보편적이다.

확인해야 할 보험 약관

주요 보장 내역은 사고 중 사망하거나 후유 장애, 상해나 질병, 우연한 사고로 타인에게 손해를 미치거나 비행기 납치, 테러 등에 따른 피해 등이 있다. 다만 전쟁, 가입자가 고의로 자해하거나 형법상의 범죄, 가입자가 직업이나 동호회 활동 목적으로 전문 등반, 스쿠버다이빙 등 위험한 활동을 하는 도중 발생한 손해 등은 보상받지 못한다.

비행기 지연, 어떻게 보상 받나? 항공편이 4시간 이상 지연 및 취소되거나 또는 피보험자(보험 가입자)가 과적에 의해 탑승이 거부되어 예정 시간으로부터 4시간 내에 대체적인 수단이 제공되지 못하는 경우 등 약관에 구체적으로 명시되어 있다. 이 경우 숙박비와 식비 등의 영수증을 챙겨 한국 입국 후 제출하면 보상받을 수 있다. 삼성화재, 에이스, 여행자 클럽 등이 관련된 약관이 있다.

병원에 가야 할 때, 어떻게 할까? 해외 의료 기관 방문 시 사고가 발생한 사실을 말하고 이 내용을 초진 기록지에 명시하고 이를 보관해 둔다.

사고 발생 시 알아두어야 할 것

분실 VS 도난 분실에 대해서는 보상을 받기 힘들다. 특히 휴대폰 도난은 보상이 가능해도, 만약 개인의 실수로 분실했다면 보상이 불가능하다. 또한 가방 안에 휴대폰, 선글라스, 지갑 등을 소지했는데 가방을 분실 당했다면 가방에 관련된 보상만 가능한 경우가 대부분. 도난 시 관련되어 보상이 가능한 물품은 휴대폰, 카메라, 선글라스, 가방, 지갑(현금 제외), 와이파이, 캐리어, 유모차, 시계 등이 있다.

상해 사고 또는 질병 발생 시 진단서(Doctor's Note 혹은 Medical Certificate), 치료비 명세서(Detailed Accout)와 영수증(Receipt), 약국에서 약을 구입해 복용한 경우 역시 처방전(Prescription)과 영수증을 구비해 한국 귀국 후 보험회사에 제출하면 된다.

도난사고 발생 시 도난 사실을 현지 경찰서에 신고하고 사고 증명서(Police Report)를 수령해야 한다. 상황에 따라 목격자나 여행 가이드 등으로부터 진술서를 확보해야 하는 경우도 있다. 공항 수하물 도난 시에는 공항 안내소에서, 호텔에서 도난 당한 경우에는 프런트 데스크에 신고하여 확인증을 수령하자.

- **현지 경찰서(투몬 시내 위치)**
버거킹(801 Pale san Vitores Rd, Tamuning) 옆에 위치한다.
문의 671-649-6330

- **외교부 동행 서비스**
문의 02-3210-0404 홈페이지 www.0404.go.kr

스마트하게 환전하는 법 & 카드 사용하는 법

수수료 폭탄을 막기 위해 똑똑한 환전·카드 사용법을 알아 본다. 출국 전, 만약의 경우를 대비한 비상금까지 미리 환전해 놓는다면, 현지에서 발 동동 구를 일이 없다.

환전 애플리케이션 가장 높은 환율 우대를 받을 수 있는 방법. 리브뱅크(국민은행), 위비뱅크(우리은행), 써니뱅크(신한은행)등 은행의 환전 전용 애플리케이션을 통해 환전 시 최대 90%까지 환율 우대를 받을 수 있으며 해당 은행의 이용자가 아니더라도 환전이 가능하다. 모바일로 환전 신청을 한 뒤 가상 계좌로 바로 입금하면 완료! 인천국제공항을 비롯, 원하는 장소에서 수령할 수 있다. 다만 이 애플리케이션을 이용할 경우 1일 최대 환전 한도가 100만 원이다.

> **Mia's Advice**
> 은행연합회 외환길잡이(exchange.kfb.or.kr/page/excommission.php)를 통해 은행별 인터넷 환전 수수료 우대율 비교와 공인인증서 없이 환전 가능한 은행 등의 정보를 한눈에 살펴볼 수 있어요.

은행 창구 이용하기 환전 금액이 많다면 주거래 은행을 직접 방문, 환율 우대 여부를 확인해보는 것도 방법. 은행이나 면세점, 여행사 등 홈페이지에서 환율 우대 쿠폰을 챙겨 두면 좋다.

공항 내 환전소 환전 수수료가 가장 높다. 피치 못할 사정으로 공항 내 환전소를 이용했다면, 외환과 함께 지급되는 면세점 할인 쿠폰을 반드시 챙겨두자. 입국 심사 후 면세점에서 바로 사용 가능하다.

결제엔 신용카드, 현금 인출은 체크카드 체크카드는 해외 사용 시 수수료가 높고, 호텔 등에서 보증금 Deposit이 필요할 경우 등록이 안 되는 경우가 많다. 게다가 해외에서 결제를 취소한 경우라도 지불했던 돈이 한 달가량 통장에 묶이는 사례도 더러 있다. 이런 땐 신용카드가 유리하다. 다만 현금을 인출할 경우라면 이야기가 달라진다. 해외에서 ATM을 통해 현금을 인출할 경우 신용카드는 현금 서비스를 받는 것과 같으므로 바로 지출 내역을 확인할 수 있는 체크카드를 사용하는 것이 좋다. ATM 이용 시 카드 복제의 위험성을 낮추기 위해 대형 은행을 이용하는 것이 좋다(Bank of Guam 영업시간 월~목 09:00~17:00, 금 09:00~18:00, 토 09:00~13:00, 단 투몬 지점 월~목 09:00~15:00, 금 09:00~18:00).

신용카드 결제 Tip
❶ 카드 결제 시 현지 통화로 설정할 것. 원화로 결제할 경우 이중 환전이 되어 결제 금액의 3~8%가량 더 내야 되는 경우가 생길 수 있다. 직원이 묻지 않아도 달러로 요청하자. 영어 표현은 "I would like to pay in US dollar"다.
❷ 해외에서만큼은 영수증을 꼭 보관하자. 카드를 사용하는 과정에서 구매한 물건 가격과 결제 가격이 같은지, 현지 통화로 결제되었는지 확인하자.
❸ 해외 결제 시 일시불만 결제가 가능하다. 하지만 구매 금액이 크다면 귀국 후 해당 카드에 전화해 할부 전환이 가능하다.

신용카드 분실 시 신용카드사에 곧바로 전화해 도난을 신고하자. 도난 및 분실센터는 24시간 운영되고 있으므로 시차와 상관없이 연락 가능하다.
분실센터 연락처
- **Kb국민** 0082-2-6300-7300 **현대** 0082-2-3015-9000 **비씨** 0082-2-330-5701 **신한** 0082-1544-7200 **삼성** 0082-2-2000-8100 **우리** 0082-2-2169-5001 **KEB하나** 0082-1800-1111

면세점&짐 꾸리기

면세점 쇼핑하기
면세점 쇼핑은 해외 여행자가 누릴 수 있는 특권이다. 최근 면세점이 늘어나면서 가격을 비교하고 보다 저렴하게 구입할 수 있는 루트가 늘어났다.

면세점 쇼핑 가이드
크게 시내 면세점과 인터넷 면세점, 공항 면세점으로 나뉜다. 모두 출국 시에만 이용 가능하다.

인터넷 면세점 가장 편리한 쇼핑 방법. 홈페이지 가입 후 적립금과 쿠폰 등을 챙길 수 있어 더 저렴한 가격으로 물건을 구매할 수 있고, 여러 곳의 면세점 사이트를 확인해 가격 비교도 할 수 있다. 또한 시내 면세점에 비해 추가 할인 찬스도 있다. 다만 인기가 많은 제품의 경우 조기 품절 될 수 있다. 구매 후 출국장 면세품 인도 창구에서 여권, 항공권 제시 후 물품을 수령한다.

시내 면세점 여행 전 물건을 직접 보고 구매할 수 있다는 점이 매력적이다. 구매 금액 별 상품권 혹은 할인 등의 혜택을 받을 수 있다. 구매 시 여행자의 출국 정보(출국 일시, 출국 공항, 항공 & 편명)와 여권(사본도 가능)이 반드시 필요하고, 출국일 기준 1달~2달 전부터 출국 전날까지 구매가 가능하다. VIP 카드 소지자에는 추가 할인을 적용하니 참고할 것. 역시 구매 후 출국장 면세품 인도 창구에서 여권, 항공권 제시 후 물품을 수령한다.

공항 면세점 괌으로 출국을 앞두고 비행기 탑승 전 들르는 공항 면세점. 다양한 면세점 브랜드에 규모가 제일 크기 때문에 쇼핑의 폭은 넓으나 비행기 보딩 타임을 놓치지 않도록 주의해야 할 필요가 있다. 공항 면세점은 06:30~21:30까지 운영된다.

여행 가방 꾸리기
여행 가방을 가장 현명하게 꾸리는 노하우는 단 하나다. 여행지에서 꼭 필요한 것들만 최소하게 챙기는 것.

반드시 챙겨야 할 필수품 여권, 현금, 항공권, 신용카드(본인 이름으로 되어 있는 것), 여행자보험증, 렌터카 바우처, 운전면허증(국내에서 발급된 운전면허증 가능), 110V용 멀티 어댑터, 휴대폰 충전기, 차량용 충전잭(포켓 와이파이 기기와 휴대폰 충전시 필요), 차량용 스마트폰 지지대, 휴대폰 방수백

챙겨두면 더 좋은 추천 물품 각종 서류 복사본(여권과 항공권, ESTA), 증명사진 2매(여권 분실 대비), 비상약(종합감기약, 해열제, 진통제, 소염제, 항생제가 포함된 피부 연고, 소화제, 일회용 밴드, 지사제 등), 체온계(여행자 중 영유아가 있을 경우 필수), 포켓 인터넷 기기, 가이드북, 화장품, 선글라스, 속옷, 모자, 벌레 퇴치 스프레이, 수영복, 비치 샌들 혹은 아쿠아 슈즈, 의류(가벼운 카디건 포함), 세면도구, 카메라, SD카드, 셀카봉, 자외선 차단제(괌 현지에서는 SPF 100 제품도 구할 수 있기에, 필수가 아닌 추천이다), 다용도 지퍼백(의류를 챙기거나 얼음을 넣어 아이스팩 대용으로 사용), 우비(스콜이 잦은 현지 날씨 대비)

운송 가능한 수하물 범위 수하물은 항공사에 따라 다르지만, 보편적으로 1인 23kg, 2개(규격이 항공사마다 다름)까지로 제한을 둔다. 무게가 초과되는 경우 추가 금액을 지불해야 한다. 또한 기내에 들고 탈 가방은 1인 1개가 가능하며 이 역시 항공사마다 사이즈와 무게(대략 10~12kg, 가로, 세로, 넓이의 합이 115cm)로 정해져 있다. 기내에 탑승할 가방에는 지갑, 여권, 현금 등의 귀중품과 가이드북, 겉옷 등을 넣어두는 것이 좋다. 휴대용 유모차나 카시트는 무료로 추가가 허용된다.

기내 반입 물품 조건 폭발물, 인화성, 유독성 물질, 무기로 사용될 수 있는 물품은 모두 반입 금지. 액체류의 경우 물, 음료, 식품, 화장품 등 액체, 분무(스프레이), 겔류(젤 또는 크림)로 된 물품은 100㎖ 이하의 개별 용기에 담아 1인당 1리터 투명 비닐 지퍼백 1개에 한해 반입이 가능하다. 단 유아식 및 의약품은 항공여정에 필요한 용량에 한해 반입을 허용하며 의약품 등은 처방전 등의 증빙서류를 검색 요원에게 제시해야 한다. *주의사항 : 괌 입국 시 동식물 반입 규정에 따라 라면(수프에 고기가 들어있다는 이유)은 신고 시 압수, 폐기 된다. 적발되면 벌금이 부과되니 라면은 현지 마트에서 구입할 것.

여행의 시작, 출국하기

공항 가는 길, 본격적인 여행이 시작된다. 최근 인천국제공항의 제2여객터미널이 개항되면서 출발 전 터미널 확인은 필수사항이 됐다.

인천국제 공항 가는 길 가장 쉽고 편리한 길은 바로 공항 리무진을 이용하는 것이다. 집과 가까운 리무진 노선은 미리 홈페이지에서 확인하는 게 좋다. 운임은 노선마다 다르고, 현금과 교통카드로 지불할 수 있다. 만약 서울 도심이나 경기도에서 출발하는 경우 인원수가 4인 이상이라면, 택시를 이용하는 편이 더 경제적일 수 있다.
홈페이지 www.airport.kr/ap/ko/tpt/busRouteList.do 공항행리무진운행시간 홈페이지참고

터미널 확인 여객터미널이 둘로 나뉘면서 터미널을 확인하는 일이 매우 중요해졌다. 실수로 다른 터미널에 도착했다면, 약 20분 가량 소요되는 터미널 간 이동 셔틀버스를 이용할 수 있다. 다만 승하차에 적잖은 시간이 걸리므로, 가급적 이륙 전 3시간 가량의 여유를 두고 공항에 도착하는 것이 좋다. 괌으로 향하는 국제선은 항공기 출발 1시간 전에 탑승 수속이 마감된다.
제1여객터미널 아시아나항공, 제주에어, 진에어, 티웨이, 이스타항공, 에어서울 외 기타 외항사
제2여객터미널 대한항공, 델타항공, 에어프랑스, KLM네덜란드 항공, 중화항공, 가루다인도네시아항공, 아에로플로트 등 11개 항공사
*공동운항편(코드셰어)의 경우 실제 항공편에 따라 출입국이 달라질 수 있으니 전자항공권 혹은 인천공항 홈페이지 (www.airport.kr) 내 항공편 검색을 통해 터미널을 반드시 확인할 것. 예를 들어 진에어 항공편을 예매했으나, 코드셰어로 대한항공을 탑승하는 경우 제2여객터미널로 간다.

출국 절차 제1여객터미널, 제2여객터미널 모두 3층 출국장으로 진입 → 항공사에서 체크인 & 수화물 부치기(수화물 부칠 때 클레임 태그 Baggage Claim Tag 잘 보관하기) → 출국장 입구에서 여권 및 탑승권 Boarding Pass 제시 후 출국장 안으로 진입 → 세관 검사 (30만원 이상의 고가품은 사전 신고를 해야 귀국 시 과세대상에서 제외된다, 미화, 원화 등을 합친 금액이 $10,000 상당의 금액일 경우 세관에 신고해야 불이익이 없다) → 출국 심사 → 탑승권에 적힌 게이트로 이동해 비행기 탑승

*게이트 확인 필수! 1~50번 게이트 탑승객은 제1여객터미널에서 탑승하며, 101~132번 게이트 탑승객은 제1여객터미널에서 셔틀 트레인을 타고 탑승동으로 이동해야 한다(한 번 이동하면 다시 돌아올 수 없음). 230~270번 게이트 탑승객은 제2여객터미널에서 탑승한다. 최소 이륙 30~40분 전까지는 게이트에 도착해야겠다.

인덱스

*지역별로 가나다 순.

투몬&타무닝

가브리엘 레스토랑	125
괌 동물원	108
괌와가야88한식당	129
괌 차이니스 파크	108
괌 프리미어 아웃렛	142
구드 먼치스	135
글로브	107
나나스 카페&세일즈 바비큐	122
나바사나 스파	114
다빈식당	129
대장금	129
더 카페테리아	121
더 플라자	139
데바라나 스파	115
라이드덕	110
라이브하우스 괌	137
론 스타 스테이크하우스	119
루비 튜스데이	144
리틀 피카스	121
마타팡 비치파크	102
메스클라 도스	127
멘쿠이	132
미담식당	129
반저	129
반타이	131
뱀부 바	136
부가	128
블루 라군 플라자	137
비치인 슈림프	119
사가노 레스토랑	118
사무라이 해산물 스테이크&와인 컴퍼니	124
산정	129
샌드캐슬 괌 매직 쇼	106
샴락스 펍 앤 이터리	137
서울식당	129
세종식당	129
쇼군	124
스리 스퀘어	120
스파 아유알람	112
슬링샷	111
시 그릴	116
시나본	145
씨드분식	129
아이홉	126
아일랜드 시레나 스파	115
아지센 라멘	147
아쿠아	118
아틀란티스 서브마린	111
양사나 스파	113
애플비즈 그릴&바	146
언더 워터 월드	104
엉클 심스 라멘	128
에그스 앤 띵스	126
우오마루 혼텐	133
웬디스	147
윈첼스 도넛 하우스	135
이파오 비치파크	109
잇 스트리트 그릴	127
자메이칸 그릴	123
조이너스 레스토랑 케야키	133
척 이 치즈	145
청석골	129
추라스코	123
카프리초사	125
캐스트 어웨이즈	136
케이마트	149
코스트 유 레스	149
킹스	144
타가다 놀이공원	111
타자 워터 파크	105
테리스 로컬 컴포트 푸드	121
테이스트	117
텐테코마이 칸다	130
토리	130
투몬 비치	100
투몬 샌즈 플라자	148
파이올로지 피제리아	146
팜 카페	117
포촌치킨	129
프로아	120
플레저 아일랜드 괌	103
하드 록 카페 괌	107
호놀룰루 커피	134
후지 이치반 라멘	132
ABC 스토어스	140
ISA 스파	113
JP 슈퍼스토어	141
T 갤러리아 by DFS	138

북부

건 비치	162
괌 베이커리	175
괌 어드벤처	172
더 비치 레스토랑 & 바	173
데니스	174
데데도 벼룩시장	176
리티디안 비치	163
마보 동굴 & 마보 클리프사이드	167
마이크로네시아 몰	177
사랑의 절벽	165
스시 록	174
스카이 괌	170
스카이 다이브 괌	171
스타 샌드 비치	168
아라시 볼	175
코코 팜 가든 비치	166
타오타오타씨 비치 디너 쇼	171
탕기슨 비치 파크	164
파이파이 파우더 샌드 비치	164

중부&하갓냐

괌 박물관	200
닥터 케밥	217
대추장 키푸하 동상	192
동카스 비치	199
라테 스톤 공원	193
로튼 애플	208
리카르도 J. 보르달로 동상	197
리카르도 J. 보르달로 주정부 종합청사	196
린다스 커피숍	212
마블 슬램 크리머리	213
마이티 퍼플 카페	209
모사스 조인트	206
베니	211
부니 스톰퍼스	202
산타 아구에다 요새	200
셜리스 커피숍	212
스키너 광장	194
스페인 광장	195
시레나 파크	194
심플리 푸드	209
아가냐 쇼핑 센터	216
아수 스모크 하우스	219
알루팟 아일랜드	199
알루팡 비치	198
자유의 라테	197
지미 디스 비치 바	215
차모로 빌리지 & 야시장	219
차모로 아일랜드 바비큐	219
칼리엔테	205
컵앤소서 베이커리&크레페 카페	213
크러스트 피제리아 나폴레타나	205
클랜스 바이 크라운스 괌	218
키친 링고	204
타이 스무디 앤 그릴	207
테이블 35	208
투레 카페	203
파세오 드 수산나 공원	192
파파스	204
페이리스 슈퍼마켓	218
포키 프라이	211
프레첼 메이커	217
프로아 2호점	206
피셔맨즈 코옵	210
피시 아이 마린 파크	201
피즈 앤 코	217
피카스 카페	207
하갓냐 대성당	196
하갓냐 만 비치	198
하갓냐 풀	202
하갓냐 필박스	193

남부

가다오 동굴	242
가다오 추장 동상	242
게프 파고 차모로 컬처 빌리지	240
곰바위	239
돌핀 크루즈	245
라테 계곡의 어드벤처 파크	243
람람산	231
루갓 산타 마리안 카말렌 공원	238
마리나 그릴	248
맥 크라우츠 레스토랑	247
메리조 비치 공원& 메리조 부두	232
메리조 종탑	232
산 디마스와 성모 마리아 성당	236
선셋 크루즈	245
성 디오니시오 성당	234
세티만 전망대	233
셀라만 전망대	233
솔레다드 요새	235
수메이 펍&그릴	248
아갓 정박지	230
우마탁 다리	235
우마탁 마을	234
이라나한 자연 풀	239
이판 비치 파크	241
제이 퓨전 레스토랑	248
제프스 파이러츠 코브	247
조지 플로레스 기념상점&역사센터	240
코코스 아일랜드	237
타가창 비치	241
타잔 폭포	244
탈로포포 폭포 공원	246
탈리팍 스페인 다리	230
티 스텔 뉴먼 방문 센터	229
파고만 전망대	241
파라 이 라라히 타 기념공원	233

호텔&리조트

괌 리프&올리브 스파 리조트	264
괌 플라자 리조트&스파 호텔	266
두짓 타니 괌 리조트	254
레오 팰리스 리조트 괌	265
로열 오키드 괌 호텔	268
롯데호텔 괌	255
베이뷰 호텔 괌	267
쉐라톤 라구나 괌 리조트	262
스타즈 괌 골프 리조트	268
아웃리거 괌 비치 리조트	252
알루팡 비치 타워 콘도	267
오션뷰 호텔&레지던스 괌	266
온워드 비치 리조트	260
웨스틴 리조트 괌	256
퍼시픽 스타 리조트&스파	266
퍼시픽 아일랜드 클럽	258
피에스타 리조트 괌	264
하얏트 리젠시 괌	257
호텔 니코 괌	255
호텔 산타 페 괌	267
홀리데이 리조트&스파 괌	268
힐튼 괌 리조트&스파	263

friends 프렌즈 시리즈 32

프렌즈 괌

발행일 | 초판 1쇄 2019년 1월 2일
　　　　개정 2판 1쇄 2019년 11월 11일

지은이 | 이미정

발행인 | 이상언
제작총괄 | 이정아
편집장 | 손혜린
책임편집 | 강은주
디자인 | 정원경, 김은정
표지 사진 | ⓒ괌정부관광청

발행처 | 중앙일보플러스(주)
주소 | (04517) 서울시 중구 통일로 86 바비엥3 4층
등록 | 2008년 1월 25일 제2014-000178호
판매 | 1588-0950
제작 | (02)6416-3892
홈페이지 | jbooks.joins.com
페이스북 | www.facebook.com/hellojbooks
네이버 포스트 | post.naver.com/joongangbooks

ⓒ이미정, 2019

ISBN 978-89-278-1062-9
ISBN 978-89-278-1051-3(세트)

• 이 책은 저작권법에 따라 보호받는 저작물이므로 무단 전재와 무단 복제를 금하며
　책 내용의 전부 또는 일부를 이용하려면 반드시 저작권자와 중앙일보플러스(주)의 서면 동의를 받아야 합니다.
• 책값은 뒤표지에 있습니다.
• 잘못된 책은 구입처에서 바꿔 드립니다.

중앙북스는 중앙일보플러스(주)의 단행본 출판 브랜드입니다.